ROMMEL

Chroniques de l'Histoire

ROMMEL

Chronique

« *Chronique de Rommel* »
a été conçu et réalisé sous la direction de Catherine et Jacques Legrand

Rédacteur en chef : Dominique Lormier

Direction technique : Catherine Balouet
Fabrication : Marithé Chautard
Informatique : Sandrine Stefanelli
Cartes et tableaux : Olivier Gourvat
Aide à la documentation : Sophie Herpin
Index : Doriane Bautista

Photogravure : Image Photogravure, Toulouse
Impression : Maury Imprimeur, Malesherbes
Reliure : SIRC, Marigny le Châtel

L'éditeur tient à remercier tout particulièrement Monsieur Manfred Rommel, Monsieur Daniel Bourand, conservateur du château de La Roche-Guyon, ainsi que Messieurs Raimund Gründler et Wolfgang Stierle, pour l'aide qu'ils ont apportée.

© 1998 – Jacques Legrand SA

© Bertelsmann Lexikon Verlag GmbH,
pour le système Chronique

ISBN : 2-84355-003-3
ISSN : 1272-3622

Achevé d'imprimer : février 1998
Dépôt légal en France : février 1998
Dépôt légal en Belgique : D-1998-0621-56

Distribution en France
Hachette Distribution

Distribution en Belgique
Chronique Diffusion
Route de Strivay, 134
4122 Plainevaux
Tél.: (04) 380 07 59

Jacques Legrand sa
Editions Chronique
Aéroport de Périgueux
BP1 – 24330 – Bassillac
Tél.: 05 53 35 91 21
Internet : www.chroniques.com
e-mail : chronic@easynet.fr

Le général Rommel arrive en Libye en février 1941, précédé d'une réputation d'audace et d'invincibilité qui imposait à ses adversaires un certain complexe d'infériorité. Une note du haut commandement britannique ne disait-elle pas : « Le fait que Rommel soit devenu pour nos troupes une sorte de magicien ou de croquemitaine présente un danger sérieux... »

C'est dans le désert de Libye que naît sa légende, faite de bravoure et d'esprit chevaleresque dans une guerre sans haine. A nos yeux, il était même auréolé d'un incontestable prestige. Tobrouk et Bir-Hakeim vont mettre un terme à la série ininterrompue des victoires allemandes.

Lorsque, le 20 juin 1940, Rommel parvenait à Rennes, après avoir pris Cherbourg, il écrivait à sa femme : « La guerre est devenue peu à peu un tour de France éclair. Dans quelques jours, elle sera finie pour tout de bon. » Il ne se doutait pas alors que, près de Dinan, le capitaine Kœnig, avec sa 13e demi-brigade de la Légion étrangère, avait échappé à sa *Panzerdivision* pour gagner la Grande-Bretagne et continuer la lutte. Il retrouvera, en 1942, à Bir-Hakeim, Kœnig et ses légionnaires.

Rommel n'a jamais appartenu au Parti nazi, mais il fut le protégé d'Hitler dont il commanda le *Führerbegleitbataillon* du grand Quartier Général, en 1939. Il admirait dans le *Führer* l'homme qui redonnait à l'Allemagne une place de premier rang en Europe. Le loyalisme prolongé qu'il lui manifesta lui valut protection, commandements et honneurs.

Dans ses carnets de route, où il note ses réflexions, apparaît le changement qui se produit en lui au fur et à mesure du déroulement de la guerre. Quand il revient en Europe, en 1943, il se retrouve en rapport constant avec celui qui lui inspira tant de sympathie et constate que le « monstre Hitler » mène l'Allemagne au désastre.

Il décide de rompre avec lui, complote pour le renverser et le paya de sa vie.

Général Saint Hillier
Grand-croix de la Légion d'honneur
Compagnon de la Libération

Avant 1891

Sadowa, 3 juillet 1866
L'armée prussienne écrase les Autrichiens.

Sedan, 2 septembre 1870
Défaite de Napoléon III face aux Prussiens.

Versailles, 18 janvier 1871
Guillaume Ier devient empereur des Allemands.

Paris, 1er mars 1871
Les troupes allemandes descendent les Champs-Elysées.

Francfort, 10 mai 1871
La France cède l'Alsace-Lorraine à l'Allemagne.

Venise, 13 février 1883
Mort de Richard Wagner.

Mayerling, 30 janvier 1889
L'archiduc Rodolphe et sa maîtresse Marie Vetsera se suicident.

Braunau, 20 avril 1889
Naissance d'Adolf Hitler, fils d'Aloïs et de Klara Hitler.

Berlin, mai 1889
Désaccord entre Bismarck et Guillaume II au sujet d'une grève des mineurs.

Berlin, 22 juin 1889
Projet de loi sur les retraites et l'assurance maladie.

Allemagne, 1er mai 1890
Première fête du Travail.

Londres, 1er juillet 1890
L'Angleterre cède à l'Allemagne l'île d'Helgoland.

Berlin, 30 septembre 1890
Fondation de la Commission générale des syndicats.

Afrique, 28 octobre 1890
La Compagnie de l'Afrique de l'Est cède des droits territoriaux à l'Etat allemand.

Allemagne, décembre 1890
Le Reich est le 3e producteur mondial de charbon et d'acier, derrière l'Angleterre et les Etats-Unis.

L'Allemagne devient empire fédéral

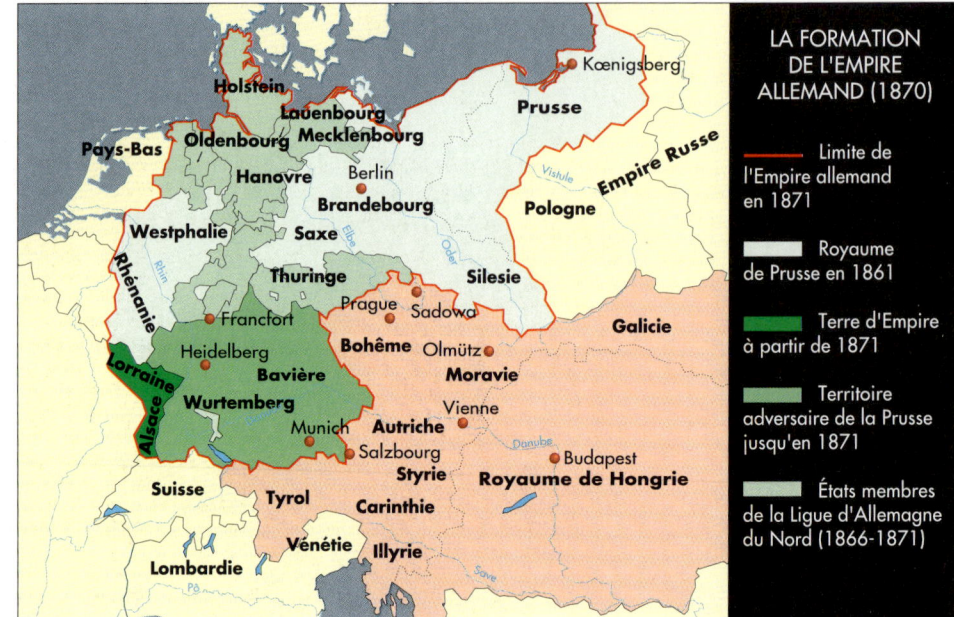

Allemagne, 16 avril 1871
La nouvelle Constitution établit un vaste empire fédéral qui comprend vingt-cinq Etats : quatre royaumes, onze duchés, sept principautés et les trois villes libres de Brême, Lübeck et Hambourg. Il s'y ajoute l'Alsace-Lorraine, propriété commune des autres Etats. Chaque Etat dispose d'un gouvernement souverain qui gère les finances locales et décide en matière de justice, d'enseignement. Il conserve également son assemblée élue. Le pouvoir exécutif appartient à l'empereur, héréditaire en tant que roi de Prusse. Il promulgue les lois, dirige l'armée ainsi que les affaires extérieures, désigne le chancelier et les fonctionnaires les plus insignes. Le législatif est partagé entre deux chambres, le *Reichstag*, qui vote le budget, et le *Bundesrat*, qui élabore le budget et vote les lois. Les députés sont élus pour trois ans.

Une industrie lourde en pleine expansion dans l'ouest du pays

Allemagne, 1880
L'Empire allemand présente une dualité fondamentale entre une zone orientale à prépondérance rurale et une zone occidentale où ne cesse de se développer la grande industrie moderne. La première dépend de l'aristocratie foncière tandis que dans la seconde prospère une riche et puissante bourgeoisie capitaliste. Les grands patrons de l'industrie lourde (Krupp, Stinnes, Thyssen) sont à la tête de véritables empires économiques. Les classes sociales sont hiérarchisées mais bénéficient d'un bien-être général du fait d'une remarquable législation du travail. Le prolétariat urbain adhère assez largement à l'idéologie impérialiste dominante. Les gros propriétaires terriens forment des exploitations de type capitaliste. Ils fournissent en grande quantité les céréales.

L'industrie de l'ingénieur Krupp domine déjà le continent européen.

Guillaume II est cultivé et ambitieux

Une vie politique intérieure divisée

Allemagne, 1880

La vie politique du pays est dominée par deux grands partis, le Parti conservateur et le Parti libéral. Le premier, celui des hobereaux de l'Est, défend les intérêts du monde agricole, menacés par le bas prix des céréales russes, et il est de ce fait protectionniste. Ce parti est fidèle à la solide domination de la Prusse sur l'Empire. Le Parti national-libéral est celui de la grande bourgeoisie commerçante et industrielle. Très favorable à l'application du libre-échange, il est surtout attaché à ses avantages économiques. Le Parti du centre catholique défend les intérêts des catholiques de Bavière. Le Parti social-démocrate est le plus national de tous les partis socialistes qui existent en Europe. Il fait le silence sur la prise du pouvoir par la force et la révolution et se moque de la solidarité des travailleurs dans le monde. Le Parti du progrès clame son attachement au Parlement.

Des alliances contre la France

Allemagne, 20 mai 1882

Le chancelier Bismarck cherche à établir de solides alliances avec ses voisins, afin d'affaiblir davantage la France, considérée comme l'ennemi héréditaire. Dès le 18 juin 1881, il faisait signer le traité des « Trois Empereurs », unissant l'Allemagne, l'Autriche-Hongrie et la Russie dans une neutralité bienveillante en cas de conflit en Europe. L'Autriche-Hongrie et la Russie s'engageaient même à ne pas modifier le statu quo dans les Balkans. Avec la signature de la Triple Alliance, l'Allemagne s'unit par les armes à l'Italie et à l'Autriche-Hongrie. Ce traité assure Berlin d'un appui de Vienne et de Rome dans le cas d'une agression. Bismarck cherche à isoler la France en Europe. Il n'ignore pas que ce pays rêve de venger l'humiliante et douloureuse défaite de 1870, qui a entraîné l'annexion par l'Allemagne de l'Alsace et de la Lorraine. Paris reste pour les monarchies le foyer des troubles révolutionnaires. Les officiers allemands sont convaincus qu'un conflit est inévitable. Ils se préparent donc en conséquence.

Guillaume II remplace son père Frédéric III, décédé d'un cancer. Il a 29 ans.

Allemagne, 15 juin 1888

Après la mort de Guillaume Ier et le bref règne de son père, Frédéric III, Guillaume II devient empereur à 29 ans. Désireux d'assumer le pouvoir sans partage, il n'apprécie guère le chancelier Otto von Bismarck, trop envahissant et populaire à ses yeux. Alors que Bismarck reste attaché à un système diplomatique fondé sur l'union des monarchies contre la France « révolutionnaire », le jeune et bouillant Guillaume II affirme hautement sa volonté d'élargir à l'ensemble de la planète la politique étrangère de l'Allemagne. Il se fait l'écho des dirigeants des entreprises industrielles et financières qui ont prospéré à l'ouest. Physiquement, Guillaume II a du panache mais il souffre d'une atrophie congénitale du bras gauche. Certes, il s'efforce de dissimuler cette infirmité au prix d'un immense effort de volonté. Ce prince intelligent et cultivé rêve de dominer l'Europe entière. Incapable de maîtriser ses impulsions, ni de soumettre son orgueil aux nécessités politiques, il ne cesse de multiplier les discours théâtraux. Nerveux et inquiet, il passe en quelques heures de l'exaltation au découragement.

Le pangermanisme rallie les foules

Allemagne, 1890

Avec l'avènement de Guillaume II, le pangermanisme paraît au grand jour, avec ses théoriciens et ses ligues, qu'il s'agisse d'annexions de territoires qualifiés de marches de sécurité, de la germanisation des provinces frontalières ou encore de l'intensification de l'armement. Le général Friedrich von Bernhardi, théoricien du pangermanisme, écrit : « L'Allemagne n'a pas le droit de voir dans le maintien de la paix le but de sa politique. La guerre est un facteur indispensable de la culture, l'expression même de la vitalité et de la force des peuples civilisés. » Ernst Hasse veut unifier toute la race allemande au sein d'un vaste Etat pangermanique, comprenant non seulement son pays, mais aussi la Belgique, la Serbie, l'Autriche-Hongrie, la Suisse, le Luxembourg. Ce vaste mouvement groupe toutes les classes sociales dirigeantes.

L'empereur force Bismarck à partir

Allemagne, 19 mars 1890

Dès le 15, l'empereur Guillaume II, bien décidé à mettre fin à ce qu'il appelle la « dictature » de ce vieux chancelier Bismarck, mettait celui-ci en demeure de se soumettre. La lettre de démission, que le kaiser et la coterie de sa cour très hostile au chancelier attendaient avec une très grande impatience, n'est parvenue qu'avec plusieurs jours de retard. Sous une forme bien respectueuse, Bismarck y décline avec hauteur le titre de duc de Lauenbourg que le souverain lui offrait. Il se retire dans ses terres, sans s'être consolé d'avoir dû abandonner le pouvoir. Le comte Georg de Caprivi, né en 1831 dans une famille d'origine italienne peu fortunée, chef de l'amirauté depuis 1883, a accepté de le remplacer. Il est mal considéré dans les milieux de la haute aristocratie prussienne. Mais c'est un homme intègre et très dévoué à la personne de l'empereur.

Un peuple toujours avide de grandeur

Allemagne, 1890

Les établissements du sud-ouest de l'Afrique, du Cameroun, du Togo, d'Afrique orientale, de Nouvelle-Guinée, des diverses îles Salomon et Marshall, font participer la jeune Allemagne au partage du monde. Le développement économique pousse Guillaume II et ses dirigeants à se tourner vers les marchés extérieurs. L'empire exporte déjà presque la moitié de sa production industrielle. Dès lors, les banques se tournent vers le financement du commerce extérieur. Elles créent pour cela des établissements à l'étranger, dont à Londres, New York et Anvers, les plaques tournantes du commerce international. Ces banquiers vont même investir dans des entreprises étrangères. Des groupes allemands s'intéressent à la Chine et au Japon, à l'Inde et à l'Amérique latine, au Maroc et à l'Empire ottoman, à la Roumanie et à l'Europe centrale.

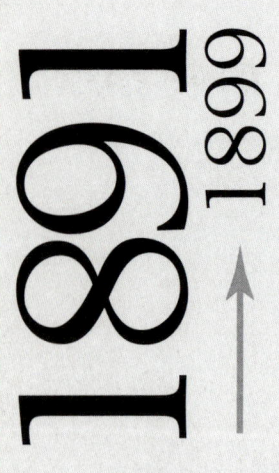

1891 → 1899

0 an 8 ans

Berlin, avril 1891
Ernst Hasse fonde une ligue pangermanique.

Grunau, 16 septembre 1891
Naissance de Karl Dönitz.

Berlin, 21 octobre 1891
Les sociaux-démocrates adoptent la doctrine de Marx.

Rosenheim, 12 janvier 1893
Naissance d'Hermann Goering.

Wesel, 30 avril 1893
Naissance de Joachim Ribbentrop.

Berlin, 26 octobre 1894
Hohenlohe-Schillinsfürst succède à Caprivi.

Allemagne, janvier 1895
L'armée équipe sa troupe d'un nouvel havresac.

Allemange, janvier 1896
L'armée s'équipe d'un canon de 77 mm à tir rapide.

Allemagne, 10 août 1896
Mort d'Otto Lilienthal dans un accident de planeur.

Allemagne, mars 1897
L'armée du kaiser se dote d'un important corps de réserve.

Chine, 14 novembre 1897
Les troupes allemandes occupent la baie de Kiachow.

Allemagne, février 1898
L'armée adopte le fusil Mauser à répétition.

Berlin, 28 mars 1898
Loi de renforcement de la marine de guerre.

Berlin, 19 avril 1899
Rosa Luxemburg lance, sans succès, un appel à la révolution.

Allemagne, juin 1899
L'armée se dote d'obusiers de 105 et 155 mm fabriqués par les puissantes usines Krupp.

Erwin naît sous le signe du Scorpion

Heidenheim, 15 novembre 1891
Erwin Johannes Eugen Rommel vient de naître, ce dimanche soir, à Heidenheim, petite ville de la région du Wurtemberg, proche d'Ulm. Son père, qui se prénomme aussi Erwin, est professeur et fils de professeur. Le père et le grand-père sont des mathématiciens reconnus. Le titre de professeur jouissant d'une très grande considération en Allemagne, le *Herr Professor* Rommel bénéficie du respect général à Heidenheim. Les bourgeois de la ville soulèvent leur chapeau quand ils le croisent dans la rue. En 1886, il a épousé la belle Helena, fille aînée de Karl von Luz, le président du gouvernement du Wurtemberg. Erwin Rommel est pour le moment l'unique garçon, mais ses parents comptent avoir d'autres enfants. Helene, la grande sœur, va pouvoir cajoler son petit frère. Le père, qui désirait tant avoir un fils, ne cache pas sa satisfaction. Pour fêter cette heureuse naissance, il a décidé d'organiser un banquet, en y conviant ses meilleurs amis.

Helena et Erwin, un couple heureux, attendaient avec impatience un garçon.

Nietzsche lance l'idée du surhomme

Allemagne, août 1891
Dans son dernier livre *Ainsi parlait Zarathoustra*, qui vient juste d'être édité, l'érudit philosophe Friedrich Nietzsche expose la théorie d'un surhomme, qui doit se dépasser et imposer la volonté de puissance aux autres. Nietzsche pense que Dieu est mort dans le monde moderne. Il propose l'idéologie d'une personne qui saura affirmer sa supériorité sur les plus faibles. Cette nouvelle race de surhomme se situera au-dessus du bien et du mal. Nietzsche glorifie également la supériorité de l'énergie créatrice sur les valeurs abstraites. Ses idées trouvent un très large écho parmi les nationalistes allemands. Se fondant sur les théories de Charles Darwin et de Thomas Malthus, les pangermanistes considèrent que les peuples luttent entre eux pour la vie et qu'il est normal que le plus apte l'emporte sur les moins doués. Ils proclament que le fait majeur de la fin du XIXe siècle reste le réveil des peuples germaniques, qui doivent imposer leur loi, virile et spartiate, aux peuples dits « inférieurs ».

Schlieffen prépare l'invasion de la France

Allemagne, août 1892
Le maréchal Alfred von Schlieffen, chef de l'armée allemande depuis 1891, a conçu un plan d'attaque contre la France, désignée comme l'adversaire à anéantir en priorité. Fondé sur l'idée que le prochain conflit opposera l'Allemagne à la France et à la Russie, son dernier plan prévoit que l'armée impériale doit contenir les attaques françaises en Lorraine et contourner les solides défenses ennemies en passant par la Belgique, un pays neutre, la voie la plus courte pour arriver à Paris. Les soldats français, le dos aux Vosges, seront obligés de capituler au bout de quelques semaines de combat.

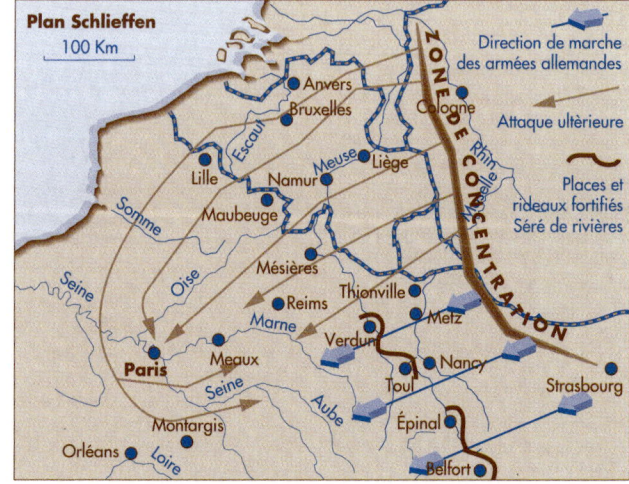

Ce petit « Ours blanc » est un enfant heureux

A 3 ans, Erwin est un enfant docile

Heidenheim, novembre 1894

Erwin Rommel est un enfant frêle, pâle et délicat. Son père trouve qu'il ressemble à sa maman. Sa chère sœur Helene l'a très vite surnommé « l'ours blanc » à cause de la pâleur de son teint et de la belle blondeur de ses cheveux. La vie est fort douce à Heidenheim. Les enfants Rommel sont heureux de vivre. Ils passent leurs journées à courir librement dans le jardin, où se promener dans les vieilles rues de la ville. Erwin est un enfant très gentil et docile. Petit pour son âge, il parle lentement, et toujours après avoir bien réfléchi. Il est de caractère facile et aimable. Les enfants Rommel ont donc une enfance très ensoleillée, car ils sont élevés par des parents affectueux, qui savent leur enseigner l'amour de la nature. Les balades en forêt sont un émerveillement pour Erwin.

A l'âge de 5 ans, il n'a peur de rien

Heidenheim, mai 1896

Erwin, qui aime bien les histoires de chevaliers, est un enfant qui n'a peur de rien. Il vient de se tailler un joli succès auprès de ses camarades. Au cours d'une promenade, le groupe d'enfants a croisé deux ramoneurs, la face noircie de suie, les habits sombres. Epouvantés, ses amis ont pris leurs jambes à leur cou. Erwin a haussé les épaules et, s'approchant cérémonieusement, est allé serrer la main des deux hommes. Il grimpe aux arbres alors que tous les autres ont facilement le vertige. Avec des soldats de plomb, il reconstitue les batailles victorieuses de la guerre franco-allemande de 1870. Il rêve de porter le célèbre casque à pointe et de tirer au fusil. Indépendant, il s'enferme dans sa chambre pour dessiner. Il aime profondément les animaux et souhaite que ses parents élèvent plusieurs chiens et chats à la maison. Sachant se défendre contre les plus forts que lui, le jeune Erwin a déjà un sens profond de l'honneur et méprise tous les lâches et autres prétentieux.

Tout petit, déjà, il admire les machines volantes. Son père, bien que mathématicien réputé, ne partage pas cet intérêt.

Des rapports faciles avec ses parents

Heidenheim, mai 1898

Erwin Rommel reste un enfant doux et affectueux. Il aime beaucoup sa mère, qui le lui rend bien. Il admire son père, un homme d'une grande bonté, comme son épouse. Erwin se promène souvent avec lui en forêt. Sa sœur Helene s'occupe beaucoup de lui. Son père voudrait lui faire aimer l'école, mais Erwin préfère s'amuser et se plie assez mal à la discipline. Chaque soir, sa mère a la douce habitude de lui raconter une histoire. L'éducation bourgeoise de l'enfant le place dans une situation favorable pour entreprendre des études supérieures. Mais il demeure pour le moment attaché à ses jeux. Ses parents sont assez inquiets.

Son père est nommé directeur d'école

Aalen, novembre 1898

Le professeur Erwin Rommel vient d'être nommé directeur du célèbre *Real Gymnasium* d'Aalen, école où l'enseignement des matières dites « modernes » a le pas sur celles plus classiques. Succédant à la liberté dont il a joui à Heidenheim, l'école d'Aalen ne plaît pas à Erwin, âgé de sept ans. Comme il est souvent en retard pour terminer les exercices, les efforts qu'il fait pour rattraper les autres élèves le rendent encore plus pâle, lui font perdre l'appétit et le sommeil. Il est paresseux, distrait et bien incapable de se concentrer sur un sujet précis. Son père en est désespéré, car il voudrait que son fils soit un exemple pour tous.

Il devient la tête de Turc de sa classe

Aalen, décembre 1899

Erwin reste à ce point négligent qu'il est devenu la tête de Turc de toute sa classe. « Si Erwin Rommel réussit une dictée sans faute, dit le maître d'école, nous ferons une excursion à la campagne la journée entière. » Alors, Erwin s'applique et réussit une dictée sans faute, à laquelle il ne manque pas une virgule. Et, comme l'excursion promise n'a pas lieu, il retombe aussitôt à son indifférence habituelle. Erwin reste un garçon rêveur qui ne semble porter aucun intérêt aux matières scolaires, sauf l'histoire, qui le passionne. Il ne rêve que de revenir à Heidenheim pour retrouver sa liberté. Son professeur pense qu'il gâche ses capacités.

1900 → 1910

| 8 ans | 19 ans |

Berlin, 17 juin 1900
Le kaiser envoie des troupes contre les Boxers chinois.

Constance, 2 juillet 1900
Premier vol du dirigeable *Zeppelin n° 1*.

Allemagne, 25 août 1900
Mort de Friedrich Nietzsche.

Allemagne, 10 décembre 1901
Prix Nobel de physique à Wilhelm Röntgen (rayons X).

Allemagne, 22 novembre 1902
Mort de Friedrich Krupp.

Allemagne, janvier 1906
Un obusier de 420 mm est construit par les usines Krupp.

Berlin, 14 novembre 1906
Le prince von Bulow souligne « l'encerclement concerté de l'Allemagne ».

Allemagne, 14 décembre 1906
Entrée en service du premier sous-marin allemand, le U-1.

Angleterre, 10 novembre 1907
Visite officielle de Guillaume II.

Allemagne, janvier 1908
L'armée adopte la mitrailleuse Maxim MG 08.

Kronberg, 11 août 1908
Edouard VII d'Angleterre rencontre Guillaume II.

Angleterre, 31 octobre 1908
Le kaiser évoque les sentiments anglophobes des Allemands.

Allemagne, février 1909
Berlin reconnaît les intérêts politiques français au Maroc.

Berlin, 14 juillet 1909
Theobald von Bethmann-Hollweg devient chancelier.

Allemagne, 28 mai 1910
Mort du bactériologiste Koch.

Allemagne, 5 novembre 1910
Tentative d'accord entre Guillaume II et Nicolas II.

L'empire le plus puissant d'Europe

Allemagne, 1900
A l'opposé de l'état-major français, qui n'accorde qu'une confiance fort limitée à ses troupes de réservistes, l'état-major allemand entraîne très soigneusement ses diverses divisions de réserve afin de leur donner un degré d'efficacité permettant de les rendre immédiatement utilisables. Active et réserve doivent pouvoir aligner un total de 80 à 90 divisions. Le service militaire dure deux ans, après lesquels le milicien entre pour cinq années dans la réserve active. Puis il passe successivement dans la *Landwehr* de première classe pour cinq ans, la *Landwehr* de deuxième classe pour six ans et la *Landsturm*, qui rassemble les hommes âgés de 39 à 45 ans. *Landwehr* et *Landsturm* sont surtout chargées de la garde des arrières en pays conquis. La division d'infanterie aligne 17 000 hommes, organisés en deux brigades de deux régiments. L'élément le plus typique du fantassin allemand est le fameux casque à pointe, le *Pickelhaube*, qui

Depuis plusieurs années, l'armée allemande se dote d'un armement moderne.

est d'origine danoise. Il est fait de cuir bouilli, couvert de vernis noir et agrémenté de garnitures en métal blanc ou jaune selon les régiments. Avec une artillerie lourde déjà très moderne, l'armée allemande est la plus puissante d'Europe. Sa grande rivale, l'armée française, ne dispose pour le moment que de pièces de faible calibre ou dépassées.

L'éveil intellectuel du jeune Erwin

Aalen, décembre 1904
Erwin Rommel, arrivé au seuil de l'adolescence, s'éveille subitement sur le plan intellectuel. Révélant des dons qu'il a hérité de ses père et grand-père pour les mathématiques, il se met à travailler en classe et ne fait plus de fautes dans ses dictées. Il s'adonne au sport, à la bicyclette, au ski, à la course à pied. Il a perdu l'air d'être toujours dans la lune et se rapproche du type commun du Wurtemberg, « la maison allemande du bon sens ». Il est devenu têtu et pratique. Il se montre assez près de ses sous, ce qui est également une caractéristique de la famille et du Wurtembergeois. Mais il n'est pas égoïste et peut même se montrer très généreux en maintes occasions. Il estime que le courage, l'honneur, la fidélité et le don de soi représentent des valeurs sûres. Il déteste l'esprit « petit-bourgeois » et voit dans la pratique du sport un moyen de se surpasser pour mieux se connaître. Fidèle en amitié, il est apprécié de ses camarades, qui voient en lui un modèle à suivre. Quant aux filles, il ne les fréquente guère.

L'aviation devient sa grande passion

Aalen, juillet 1905
Avec son grand ami August Keitel, Erwin Rommel se passionne pour l'étude de l'aviation. Ils construisent ensemble des modèles réduits, puis un planeur, grandeur nature, avec lequel ils font de nombreux essais de vol, mais hélas ! infructueux. Ils se mettent même à penser à leur future carrière. Keitel et Rommel veulent devenir ingénieurs et entrer aux usines Zeppelin de Friedrichshafen. Erwin dévore les illustrés traitant des vols des Zeppelin, devenus les symboles de la puissance allemande dans les airs. Les machines volantes attirent également son intérêt. Il n'ignore pas qu'un appareil de bois, construit par Orville et Wilbur Wright, a pu se maintenir en vol pendant 12 secondes, en décembre 1903. Même si la presse mondiale a commenté l'événement en termes dubitatifs, Erwin Rommel pense fortement que l'avenir appartient à ces étonnantes machines. Son père, pourtant homme de science, ne semble pas partager l'enthousiasme de son fils pour l'aviation. Il n'y voit qu'un passe-temps inutile.

Vives tensions franco-allemandes

Maroc, septembre 1908
Guillaume II, n'ayant toujours pas digéré la mainmise française sur le Maroc, multiplie les provocations en tout genre. Il vient de donner raison au consul d'Allemagne de la ville de Casablanca, qui a accepté de recueillir des déserteurs de la Légion étrangère française. Déjà, en mars 1905, le bouillant empereur n'avait pas hésité à se rendre au Maroc pour soutenir l'indépendance du pays, ce qui devait fort irriter Paris, Londres et Madrid. Il n'accepte pas que la France et la Grande-Bretagne s'adjugent presque toute l'Afrique du Nord. L'entente cordiale franco-anglaise, qui a débuté en juillet 1904, est également pour lui une source de soucis supplémentaires. Tout comme Bismarck, il a toujours cherché à isoler la France. Or une alliance militaire de deux grandes puissances maritimes met en péril, en cas de conflit, le ravitaillement de toute l'Allemagne. Pour y faire face, le kaiser décide de se doter d'une puissante flotte qui devrait compter bientôt 38 cuirassés, 96 destroyers et une cinquantaine de croiseurs.

Fasciné par la discipline, il entre dans l'armée

Les enfants Rommel au complet : de gauche à droite, Gerhard, Karl, Erwin et leur sœur aînée Helene. Malgré la différence d'âge, les rapports sont excellents.

Son père ne veut pas qu'il soit aviateur

Aalen, décembre 1909

Son père ne voulant pas qu'il pilote ces machines volantes, Erwin décide de s'engager dans l'armée de terre. Sa famille n'a pas connu de grande tradition militaire, même si son père a été lieutenant d'artillerie avant d'embrasser le professorat. D'autre part, les Rommel n'ont aucun ami influent parmi les cercles militaires. Ils forment une respectable famille souabe, vivant de moyens modestes, et ils sont loin, par l'éducation et l'entourage, de la caste des officiers prussiens. Sa mère est cependant une aristocrate. Mais, dans l'armée allemande, les bons soldats issus de la bourgeoisie peuvent prétendre à des grades élevés. Très souvent, ils seront anoblis, d'où la réputation faite à l'armée allemande du kaiser d'être aristocratique. L'armée de terre représente l'élite du pays du fait de sa puissance incontestée en Europe et dans le monde.

En entrant dans l'armée, Erwin Rommel découvre sa véritable vocation.

Elève-officier dans l'infanterie

Weingarten, décembre 1910

Erwin Rommel est entré, en juillet, au 124e régiment d'infanterie, basé à Weingarten, comme élève-officier. Il a dû d'abord servir dans le rang comme un simple soldat, avant de suivre les cours à l'école militaire. Il a appris à marcher au pas de l'oie, porté le casque à pointe, tiré au fusil Mauser et à la mitrailleuse Maxim. Les marches sont harassantes, mais il aime l'exercice physique. Sa forte endurance étonne les instructeurs. Promu caporal en octobre, Erwin Rommel vient d'être déjà nommé sergent. En entrant dans l'armée, il vient de découvrir sa vocation. Son officier instructeur, un homme très exigeant, note que « Rommel est fait pour commander et conduire des hommes à la guerre. Il est discipliné et ne semble jamais fatigué. Il fera sans aucun doute un officier hors du commun. Son audace en manœuvre a été particulièrement remarquée ».

1911 → 1913

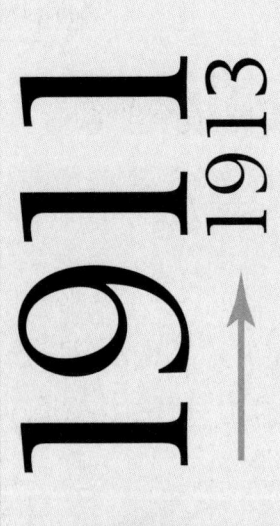

19 ans — 22 ans

Allemagne, janvier 1911
L'armée reçoit en dotation des obusiers de 210 mm.

Maroc, 19 mai 1911
La France occupe Fez.

Berlin, 26 mai 1911
Nouvelle Constitution pour l'Alsace-Lorraine.

Agadir, 1er juillet 1911
Arrivée de la canonnière allemande *Panther*.

Berlin, 4 novembre 1911
Le kaiser reconnaît le protectorat français du Maroc.

Paris, 20 décembre 1911
Accord franco-allemand au sujet du Maroc.

Allemagne, 5 janvier 1912
Le Reich ne limitera ses constructions navales que si l'Angleterre affirme sa neutralité. Londres refuse.

Allemagne, 25 janvier 1912
Majorité sociale-démocrate au Reichstag.

Berlin, 8 février 1912
Le kaiser décide de construire quinze nouveaux cuirassés.

Berlin, 5 décembre 1912
Reconduction de la Triple Alliance.

Egypte, 7 décembre 1912
Ludwig Borchardt découvre le buste de Néfertiti.

Berlin, 1er juillet 1913
Adoption de lois militaires.

Paris, 7 août 1913
Le service militaire est porté à trois ans.

Suisse, 13 août 1913
Mort d'Auguste Bebel.

Allemagne, 20 septembre 1913
Hugo Hasse et Friedrich Ebert succèdent à Auguste Bebel à la tête du Parti social-démocrate.

Un élève militaire qui s'applique

Danzig, mars 1911
Erwin Rommel est versé à l'école militaire de Danzig. Il passe pour un jeune homme à l'esprit sérieux et qui s'efforce en permanence de se conduire aussi bien que possible dans sa profession. Moins brillant aux examens théoriques que dans les exercices pratiques, il doit travailler la théorie avec un réel acharnement. Il dévore tous les livres d'histoire militaire et porte un vif intérêt aux armées contemporaines. Il écrit que « l'action est dominée par une seule pensée : en avant sur l'ennemi, grâce à l'efficacité du feu. L'infanterie est l'arme principale. En union avec l'artillerie, elle doit pouvoir briser l'adversaire par son feu. Elle seule détruit les dernières résistances de l'ennemi ». Alors que les officiers français mettent l'accent sur l'assaut à la baïonnette et le corps à corps, Rommel souligne l'absolue nécessité du couple « feu-mouvement ».

Sous-lieutenant à 20 ans

Danzig, 30 janvier 1912
Erwin Rommel a passé ses examens, si ce n'est avec éclat, du moins avec des notes au-dessus de la moyenne. Il vient de recevoir son brevet de sous-lieutenant. Il doit rejoindre son régiment, le 124e RI, encaserné à Weingarten. Il est chargé d'instruire les recrues. Rommel s'est vite fait remarquer, à l'école militaire, pour la façon dont il sait se faire aimer des hommes, sans faiblesse et sans démagogie. Il adore les exercices et s'intéresse aux détails minutieux de l'organisation militaire. Cependant, rien ne laisse supposer qu'il sort de l'ordinaire. Physiquement, Rommel est d'une taille assez au-dessous de la moyenne, encore que râblé et fort. Il n'aime pas la discussion et préfère l'action à la parole. Ne fumant et ne buvant pas, il passe pour un ascète. Passionné par les armes, il écrit que « la mitrailleuse et le canon de gros calibre doivent faire la différence lors d'une bataille. Ce qui implique la présence de ces armes le plus en avant possible. La mitrailleuse doit être employée en premier échelon, aussi bien pour briser un assaut que pour enfoncer une position ».

Coup de foudre pour Lucie Maria Mollin

Lucie Maria Mollin est la fille d'un propriétaire terrien de Prusse-Orientale.

Danzig, avril 1911
Par l'intermédiaire d'un de ses amis de l'école militaire, Rommel a fait la connaissance d'une jeune fille, dont il est aussitôt tombé amoureux. Le coup de foudre a été réciproque. Lucie Maria Mollin est la fille d'un grand propriétaire terrien de Prusse-Orientale, où sa famille, originaire d'Italie, est établie depuis plusieurs siècles. Son père est décédé alors qu'elle était encore enfant. Lucie poursuit actuellement des études à Danzig pour devenir professeur de langues. La ville est plaisante pour de jeunes amoureux. Comme tous deux aiment la danse et le grand air, ils passent de bons moments.

Le sous-lieutenant Erwin Rommel se distingue lors des manœuvres.

1911-1913

Impopulaire auprès des médiocres

Weingarten, février 1912

Tous les jours, Rommel écrit à sa chère Lucie, qui termine ses études à Danzig. La massive caserne de Weingarten est un vieux monastère désaffecté. Rommel s'y occupe avec un très grand soin de l'entraînement des recrues du 124e RI. Il adore les exercices et se montre bon envers les hommes. Les multiples amusements nocturnes d'une ville de garnison ne l'attirent guère. Les autres officiers subalternes le trouvent trop sérieux pour son âge, mais de bon caractère, toujours décidé à se charger d'une corvée pour permettre aux autres de sortir en ville, encore qu'il ne se laisse jamais marcher sur les pieds. Il est très indépendant et possède un réel sens de l'humour. Les soldats découvrent qu'il ne tolère jamais que quelque chose aille de travers. Cet excellent officier de troupe, rusé et fin d'esprit, est vite impopulaire auprès des médiocres.

L'Allemagne est prête à se battre

Allemagne, juin 1913

Les effectifs de l'armée allemande sont passés de 653 000 à 853 000 hommes en temps de paix. Ils sont en mesure d'atteindre 5 millions en cas de conflit. L'artillerie lourde, développée depuis la fin du siècle dernier, est de loin la plus puissante du monde. Les mitrailleuses Maxim, au nombre de 5 000, équipent tous les régiments d'infanterie de ligne. Depuis les grandes manœuvres de 1910, la troupe a adopté l'uniforme très peu voyant d'une couleur dite *Feldgrau*, gris-vert de campagne. Le fusil Mauser modèle 1898 est une arme à répétition et à rechargement par chargeurs de cinq cartouches. Il s'agit de solides cartouches du type *spitzgeschoss*, balle S, de calibre de 7,92 mm. Long de 1,307 mètre sans sa grande baïonnette, le fusil pèse 4,420 kilos, avec le magasin chargé. Sa portée est semblable à celle du fusil Lebel français, mais sa balle a une trajectoire plus tendue jusqu'à une distance de 800 mètres. Sur les océans, la marine impériale dispose déjà de 13 cuirassés, de 3 croiseurs de bataille et d'une cinquantaine de croiseurs moyens ou légers.

Un essor industriel extraordinaire

L'industrie lourde est considérable. Les usines Krupp d'Essen, dans la Ruhr, emploient à elles seules 70 000 ouvriers.

Allemagne, janvier 1913

L'empereur Guillaume II n'a pas cessé d'encourager l'essor industriel de son pays. L'Allemagne se place au troisième rang mondial avec ses 260 millions de tonnes de charbon. Elle est au second rang pour la fonte et l'acier ; au tout premier rang pour les diverses industries chimiques et électroniques. Rivalisant avec les Etats-Unis et la Grande-Bretagne, cette grande industrie se localise en quatre régions bien déterminées : la Ruhr, la Silésie, la Saxe et la région de Berlin. La population est passée, en trente ans, de 41 millions à plus de 67 millions. Le prolétariat urbain représente plus de la moitié de toute la population. Le sort des ouvriers d'usine, misérable au lendemain de l'unité, s'est très nettement amélioré avec la politique sociale du vieux chancelier Bismarck et l'action des multiples et puissantes organisations syndicales et politiques. Une bonne partie de toute cette industrie porte sur la production d'armements.

Le kaiser croit aux vertus de la guerre

Allemagne, 5 novembre 1913

Lors d'un long et instructif entretien avec Albert Ier, le roi des Belges, l'empereur Guillaume II a déclaré que la guerre est une bonne chose, une nécessité hautement patriotique et impérialiste. « Elle permet, dit-il, de former un peuple à une vie saine et spartiate, fondée sur le sens du sacrifice et de l'héroïsme. » L'armée allemande bénéficie de l'évolution séculaire de la pensée prussienne. Cette pensée associe le rigorisme moral à une certaine humilité, qui chez les forts est une critique très constante et exigeante de soi-même. L'intégration de la pensée militaire dans une vision globale du monde est le trait essentiel du message de l'empereur Guillaume II, qui croit aux vertus de la guerre.

Les dirigeables Zeppelin symbolisent la puissance allemande dans les airs.

1914

22 ans  23 ans

Belgique, 2 août
Début de l'invasion allemande.

Alsace, 8 août
Attaque française.

Lorraine, 14 août
Les Français s'avancent jusqu'à Sarrebourg et Morhange.

Anvers, 19 août
L'armée belge se replie.

Alsace, 19 août
L'armée française doit abandonner Mulhouse.

Lorraine, 20 août
Retrait des forces françaises.

Charleroi, 25 août
Victoire allemande sur les troupes françaises.

France, 26 août
Von Moltke commet l'erreur de prélever deux corps d'armée sur son aile droite.

Guise, 29 août
Victoire de l'armée Lanrezac.

Tannenberg, 31 août
Le maréchal Hindenburg bat le général russe Samsonov.

Lacs Mazures, 9 septembre
Défaite de l'armée russe.

France, 12 septembre
Fin de la bataille de la Marne.

France, 15 septembre
Le général allemand von Kluck admire l'héroïsme des Français.

France, 12 octobre
Les Allemands occupent Gand et Lille.

France, 15 octobre
Violents combats dans les Flandres et en Argonne.

France-Belgique, 13 novembre
Les Alliés stoppent les attaques allemandes dans les Flandres.

Front ouest, 14 novembre
Guerre des tranchées.

Un coup de feu déclenche la guerre

Europe, 5 août
Le 28 juin, l'héritier du trône de l'Empire austro-hongrois, l'archiduc François-Ferdinand, se trouvait en visite à Sarajevo avec sa femme, la duchesse de Hohenberg. Dès son arrivée, une bombe explosait près de la gare, sans atteindre la voiture du prince. On dénombrait cependant onze blessés. François-Ferdinand a alors souhaité se rendre à l'hôpital pour réconforter les victimes. Peu après le départ de la voiture dans laquelle il avait pris place avec son épouse, Gavrilo Princip, un jeune Serbe, tirait deux coups de feu. L'un atteignait l'archiduc à la tempe, et l'autre la duchesse au ventre. Le prince fut tué sur le coup, la jeune duchesse succombait peu après. La nouvelle a bouleversé l'Europe. Le système des alliances allait très vite fonctionner. En déclarant la guerre à la Serbie, le 28 juillet, l'Autriche-Hongrie a provoqué une réaction en chaîne. La Russie a pris la défense des Serbes. Le 1er août, l'Allemagne déclarait la guerre à la Russie et, le 3, à la France. La Grande-Bretagne, très attachée à la neutralité belge, vient d'entrer en guerre contre le kaiser. Seule l'Italie est restée neutre pour l'instant. Les recrues de toutes les puissances engagées sont parties la fleur au fusil. On pense que la guerre sera terminée avant l'hiver.

Les puissances centrales partent aussitôt en guerre, la fleur au fusil.

Le canon français de 75 est le meilleur

Ulm, 31 juillet
Depuis le 5 mars, le sous-lieutenant Erwin Rommel se trouvait détaché auprès d'un régiment d'artillerie de campagne à Ulm. Il a pris beaucoup de plaisir aux chevauchées et aux manœuvres de batterie. Il a appris le démontage du puissant canon de campagne de 77 mm, modèle 1896, qui doit rivaliser avec le célèbre 75 de l'armée française. Mais Rommel, très bien renseigné, n'ignore pas que le canon français de 75 est de loin le meilleur de tous ceux existants et, en dépit de son calibre assez faible, une portée très supérieure à celle de tous ses rivaux. Voyant sur la place de la caserne les nombreux chevaux réquisitionnés, Rommel a reçu l'ordre de rejoindre le solide 124e régiment d'infanterie.

LES MOBILISATIONS

	Effectifs 1/7/1914 (paix)	Effectifs totaux 15/8/1914 (aprés. mobil)	Grandes unités des corps de bataille				
			Corps d'armée	Div. d'inf. active	Div. d'inf. réserve	Autres unités	Div. de cavalerie
Allemagne	880 000	3 750 000	25 d'active 14 de réserve 2 de Landwehr	51	31	32 brig. de Landwehr 6 div. d'Ersatz	11 (4 corps)
Autriche-Hongrie	480 000	2 000 000	17 d'active	49,5	néant	2 div. 16 brig. de Landsturm	11
Belgique	48 000	110 000		6 div. d'armée (2)			1
France	880 000	3 580 000	21	47	25	12 div. territ.	10 (1 corps)
Grande-Bretagne	255 000	780 000 (1)	3	6			1
Russie	1 400 000	4 500 000	37 d'active	79	35	néant	29
Serbie	30 000	250 000		5	6		

(1) Avec la réserve de l'armée de campagne et l'armée territoriale, mais sans les unités des Dominions et territoires d'outre-mer. (2) Équivalant à 12 divisions françaises.

Rommel est un combattant d'élite exceptionnel

Baptême du feu sur le front français

France, 10 août

Le 1er août, Erwin Rommel et sa compagnie ont été dotés de leurs équipements de campagne, avec le casque à pointe, recouvert d'une housse *Feldgrau*. Le même soir, le colonel inspectait le 124e RI puis se lançait dans un discours violent et, avant de faire rompre les rangs, il annonçait l'ordre de mobilisation. Le lendemain, le 124e RI partait pour la guerre « fraîche et joyeuse ». Dans toutes les armées du monde, une très petite minorité de soldats professionnels découvrent dans la guerre la seule occupation à laquelle ils soient vraiment adaptés. Rommel appartient à cette maigre phalange d'hommes exceptionnels. Dès qu'il a reçu le baptême de feu sur le front français, il est apparu comme une parfaite machine de guerre. Il reste froid, très astucieux, impitoyable, infatigable, rapide pour décider et d'une grande bravoure au combat.

A l'assaut de Bleid avec son peloton

Longwy, 22 août

A cinq heures du matin, Rommel entre en action contre les Français à Bleid, près de Longwy. Lorsqu'il est envoyé à la tête du régiment en reconnaissance, à travers un épais brouillard, il patrouille depuis plus de vingt-quatre heures, souffre d'un empoisonnement alimentaire et se trouve si fatigué qu'il peut à peine tenir en selle. Après avoir repéré le village, Rommel amène son peloton à la lisière, l'arrête et s'avance avec un sous-officier et deux hommes. A travers le brouillard, il entrevoit une haie qui serpente autour d'une ferme, puis un sentier qui conduit à une autre. Rommel le suit. Arrivé au tournant, il aperçoit des soldats français, en position sur la route. Rommel ouvre directement le feu puis, à la tête du peloton, attaque le village. Les portes sont ouvertes à grands coups de botte et des torches enflammées jetées dans les maisons. Peu après, le village est passé sous leur contrôle.

Dans les tranchées de l'Argonne, le sous-lieutenant Rommel n'a peur ni du froid, ni de la maladie, ni de la mort.

Blessé, il reçoit la Croix de fer de 2e classe

Front français, 30 septembre

En dépit de la maladie et de la très grande fatigue causée par la guerre de mouvement, le sous-lieutenant Rommel continue à se distinguer, défaillant parfois mais ne se faisant jamais porter malade. Le 24, il est blessé à la cuisse, alors qu'isolé et armé seulement d'un fusil déchargé il attaque trois soldats français dans un bois près de Varennes. Son chef de bataillon s'en remet de plus en plus à lui pour les missions les plus périlleuses et l'a déjà proposé pour la Croix de fer de 2e classe. Il doit cependant rejoindre un hôpital de l'arrière pour se faire soigner. Il va pouvoir ainsi écrire à sa chère Lucie, qu'il compte bien épouser, malgré la guerre. Il tient en haute estime le soldat français, dont il a pu admirer la ténacité et le courage. Début août, Erwin Rommel a notamment assisté en Lorraine aux assauts suicidaires de l'infanterie française contre les positions allemandes, défendues par des mitrailleuses et de l'artillerie. Il s'étonne des généraux français qui veulent s'obstiner dans leur erreur et imposer à leurs soldats une suite ininterrompue d'hécatombes. Il a vu un régiment de ligne français perdre la moitié de ses hommes en quelques minutes au cours d'une attaque.

Le front français s'est stabilisé

France, 30 décembre

Après les sanglantes batailles de la Marne, de la Somme, des Flandres, le mythe d'une victoire rapide s'est effacé des esprits. Ayant constaté leur impuissance à triompher l'un de l'autre, les adversaires se terrent dans des tranchées protégées par un réseau inextricable de fils barbelés. Un long calvaire commence. Il est fait d'insécurité, se passe dans la boue, avec les rats et autres poux. En six mois, les Allemands ont déjà perdu 847 000 hommes en France, tués, blessés ou disparus.

1915 → 1916

23 ans　　25 ans

France, janvier 1915
Le commandement allemand décide de réduire ses effectifs.

Soissons, 14 janvier 1915
Succès défensif des Allemands.

Reims, 22 février 1915
Des obus allemands détruisent la ville.

Champagne, 16 mars 1915
Les Français progressent de quelques kilomètres mais perdent 40 000 soldats.

Vosges, 26 mars 1915
Le 152e RI français s'empare du sommet du Viel-Armand.

Flandres, 22 avril 1915
Les Allemands utilisent des gaz asphyxiants et enlèvent plusieurs positions alliées sur le front de l'Yser.

Vimy, 9 mai 1915
Joffre et Pétain lancent une offensive en Artois.

Argonne, 14 juillet 1915
Les troupes françaises ont du mal à contenir les Allemands.

Russie, 26 août 1915
L'armée de von Mackensen prend Brest-Litovsk.

Champagne, 7 octobre 1915
Défaite d'une nouvelle offensive française.

Vosges, 15 octobre 1915
La 12e division allemande reprend le Viel-Armand.

Vosges, 21 décembre 1915
Le 152e RI français couronne le sommet du Viel-Armand.

Vosges, 22 décembre 1915
La 82e brigade allemande chasse le 152e RI.

France, 21 février 1916
Début de la bataille de Verdun.

France, 24 juin 1916
Bataille de la Somme.

Son courage est encore récompensé

Front français, 30 janvier 1915
Sa blessure à peine cicatrisée, Erwin Rommel, porteur de sa décoration, a rejoint son bataillon sur le front de l'Argonne, début janvier. Le 29, il reçoit la Croix de fer de 1re classe. Avec son peloton, il a rampé jusqu'à une solide position française. Puis, se faufilant à travers une ouverture dans les barbelés ennemis, profonde d'une trentaine de mètres, il a pris d'assaut quatre fortins, repoussé une contre-attaque et repris une des positions dont il avait été délogé. Rommel a finalement regagné ses lignes, ayant perdu seulement une dizaine d'hommes et tenu tête à tout un bataillon français. Cette action d'éclat démontre bien son aptitude à exploiter une situation, sans égard pour les risques qu'il y prend. A la tête de petits détachements d'assaut, il sème la panique dans les lignes françaises. Dans la boue, sous les violents tirs d'artillerie, il trouve dans l'action un moyen de dépasser l'horreur par sa propre philosophie de l'héroïsme. « La guerre moderne, écrit-il à ses parents, fait rendre à l'homme son maximum d'audace et de volonté. »

Lieutenant dans les troupes de montagne

En tant que troupes d'élite, ils sont les premiers à porter le casque d'acier.

Müsingen, 30 octobre 1915
Après avoir été promu au grade de lieutenant et subi une autre blessure à la jambe, sans gravité, Rommel a rejoint au début du mois une unité d'élite : le bataillon de montagne du Wurtemberg, qui est en formation à Müsingen. Il dirige une compagnie et s'entraîne intensivement dans les montagnes de l'Alberg. Cette unité est plus importante qu'un bataillon normal d'infanterie. Elle dispose de six compagnies de tirailleurs et de six sections de mitrailleurs, pour être le plus souvent engagée en plusieurs groupes, dont la composition peut varier suivant les missions. Chaque groupe de combat reçoit alors une grande liberté de manœuvre lors des opérations.

Le bataillon de Rommel a reçu l'ordre de rejoindre les Vosges

Front des Vosges, 30 janvier 1916
Le bataillon de Rommel a rejoint le front des Vosges depuis le début du mois. Il est engagé dans plusieurs secteurs, dont celui du Viel-Armand, où de terribles combats, en 1915, ont transformé en paysage lunaire le sommet qui culmine à 956 mètres d'altitude. Les attaques ont causé des dizaines de milliers de morts dans les rangs français et allemands jusqu'à la stabilisation du front à la fin de décembre 1915. Dans ce secteur montagneux, où le froid est vif et la neige épaisse, le lieutenant Rommel et ses hommes font de très nombreuses patrouilles à skis. Les soldats des deux camps déploient des efforts surhumains pour tenir et ravitailler des positions escarpées, balayées par le vent et la mitraille.

Les conditions climatiques sur le front des Vosges sont difficiles. L'arrivée des munitions est freinée par la neige.

1915-1916

Le sang coule de Verdun à la Somme

Front français, 30 juillet 1916

L'offensive allemande sur Verdun, déclenchée le 21 février, n'a pas eu raison de l'héroïque résistance des Français. Cette terrible bataille a opposé 36 bataillons français, qui ne disposaient que de 210 canons, à 72 bataillons allemands, appuyés par 1 200 pièces d'artillerie. C'est au bois des Caures, à Douaumont, à la cote 304, à Vaux, à Hardaumont et à Fleury que les combats les plus sanglants ont eu lieu. Pas moins de 700 000 Français et Allemands ont été tués ou blessés sur le front de Verdun, en six mois. Sur la Somme, une offensive britannique a débuté le 24 juin. Après quelques succès, elle s'est vite heurtée à l'opiniâtre résistance allemande. Là aussi, les pertes sont très lourdes. Près de 20 000 soldats britanniques ont été tués au premier jour de la bataille. Les adversaires des deux camps sont exténués. Les positions défendues par des mitrailleuses et des canons se révèlent souvent imprenables, et, bien que soutenue par de terribles barrages d'artillerie et l'aviation, l'infanterie multiplie les pertes sur un terrain dévasté.

Rommel se distingue en Roumanie

Le bataillon de Rommel se bat à près de 2 000 m contre l'armée roumaine.

Roumanie, 14 novembre 1916

Le bataillon du lieutenant Rommel a rejoint le front de Roumanie en octobre. A peine débarqué du train à Petrosani, il a dû prendre position dans les Carpates. La 11e division bavaroise venait d'être bousculée par les Roumains, près du col de Vulkan. « Après quelques heures de camion, écrit le lieutenant Rommel, ma compagnie doit atteindre au plus vite la cote 1 794 à la frontière. Nous commençons une pénible ascension et rencontrons quelques Bavarois, errant affamés dans les bois, qui nous décrivent les soldats roumains comme de terribles guerriers. A la tombée de la nuit, à 1 200 m, une pluie glaciale nous transperce. Le sol se couvre rapidement de neige et nous arrivons enfin, au milieu de la nuit, sur notre objectif, occupé par une dizaine d'hommes tremblant de froid. » Le 11 novembre, la solide compagnie du lieutenant Rommel a enlevé le mont Lescului (1 200 m) et a débouché, le 12, dans la plaine de Valachie à Kurpensul, où elle est violemment contre-attaquée par les Roumains. Après une autre journée de violents combats, le bataillon de Rommel entre à Largu Jiu.

Une permission pour épouser « Lu »

Danzig, 27 novembre 1916

Erwin Rommel, qui vient de passer une courte permission à Danzig, a épousé Lucie Maria Mollin. C'est dans la plus stricte intimité que la cérémonie s'est déroulée. La jeune femme, au type italien prononcé et aux traits fins, rassemble charme et beauté ; elle a le sens de l'humour. Le courage, la force de caractère et la fermeté sont évidents chez elle. Sans aucun doute la femme idéale pour un militaire, elle est persuadée que son mari reviendra sain et sauf de la guerre. Rommel lui raconte les exploits accomplis par son bataillon, sans chercher pour cela à se mettre en avant. Cette marque de modestie touche Lucie, qui voit en lui l'être rêvé. Le jeune couple n'a pas eu le temps de trouver un logement, car Erwin doit bientôt repartir pour le front. La ville de Danzig souffre, comme toutes les villes allemandes, des privations. Le blocus naval des Alliés touche déjà la population.

Il a juré fidélité à celle à qui il écrit de longues lettres tous les jours.

Instigateur d'une méthode d'attaque

Roumanie, 30 décembre 1916

Rommel a rejoint rapidement son bataillon sur le front roumain. Il a mis au point une nouvelle méthode pour percer les défenses ennemies. Elle consiste à s'infiltrer à travers les lignes adverses, en compagnie de quelques hommes à qui il fait poser une ligne téléphonique à mesure de la progression. Dans les montagnes de Roumanie, où les sommets et les vallées doivent être aussi solidement tenus, il lui arrive de travailler sur les pentes les plus raides, accessibles à des montagnards chevronnés. Que ce soit dans le brouillard glacial ou la neige épaisse, Rommel poursuit son avance à toute vitesse. Il a un sens extraordinaire pour évaluer et exploiter au mieux la topographie d'une région. Il n'hésite jamais à se lancer à l'attaque sur les arrières de l'ennemi et prétend que celui qui tire le premier a toutes les chances de l'emporter.

1917

25 ans — 26 ans

Atlantique, 1er février
Guerre sous-marine à outrance.

France, 9 février
Repli volontaire des Allemands sur la ligne Hindenburg.

France, 18 avril
Echec de l'offensive française au Chemin des Dames.

Atlantique, juin
Les sous-marins allemands revendiquent 687 000 tonnes de navires alliés coulés.

France, juin
Arrivée des premiers soldats américains.

Berlin, 20 juillet
Le kaiser est indigné par une résolution de paix votée au Reichstag.

Verdun, 20 août
Offensive française sur la rive gauche de la Meuse.

Italie, 30 août
Très lourdes pertes italiennes sur le front de l'Isonzo, avec 323 000 soldats hors de combat.

Russie, 2 septembre
Contre-offensive allemande et prise de Riga.

Paris, 15 octobre
La célèbre danseuse Mata-Hari est fusillée pour espionnage.

France, 24 octobre
Victoire française à La Malmaison, sur l'Aisne.

Flandres, 30 octobre
Bataille de Paschendaële.

Russie, 7 novembre
Les bolcheviks au pouvoir.

Paris, 15 novembre
Georges Clemenceau est nommé président du Conseil.

Brest-Litovsk, 22 décembre
Négociations de paix entre la Russie et l'Allemagne.

Rommel capture quatre cents soldats roumains par surprise

Roumanie, 30 janvier
Pour s'emparer du petit village de Gagesti, le lieutenant Rommel est resté allongé jusqu'à dix heures du soir, à quelques pas des positions roumaines. Lorsqu'il a estimé les Roumains endormis, il a fait ouvrir le feu sur presque tout le village par ses mitrailleuses et la moitié de ses tirailleurs, alors que le reste de sa troupe s'élançait aussitôt à l'attaque en hurlant. Les soldats roumains, à moitié endormis, n'ont pu opposer qu'une faible résistance. La surprise a été totale. Quatre cents soldats roumains se sont rendus à Rommel, alors que ses propres pertes étaient négligeables. Suite à cette action, le bataillon du Wurtemberg a été cité à l'ordre de l'armée. Sur ce front montagneux, Rommel fait preuve d'une redoutable efficacité.

L'Amérique déclare la guerre au kaiser

Etats-Unis, 6 avril
L'Amérique du Président Wilson vient de se ranger dans le camp des puissances alliées. Sa déclaration de guerre à l'Allemagne est désormais officielle. L'attaque de plusieurs de ses navires par les sous-marins de l'Allemagne a été le prétexte à son entrée dans le conflit. En réalité, l'Amérique compte surtout contrer l'influence grandissante du kaiser en Amérique latine. Sa sympathie pour la France héroïque, la patrie de Lafayette, a fait le reste.

La boucherie du Chemin des Dames

France, 30 avril
L'offensive déclenchée, le 16 avril, par le général Nivelle s'est soldée par de très lourdes pertes pour les troupes françaises et des résultats territoriaux infimes. Repliés sur les secondes positions, peu secoués par l'artillerie française, les Allemands et leurs mitrailleuses ont taillé en pièces les rangs français. Malgré la capture de 20 000 soldats allemands et l'utilisation de 3 810 canons, la bataille du Chemin des Dames, sur le front de l'Aisne, est un échec pour les Alliés. Près de 150 000 Français sont tombés.

Face au bataillon du Wurtemberg, l'armée roumaine subit de lourdes pertes.

Une nouvelle victoire sur le mont Cosna

Roumanie, 30 août
Rommel vient de s'emparer, à la tête de son unité, du mont Cosna. C'est un véritable nid d'aigle, jugé imprenable. Mais Rommel et quatre compagnies se sont faufilés, sans être vus, entre deux postes ennemis situés à une cinquantaine de mètres l'un de l'autre. Après un assaut qui relève de l'acrobatie, le sommet est tombé entre les mains de Rommel. Quelques jours plus tôt, une balle l'avait blessé au bras. Les officiers de son bataillon ont les yeux fixés sur lui. Rommel adopte une tactique de pénétration en profondeur, peu coûteuse et très moderne. La brèche bien ouverte, les mitrailleuses sont utilisées pour battre les flancs de l'ennemi souvent pris à revers.

Le mont Cosna, vu des positions allemandes, semblait imprenable.

L'Allemagne doit intervenir sur le front italien

Front italien, 2 septembre

L'armée austro-hongroise, engagée depuis mai 1915 sur le front italien, a subi de très lourdes pertes et n'a cessé de reculer devant les assauts enragés des troupes italiennes dans la région de l'Isonzo. Ce front de 750 km, constitué de montagnes, très propice à la défense, a permis aux unités autrichiennes de contenir les offensives italiennes, malgré la perte de Gorizia en août 1916. Mais, durant tout l'été 1917, les 10e et 11e offensives, sur le front de l'Isonzo, ont fortement ébranlé les défenses et les forces autrichiennes, qui ont perdu 250 000 hommes. Les Italiens ont progressé sur le plateau de la Bainsizza de 20 km. La menace est désormais si importante que le haut commandement austro-hongrois est obligé d'appeler l'Allemagne à son secours. La XIVe armée allemande du général von Below, forte de près de 10 divisions, vient d'être envoyée dans le secteur de Caporetto.

Sur le front de l'Isonzo, les assauts enragés de l'armée italienne mettent en péril les troupes austro-hongroises.

L'exploit de Rommel à Caporetto

Front italien, 26 octobre

L'armée allemande a pu concentrer 7 divisions d'élite dans le secteur de Caporetto-Tolmino, alors défendu par 2 médiocres brigades italiennes. L'offensive allemande, qui a débuté le 24 octobre, semble irrésistible. Le puissant bataillon de Rommel devait attaquer au centre du dispositif, en direction du mont Matajur, et suivre ensuite la 12e division bavaroise. Marcher sur les traces des Bavarois n'intéressait guère Rommel, qui a persuadé son chef, le commandant Sprösser, de lancer une opération indépendante contre les positions italiennes. Dès l'aube, Rommel, à la tête d'un commando, s'élance sur la position d'appui de Saint-Daniel et fonce ensuite sur Foni, la seconde base des Italiens. Dans la foulée, il neutralise une douzaine de canons lourds. Prenant à revers un bataillon ennemi, Rommel capture un millier d'Italiens. Les six compagnies, sous le commandement du jeune officier, poursuivent la percée et forcent la 4e brigade de *bersaglieri* à déposer les armes. Le lieutenant Rommel fait une reconnaissance et décide de couper à travers champs, en prenant la direction du mont Matajur, clé de la défense ennemie, située à près de 1 700 m d'altitude. Le 25, après une nuit de marche forcée, Rommel encercle la brigade Salerne au petit matin et l'oblige à la reddition. Du sommet du mont Matajur, Rommel n'a plus qu'à lancer la fusée de la victoire. Il a parcouru 20 km à vol d'oiseau, capturé 150 officiers, près de 10 000 soldats et 81 canons. Pour cet exploit, il est promu au grade de capitaine.

Le bataillon de Rommel est à la pointe de l'offensive de Caporetto.

Longarone tombe entre ses mains

Front italien, 10 novembre

Devenu avant-garde d'une division autrichienne, le bataillon d'élite de Rommel avançait le 2 novembre sur le fleuve de la Piave, où les soldats italiens résistaient avec héroïsme. Après une retraite de 140 km, les troupes italiennes ont pu se rétablir sur la Piave, avec 33 divisions, et s'opposer à 55 divisions ennemies. Hier, le capitaine Erwin Rommel a traversé à la nage les eaux glacées du fleuve, accompagné de quelques hommes, attachés à une corde. Il a attaqué le village de Longarone et s'en est emparé, ainsi que de toute la garnison. Comme en Roumanie, il a disposé habilement toutes ses mitrailleuses en divers endroits. Puis, à l'aube, il s'est avancé seul vers les Italiens, leur annonçant qu'ils étaient tous encerclés et les sommant de se rendre. Cet acte de bravoure exceptionnelle lui a valu d'être décoré de la médaille « Pour le mérite », distinction attribuée aux généraux. Le bataillon de montagne du Wurtemberg a ainsi joué un rôle déterminant dans la défaite italienne de Caporetto. La place de Rommel dans cette victoire est essentielle.

1918

26 ans   27 ans

Saint-Quentin, 21 mars
Le général Erich von Ludendorff lance sa première offensive sur le front occidental.

Saint-Quentin, 22 mars
La concentration allemande d'artillerie est considérable avec 6 473 canons sur un front de 50 km, soit plus d'un canon tous les dix mètres.

Saint-Quentin, 31 mars
L'offensive allemande sur le front occidental a pu progresser de 60 km grâce aux unités d'assaut. Mais, après cette percée spectaculaire, l'attaque semble s'être essoufflée.

Somme, 22 avril
Le baron Manfred von Richthofen, dit « le Baron rouge », est abattu. Cet as de la chasse allemande a remporté 80 victoires.

France, 29 mai
Les Allemands prennent Soissons.

France, 4 juin
L'armée allemande parvient jusqu'à la Marne.

France, 26 juin
Le canon allemand la « Grosse Bertha » tire sur Paris.

France, 18 juillet
Contre-offensive française à partir de Villers-Cotterets.

Picardie, 8 août
Offensive des Alliés. Les Allemands reculent partout.

Argonne, 26 août
Attaque franco-américaine.

France, 9 septembre
Les Alliés réduisent le saillant de Saint-Mihiel.

Berlin, 26 octobre
Le général Erich von Ludendorff est obligé de démissionner.

Un bureau à l'état-major pour protéger le guerrier, malgré lui

France, 30 janvier
Après avoir savouré les joies d'une permission, le mois dernier, au côté de sa femme, Rommel, à sa grande déception, vient d'être affecté à un poste d'état-major de l'armée sur le front français. Le commandement estime qu'un soldat de sa valeur sera utile à un poste aussi important, qui demande des hommes ayant une très solide expérience des combats, afin de préparer le mieux possible les opérations. Depuis la défection de la Russie, l'armée allemande peut engager presque toutes ses forces à l'ouest. Le vieux maréchal Paul von Hindenburg et le général Erich von Ludendorff veulent régler le sort de la France avant l'arrivée massive des troupes américaines. Au début de cette année, l'Allemagne compte 152 divisions sur le front ouest contre 170 alliées. La fin de la guerre à l'Est permet de libérer entre 30 et 40 divisions. Cette légère supériorité pousse l'Allemagne à l'offensive à outrance. Les méthodes d'attaque de Rommel ont retenu l'attention du haut commandement. L'artillerie est encore renforcée.

Après une permission bien méritée, le capitaine Rommel rejoint l'état-major.

Grèves et émeutes dans un Empire allemand qui meurt de faim

La famine qui frappe la population entraîne des pillages dans les magasins.

Allemagne, 31 janvier
Les contacts qui se sont établis entre les troupes allemandes et des soldats russes ayant tué leurs officiers et formé des soviets ont contribué à répandre des théories bolcheviques au sein de l'armée du kaiser, qui est assez fatiguée de se battre. Cela est surtout le cas dans la marine, où des mutineries se sont soldées par une répression brutale. Le peuple du Reich, soumis au blocus des Alliés, a faim et supporte de plus en plus mal les restrictions. Plus d'un quart de million de personnes sont mortes de faim en Allemagne en 1917. Le kaiser a dû proclamer la loi martiale dans tout le pays, suite à des grèves ouvrières en faveur de la paix. Des cellules clandestines agissent avec une grande efficacité pour appeler la population à la révolution. Le kaiser a reçu des représentants des partis politiques et leur a fait savoir qu'il pense écraser la France assez rapidement, du fait de l'arrivée des renforts venus du front russe. De vastes offensives sont prévues sur presque tout le front occidental et le général Ludendorff est optimiste.

L'Allemagne impériale est au bord du gouffre

Appuyée par l'artillerie, l'infanterie alliée perce les positions allemandes.

Le peuple a faim. Il force le kaiser à abdiquer et à fuir en Hollande.

Les défaites s'accumulent sur tous les fronts

Europe, 30 octobre
Les diverses offensives allemandes, déclenchées dès le mois de mars, se sont essoufflées, après des percées spectaculaires en certains endroits du front ouest. Le 4 juin, les soldats allemands menaçaient de nouveau Paris, comme en 1914. Une habile contre-offensive française, appuyée par de très nombreux chars légers Renault FT17, renversait assez vite la situation. L'armée du kaiser était condamnée à la défensive. Sur le front des Balkans, les troupes alliées prenaient également l'initiative. En Italie, une offensive autrichienne, en juin, sur la Piave était repoussée par les troupes italiennes. Les Alliés avancent sur les divers fronts, et le moral allemand est au plus bas.

Guillaume II est renversé par la révolution

Allemagne, 9 novembre
La révolution qui a éclaté à Kiel s'est propagée dans tout le pays. A Stuttgart, un conseil d'ouvriers se déclare prêt à signer la paix au nom du Wurtemberg. Munich, Cologne, Dresde et d'autres grandes villes du Reich sont vite passées aux mains des révolutionnaires. Guillaume II vient d'abdiquer pour éviter un bain de sang général entre Allemands. Ne croyant plus en la victoire, il pense aller se réfugier à l'étranger. La république socialiste vient d'être proclamée à Berlin. Friedrich Ebert en devient le premier président. Cet homme de sang-froid, né en 1875, est en fait un modéré du SPD qui veut mettre fin à la guerre et surtout préserver son pays du bolchevisme.

Il n'y a plus d'espoir : l'Allemagne est acculée à la capitulation

Compiègne, 11 novembre
Une délégation allemande dirigée par Matthias Erzberger, l'homme qui avait persuadé le Reichstag de voter la résolution de paix en 1917, est montée à bord d'un wagon dans la forêt de Compiègne. Six heures plus tard, à 11 heures exactement, les armes se sont tues en Europe. L'Allemagne a reconnu sa défaite et signé un armistice devant une solide délégation alliée, conduite par le maréchal Ferdinand Foch. L'accord qui vient d'être signé stipule que le Reich devra céder ses 5 000 canons lourds, 2 000 avions, 30 000 armes automatiques et ses sous-marins. La flotte de surface sera ancrée au large de la Grande-Bretagne. En outre, 5 000 locomotives, 150 000 wagons et 5 000 camions seront remis aux Alliés, qui occuperont la Rhénanie.

Les jeunes prisonniers allemands se comptent par centaines de milliers.

A travers le pays pour retrouver Lucie

Allemagne, 30 décembre
Le capitaine Rommel a été reversé, le 21, au 124e régiment d'infanterie de Weingarten, auquel il avait été affecté en 1910. Il a dû traverser toute l'Allemagne en plein chaos pour aller à Danzig, retrouver sa femme, qui est tombée malade chez sa grand-mère. Comme il voyage en uniforme, il est souvent pressé de questions, plus ou moins insulté et même menacé d'arrestation. Erwin réussit à ramener avec lui sa chère Lucie et décide de l'installer chez sa propre mère à Weingarten. Depuis la mort de son père en décembre 1913, les deux femmes s'entendent à merveille. Rommel est toutefois déprimé par la défaite de son pays, mais il garde confiance en l'avenir.

1919

27 ans 28 ans

Berlin, 11 février
Friedrich Ebert est élu président de la République. Philipp Scheidemann forme le premier gouvernement.

Munich, 2 mai
Des troupes loyalistes, soutenues par le corps franc du colonel von Epps, écrasent la République des conseils de Bavière.

Munich, 12 juin
Hitler est affecté au service de presse et d'information du département politique de l'état-major de l'armée.

Berlin, 20 juin
Le chancelier allemand Philipp Scheidemann préfère démissionner plutôt que de signer le traité de Versailles.

Ecosse, 21 juin
La flotte allemande se saborde dans la baie de Scapa Flow.

Versailles, 28 juin
La nouvelle armée allemande est réduite à 4 000 officiers et 96 000 soldats de métier.

Versailles, 28 juin
L'armement de la nouvelle armée allemande ne doit pas dépasser 84 000 fusils, 18 000 mousquetons, 792 mitrailleuses lourdes, 1 134 mitrailleuses légères, 63 mortiers moyens, 189 mortiers légers, 204 canons de 77 mm et 84 de 105 mm.

Allemagne, 12 juillet
Les Alliés lèvent partiellement le blocus contre le Reich.

Allemagne, 14 août
Entrée en vigueur de la Constitution de Weimar.

Allemagne, 30 novembre
Après six mois de campagne, les corps francs allemands engagés dans les pays Baltes refluent en Prusse-Orientale.

L'insurrection « rouge » est écrasée

Berlin, 16 janvier
Les troupes allemandes, fidèles à la nouvelle république, ont eu raison de l'insurrection des communistes, conduite par Rosa Luxemburg et Karl Liebknecht à Berlin. Des corps francs, très solidement armés, ont repris méthodiquement la ville. Les deux meneurs ont été froidement abattus hier. Le président Friedrich Ebert vient ainsi de démontrer sa volonté d'empêcher par les armes une révolution de type bolchevique comme en Russie. Dans tout le pays des corps francs se forment pour lutter contre les communistes. Des héros de la Grande Guerre assurent souvent l'encadrement de ces unités d'élite. Des aventuriers nostalgiques des tranchées, des jeunes nihilistes en quête de sensations fortes, des nationalistes revanchards forment la grande majorité des corps francs. Ebert, bien que social-démocrate, n'a pas peur de s'appuyer sur ces bandes de « lansquenets » pour faire reculer le danger d'une prise du pouvoir par les communistes.

Les corps francs, solidement armés, ont facilement raison des bolcheviks.

Triomphe des démocrates aux élections

Allemagne, 19 janvier
Les élections visant à former une Assemblée constituante voient le triomphe des trois partis fidèles au nouveau régime : les centristes, les sociaux-démocrates et leurs alliés, les démocrates, disposent de 321 sièges sur 421. La jeune république acquiert ainsi toute sa légitimité.

Cette importante victoire atteste que la majorité de la population a voté pour ceux qui, après le défaitisme de novembre, proposent un régime de démocratie libérale, très inspiré de celui des vainqueurs. Une bonne partie de la bourgeoisie, effrayée par la tentative communiste, a vite fait confiance à la jeune république.

L'Allemagne mise à genoux par les Alliés

Versailles, 28 juin
Le traité de Versailles, imposé par les Alliés, vient d'être signé par la délégation allemande. L'humiliation semble totale. L'Allemagne, jadis si fière, perd plus de 70 000 km² de son territoire et près de 7 millions de ses habitants. Plusieurs cantons reviennent à la Belgique. L'Alsace-Lorraine est reprise par la France. Le Slevig redevient danois. La jeune Pologne s'octroie la Posnanie et une partie de la Prusse-Orientale. Un corridor sépare la Prusse du reste du pays. La Haute-Silésie doit être partagée. La riche région d'Ulcin sera attribuée aux Tchèques, et le port de Memel finalement annexé par la Lituanie. Toutes les colonies tombent aux mains des vainqueurs. La Rhénanie est démilitarisée. Les Alliés occuperont, sur la rive gauche du Rhin, trois têtes de pont pendant plusieurs années. Quant à la Sarre, elle sera détachée du Reich pour 15 ans. L'armée allemande sera réduite à 100 000 hommes, dépourvus d'un armement lourd. L'Allemagne doit en outre verser vingt milliards de marks-or aux Alliés. Ce soir, une profonde vague de colère déferle sur toute l'Allemagne. Des manifestants sont descendus dans la rue et ont brûlé le drapeau français. Beaucoup d'officiers, qui s'estiment invaincus, parlent de trahison.

Rommel dirige des marins indisciplinés

Friedrichshafen, 1er juillet
Le capitaine Erwin Rommel a pris le commandement d'une compagnie de sécurité intérieure dans la ville de Friedrichshafen. Pour la première fois de sa vie, il manie des jeunes Allemands peu ou pas habitués à recevoir des ordres. On lui a confié une poignée de marins « rouges », dont beaucoup se sont mutinés. Et il est chargé d'en faire de parfaits soldats. D'abord, ils se conduisent comme des sauvages, se mettent à huer Rommel parce qu'il porte des décorations, veulent même élire un commissaire politique, refusent de marcher au pas de l'oie et tiennent un meeting révolutionnaire. Erwin Rommel y assiste et monte en haut de la tribune d'où il déclare qu'il a bien l'intention de commander à des soldats et non à des criminels. Sa verve semble porter ses fruits. Le lendemain, Rommel parvient à les faire parader, musique en tête. Ils apparaissent si bien domptés que l'inspecteur Hahn, chef de la police de Stuttgart, félicite Rommel pour cette étonnante transformation.

La Constitution de Weimar a été entérinée par le Parlement

Allemagne, 28 juillet
A une forte majorité, le Reichstag vient d'adopter la Constitution de Weimar. Les sociaux-démocrates et les centristes ont voté pour, alors que la droite ultranationaliste et l'extrême gauche étaient contre. La république de Weimar est un Etat fédéral composé de 17 *Länder*, dont les pouvoirs portent sur la police, les cultes, la culture et l'instruction. Chaque *Land* dispose donc d'une assemblée et d'un gouvernement. Le Reich est une démocratie qui doit fonctionner avec un président, un chef du gouvernement et un solide parlement, dont tous les députés, élus pour quatre ans, votent les lois fédérales et le budget. Ils peuvent renverser leur gouvernement. Elu pour sept ans au suffrage universel, le président a aussi le pouvoir de dissoudre le Reichstag. Il nomme et révoque les divers fonctionnaires et les ministres. Il est le chef suprême des armées et peut proclamer l'état d'urgence pour rétablir l'ordre. Il dispose également sur les lois d'un veto suspensif de deux ans.

Le peuple allemand, enthousiaste, acclame la nouvelle république.

Une réforme agraire contre la misère

Allemagne, 30 août
Le Reichstag a voté une réforme agraire qui prévoit un morcellement des grands domaines non cultivés, 2 millions d'hectares, en moyennes propriétés. Réforme qui ne va pas sans arrière-pensée politique : mettre fin ou démanteler les bastions des junkers conservateurs, détourner les ouvriers agricoles de la misère et de la tentation du communisme en les rendant propriétaires. Cette vaste réforme est dans la filiation des idées du vieux Bismarck qui en son temps avait combattu la pauvreté des ouvriers pour les écarter des idées du socialisme marxiste. Mais les Alliés maintiennent toujours en partie le blocus économique contre l'Allemagne, si bien que les mesures sociales du gouvernement du Reich n'ont pas les effets escomptés dans l'immédiat. Les civils sont toujours nombreux à faire la queue devant les magasins d'alimentation. La viande se fait de plus en plus rare dans les familles du Reich.

Un certain Hitler prend la parole

Munich, 12 septembre
Adolf Hitler, caporal de 30 ans et ancien combattant désabusé, a pris la parole lors d'une réunion du Parti ouvrier allemand, un groupuscule extrémiste. Il a fustigé le traité de Versailles et la république.

Exsangue, l'Europe compte ses victimes et le bilan est très lourd

Europe, 31 décembre
L'Allemagne a été très sévèrement frappée par le conflit mondial qui vient de se terminer. Avec 1 773 700 soldats tués, 4 216 058 blessés, sans oublier ses 1 152 800 prisonniers, le Reich, qui avait mobilisé 11 millions d'hommes, n'a pas fini de panser ses plaies. Le reste de l'Europe n'a pas été épargné, dont la France qui a perdu 1 375 800 de ses enfants et doit reconstruire une grande partie de ses villes du nord, détruites par les duels d'artillerie. L'Italie a été également touchée avec ses 651 000 morts et de très nombreuses villes dévastées. L'Empire britannique a déploré près de 1 millier de morts. Dans chaque cathédrale de France, une plaque commémorative a été scellée : « A la gloire de Dieu et à la mémoire du million d'hommes du vaste Empire britannique qui sont tombés durant cette guerre, dont la plupart reposent en France. » La grande Russie et l'Autriche-Hongrie ont aussi payé un lourd tribut. Les veuves de guerre et tous les anciens combattants s'organisent en vue de perpétuer le souvenir de près de 9 millions de soldats tués.

Nations belligérantes	Mobilisés	Morts
France	8 317 000	1 375 800
Afrique du Sud	136 000	9 000
Allemagne	11 000 000	1 773 700
Australie	413 000	60 000
Autriche-Hongrie	9 000 000	1 047 000
Belgique	380 000	44 000
Bulgarie	950 000	100 000
Canada	630 000	62 000
Etats-Unis	3 800 000	114 000 (1)
Grande-Bretagne (2)	6 000 000 (env.)	947 000
Grèce	200 000	12 000
Inde	1 500 000	75 000
Italie	5 615 000	651 000
Nouvelle-Zélande	128 000	18 000
Portugal	60 000	8 000
Roumanie	1 000 000	158 000
Russie	15 000 000 (?)	1 700 000 (?)
Serbie	450 000	400 000
Turquie	2 850 000	400 000
Total	68 millions	8 954 500

(1) Dont 60 000 de maladie. (2) Y compris les colonies de la Couronne.

1920 → 1922

28 ans — 31 ans

Amsterdam, 23 janvier 1920
Les Pays-Bas refusent de livrer Guillaume II aux Alliés.

Allemagne, 5 février 1920
Berlin refuse de remettre 890 criminels de guerre présumés aux Alliés.

Munich, 24 février 1920
Le Parti ouvrier allemand devient le Parti national-socialiste allemand du travail (NSDAP). Hitler en est un membre influent.

Allemagne, 13 mars 1920
L'armée allemande se livre à de sanglantes répressions lors de grèves communistes.

Berlin, 25 juin 1920
Formation d'un gouvernement de centre droit dirigé par Konstantin Fehrenbach.

Hambourg, 24 mars 1921
Les communistes tentent de prendre le pouvoir. Vingt-deux personnes sont tuées lors des affrontements avec l'armée.

Leipzig, 24 avril 1921
Le général Ludendorff, accusé d'avoir violé les lois de la guerre, est acquitté.

Haute-Silésie, 21 mai 1921
Les corps francs allemands écrasent l'armée polonaise lors de la bataille de l'Annaberg.

Allemagne, 15 juillet 1921
Grave crise économique et chute du mark. Le dollar vaut 88 marks, la livre en vaut 540.

Berlin, 26 août 1921
Assassinat par les nationalistes du ministre des Finances Matthias Erzberger.

Europe, 1er septembre 1921
La Haute-Silésie est partagée entre la Pologne et l'Allemagne.

Rapallo, 16 avril 1922
Accord germano-soviétique.

Echec du putsch de Wolfgang Kapp et de la brigade *Ehrhardt*

Berlin, 17 mars 1920
Le putsch lancé par Wolfgang Kapp et la brigade *Ehrhardt*, une unité connue pour son nationalisme, vient d'échouer. Les putschistes avaient réussi à s'emparer de Berlin et à faire fuir le président Friedrich Ebert. Avec le soutien du général von Luttwitz, brillant commandant de l'armée dans le nord du pays, Kapp s'était proclamé chancelier. Mais la majorité de l'armée n'a pas suivi ce mouvement de force. Quand une grève a été organisée par les ouvriers, le putsch s'est effondré. Von Luttwitz prétend qu'il voulait surtout s'opposer aux communistes. Il a expédié une partie de ses troupes en Bavière alors que Kapp a pris la fuite peu après l'échec.

Non soutenu par l'ensemble de l'armée, Kapp n'a pu prendre le pouvoir.

Berlin accepte les clauses de Versailles

Allemagne, 9 juillet 1920
Le 22 juin 1919, après des débats difficiles, la jeune Assemblée de Weimar votait par 237 voix contre 130 l'acceptation du traité signé à Versailles, en l'accompagnant de deux restrictions importantes : elle rejetait l'article 231 qui déclarait l'Allemagne responsable du conflit ; elle refusait de livrer aux Alliés les responsables de la guerre. Ainsi, en février 1920, le gouvernement Ebert s'opposait à extrader le général von Ludendorff, le vieux maréchal von Hindenburg, l'amiral von Tirpitz, Bethmann-Hollweg et le Kronprinz. Mais le véritable litige avec les Alliés ne portait pas sur ces questions. Les clauses relatives au désarmement de l'armée restaient le point essentiel de la discorde. La crise vient d'être résolue aujourd'hui à Berlin. Lors d'une première rencontre entre les Alliés et le gouvernement allemand, un accord est enfin intervenu. Le Reich accepte d'appliquer toutes les clauses de désarmement. Mais, sur le terrain, l'armée avec l'appui de la population et souvent l'accord tacite du gouvernement tente de remettre en cause le tracé des frontières. A l'ouest, la présence des soldats de l'armée française a fait tourner court toute tentative. Mais à l'est, en revanche, l'armée allemande peut encore se maintenir pour un certain temps dans les Etats baltiques, afin de contrer les bolcheviks.

Rommel instruit une compagnie d'assaut

Stuttgart, 30 janvier 1921
Le capitaine Erwin Rommel est de retour à Stuttgart, où on lui confie le commandement d'une compagnie du 13e RI, le 124e RI ayant disparu dans la réduction de l'armée. Il va ainsi appartenir à cette phalange de 4 000 officiers formant l'armature autour de laquelle se rattachera la masse des conscrits dès qu'il sera possible de revenir au système de la conscription. Sa décoration « Pour le mérite » et sa réputation acquise lors du récent conflit désignent tout naturellement Rommel pour un tel poste. Un rapport le présente ainsi : « Soldat d'esprit sérieux, jeune, très différent des fiers-à-bras sans doute utiles en temps de guerre, mais se pliant difficilement à la discipline et aux mornes exercices du temps de paix. » Rommel n'a guère le choix. Sa carrière, c'est l'armée et il aime vraiment l'entraînement.

La mascotte du régiment est un renard, qui souligne la ruse de Rommel.

1920-1922

Français, Belges et Britanniques occupent le bassin de la Ruhr

Allemagne, 8 mars 1921

Le 28 janvier, les Alliés fixaient à 226 milliards de marks le montant de la dette de guerre de l'Allemagne, payable en 42 annuités. A l'annonce de la somme, une grande partie de la population manifestait son vif mécontentement, estimant que le pays allait rapidement se trouver sans ressources. De son côté, Hitler a remporté à Munich, le 3 février, un franc succès au cirque Krone. Il avait décidé de louer cette vaste salle pour condamner les Alliés au sujet des réparations de guerre. Plus de 6 000 personnes sont venues et l'ont écouté durant plus de deux heures. A la fin du discours, l'assistance a chaudement applaudi l'orateur. La riposte des Alliés ne s'est pas fait attendre. Aujourd'hui, les troupes françaises, belges et britanniques ont occupé la Ruhr, Düsseldorf et Duisbourg. De nouvelles sanctions économiques seraient prévues. Pour le moment, le jeune gouvernement de Berlin se trouve dans l'impasse la plus absolue.

A Düsseldorf, les Alliés passent volontairement devant la statue de Bismarck.

La crise économique étouffe l'Allemagne

Allemagne, 31 décembre 1921

Si le Reich n'a pas connu la guerre sur son territoire, il subit le poids d'une industrie en pleine crise du fait de la défaite. La production de l'acier a chuté de plus de la moitié. Les pertes financières sont aussi très lourdes pour l'Etat, qui n'a cessé de s'endetter. Les livraisons en nature aux vainqueurs, les divers avantages économiques accordés aux Alliés, les réparations et l'effondrement du mark étouffent l'Allemagne. Alors que le gouvernement allemand rend les réparations et l'occupation de la Ruhr responsables d'une situation aussi dramatique, la France accuse le Reich de mettre volontairement l'Etat en faillite pour vite justifier le refus de paiement. Les industriels s'adonnent à des spéculations assez douteuses, placent des capitaux à l'étranger, puis profitant de la chute du mark achètent à crédit diverses usines, des hôtels, des agences de voyage. Le chômage est important.

A Cannes pour adoucir les réparations

Cannes, février 1922

Les grandes puissances, qui se sont réunies à Cannes pour trouver un terrain d'entente au sujet de la crise en Allemagne, semblent s'être mises enfin d'accord. Walther Rathenau, le nouveau ministre allemand des Affaires étrangères, vient d'engager une politique d'une grande habileté. Son pays déclare vouloir la politique d'exécution du traité, et il prévoit même des livraisons en nature pour la France. En échange, l'Allemagne pense obtenir des contreparties. A Cannes, Rathenau y est parvenu. Le Britannique Lloyd George, poussé par Rathenau, a proposé à Aristide Briand, le président du Conseil, un plan : en échange de l'adoucissement des réparations, la Grande-Bretagne offre à son allié la garantie de ses frontières.

Le Cercle nautique accueille les représentants du Conseil suprême interallié.

Walther Rathenau victime des extrémistes

Berlin, 24 juin 1922

L'Allemagne a été bouleversée par l'assassinat de Walther Rathenau, son ministre des Affaires étrangères. Des ultranationalistes l'ont abattu devant son domicile. Fils d'un grand industriel juif, Rathenau était un homme fort intelligent, doué pour la musique et la philosophie. Attiré par la politique, il était conscient que le développement de toute l'économie devait se faire très rapidement pour éviter la montée des extrémistes de tous bords. Rallié à la république en 1919, il était l'une des personnalités marquantes du Parti démocrate. En tant que ministre, cet homme rusé comptait redonner à son pays une place importante. Il avait obtenu un adoucissement des réparations et il avait également négocié le pacte de Rapallo avec les Soviétiques, ce qui avait fait de lui l'ennemi juré des antisémites et des nationalistes. La France et la Grande-Bretagne sont inquiètes. Elles redoutent que de tels actes terroristes ne s'étendent en entraînant la montée en puissance d'un parti nationaliste, malgré les mesures prises par le gouvernement central. Aujourd'hui, le Reichstag s'est réuni pour rendre hommage au ministre assassiné et son fauteuil était drapé de noir. Le chancelier, Josef Wirth, y a dénoncé avec force les terroristes et tous ceux qui les soutiennent. Hitler n'a pas caché sa satisfaction en apprenant la mort de Rathenau, qu'il avait traité lors d'un meeting de « sale Juif, apatride et dégénéré ». L'enquête de la police semble longue et compliquée car les groupes nationalistes pullulent.

Rathenau était un grand pacifiste.

1923 → 1926

31 ans — 35 ans

Allemagne, 11 janvier 1923
Les troupes françaises et belges pénètrent de nouveau dans les villes industrielles de la Ruhr pour prendre le charbon que Berlin n'a pas livré aux Alliés.

Allemagne, 12 janvier 1923
Le chancelier allemand Wilhelm Cuno demande aux ouvriers de la Ruhr d'opposer une résistance passive à l'occupation.

Allemagne, 25 janvier 1923
L'occupation française de la Ruhr pousse l'économie du pays dans l'abîme. Le mark a perdu presque toute sa valeur.

Ruhr, 26 mai 1923
L'exécution du jeune saboteur Leo Schlageter par les troupes françaises provoque une vague d'indignation en Allemagne.

Nuremberg, 2 septembre 1923
Hitler est de nouveau dans l'arène politique. Il fête, avec plus de 100 000 nationalistes, la victoire des Prussiens à Sedan en 1870.

Allemagne, 24 septembre 1923
Gustav Stresemann abandonne la campagne de résistance passive dans la Ruhr et reprend le versement des réparations de guerre.

Berlin, 16 avril 1924
Le gouvernement accepte les propositions du banquier américain Charles Dawes, favorables à l'économie du Reich.

Allemagne, 4 mai 1924
Les élections législatives permettent aux nazis d'obtenir 32 sièges et aux nationalistes 95.

Landsberg, juillet 1924
Hitler, en prison depuis le 13 novembre 1923, écrit son livre *Mein Kampf*.

Un chancelier libéral pour l'Allemagne

Allemagne, 12 août 1923
Suite à la démission du chancelier Wilhelm Cuno, Gustav Stresemann vient de lui succéder. Né dans une modeste famille berlinoise, il a fait des études d'économie politique. Il a adhéré en 1903 au Parti libéral. Député de 1907 à 1918, il a cru à la mission civilisatrice de l'Allemagne. Pendant la semaine sanglante, il a appuyé Ebert et la toute nouvelle république, mais reste toujours un monarchiste mal repenti. Il passe pour être un très habile négociateur. En tant que ministre des Affaires étrangères, il a conclu des accords internationaux majeurs. Son sens du dialogue rassure Londres et Paris, mais il est détesté par les nazis.

Gustav Stresemann succède à Cuno.

Les troupes alliées évacuent la Ruhr

Allemagne, 30 décembre 1924
L'économie se porte maintenant un peu mieux. Les troupes françaises ayant quitté la Ruhr, le plan Dawes, pour un règlement du problème des réparations de guerre, se fait sentir. Les Américains ont aussi investi et les Allemands trouvent du travail. Affrontés aux délicats problèmes de la reconversion, les industriels du Reich bénéficient toutefois de très nombreux prêts accordés facilement par l'État, par les États-Unis et par la Grande-Bretagne. Le retour vers la production est évident.

Renaissance de la droite allemande

Allemagne, janvier 1925
La droite a le vent en poupe. Elle a trouvé un chef d'ochestre en Alfred Hugenberg, l'ancien directeur des usines Krupp. Subventionné par la grande industrie, il achète de très nombreux journaux, dont près de la moitié de la presse de province, des agences d'information. Hugenberg réunit les anciens combattants dans une formation paramilitaire, les « Casques d'acier », forte de plus de 400 000 nationalistes. Cet homme à poigne a fait campagne contre le plan Dawes. Tous les démocrates craignent une alliance des nazis avec le Parti nationaliste d'Hugenberg et la gauche apparaît divisée.

Echec d'un putsch dirigé par Hitler

Munich, 9 novembre 1923
Un putsch nazi vient d'échouer à Munich. Un peu avant midi, Adolf Hitler et ses militants ont essayé de franchir un cordon de policiers dans une ruelle menant à l'Odeonplatz. Un coup de feu ayant retenti, les forces de l'ordre ont vite riposté, blessant Goering et tuant Scheubner-Richter, qui tenait Hitler par le bras. L'épaule démise, Hitler a cru être atteint par une balle et s'est enfui, laissant seize de ses amis et trois policiers à terre. Ludendorff, rangé au côté des nazis, a eu le courage de s'interposer pour éviter un véritable massacre. Les policiers l'ont arrêté.

Paul von Hindenburg à la tête du Reich

Allemagne, 26 avril 1925
Le maréchal Paul von Hindenburg, héros de la Grande Guerre, est élu président du Reich avec 14 700 000 voix sur 27 000 000 de votants. Le général Erich von Ludendorff, le canditat nazi, remporte moins de 250 000 voix. Hindenburg, âgé de 77 ans, s'est laissé convaincre par les partis de droite et les industriels de se porter candidat contre Wilhelm Marx, soutenu par les socialistes et les centristes. Cet ancien chancelier a été distancé d'un million de voix. Né dans une famille militaire du Brandebourg, il a fait ses études à l'école des cadets, participé à la guerre de 1870 puis est devenu un officier de l'état-major. La Grande Guerre lui a offert une nouvelle et brillante carrière. Sa victoire sur les Russes à Tannenberg, puis aux lacs Mazures, en avait fait le « sauveur de l'Allemagne ». Démissionnaire en 1919, il était le symbole vivant d'une armée restée invaincue, face à la « trahison » des fondateurs de la république. Monarchiste, il s'est laissé porter à la tête de l'État, non sans avoir consulté le kaiser déchu.

L'armée est déjà largement acquise à ce héros de la Grande Guerre.

Locarno réconcilie les anciens ennemis

Locarno, 17 octobre 1925

Le traité de Locarno, qui garantit les frontières en Europe, réconcilie l'Allemagne et ses anciens ennemis. Le ministre des Affaires étrangères, Gustav Stresemann, l'a signé hier pour Berlin. Dans une lettre, qu'il a adressée aujourd'hui au Kronprinz, Stresemann fait remarquer que cet accord offre de nombreux avantages à l'Allemagne, qui se met à l'abri d'une éventuelle intervention des troupes françaises. Berlin obtient la promesse de l'évacuation de la zone de Cologne et d'un siège au Conseil de la SDN. De son côté, le Reich reconnaît la frontière de la France.

Hitler adopte le salut des fascistes

Allemagne, 4 juillet 1926

Bien que Mussolini condamne sans aucune équivoque l'antisémitisme et le racisme des nazis, Hitler, grand admirateur de Mussolini, a décidé d'adopter le salut à la romaine des fascistes italiens. Il voit dans le *Duce* le plus grand homme d'Etat de ce siècle. La discipline qui règne de l'autre côté des Alpes est pour lui un exemple à suivre pour son pays. De son côté, Benito Mussolini craint un retour du pangermanisme.

Un Nobel de la paix franco-allemand

Europe, 10 décembre 1926

Le prix Nobel de la paix vient d'être attribué conjointement à Aristide Briand et à Gustav Stresemann. La nouvelle est bien ressentie dans le monde entier. L'entente entre les deux hommes est en effet considérée comme la meilleure garantie pour maintenir la paix le plus longtemps possible. Stresemann cache bien son jeu, car il envisage en fait de faire disparaître le corridor de Danzig. Habile, il est décidé à faire preuve de fermeté le moment venu et rêve, à long terme, d'annexer l'Autriche. Pour concrétiser ses plans, il est prêt à faire quelques sacrifices, dont la reconnaissance de la frontière entre le Reich et la France. Mussolini est nettement plus méfiant.

L'URSS vient à la rescousse du Reich

Pour la signature de cet accord secret, Gustav Stresemann rencontre les membres de la délégation soviétique à Berlin.

Berlin, 24 avril 1926

Faisant suite au traité de Rapallo de 1922, un nouvel accord vient d'être signé entre Berlin et Moscou. Les deux puissances se promettent une mutuelle neutralité en cas de conflit, décident de coopérer beaucoup plus activement sur le plan économique et financier. L'Allemagne s'engage, si elle devient membre de la SDN, à empêcher toute agression contre l'Union soviétique. Il est aussi prévu une coopération militaire des deux pays. Cet accord offre ainsi un utile contrepoids à la politique, jugée trop occidentale, de Locarno. Le courant national-bolchevique établi en Allemagne ne peut que se réjouir d'un rapprochement entre Berlin et Moscou. Le comte von Brockdorff, ambassadeur à Moscou, estime que le Reich trouve ici un moyen de faire pression sur la France pour faciliter son entrée à la SDN.

Une entrée mouvementée à la SDN

Grâce à l'appui d'Aristide Briand, l'Allemagne a pu intégrer la SDN.

Genève, 8 septembre 1926

C'est par un télégramme, envoyé il y a tout juste deux jours, que Gustav Stresemann, le chef de la diplomatie allemande, a appris que l'assemblée de la Société des Nations avait voté à l'unanimité l'octroi d'un siège permanent à son pays. Le Reich fait ainsi un retour très remarqué sur la scène internationale. L'entrée de l'Allemagne à la SDN pourrait ainsi renforcer cette organisation basée à Genève qui souffre de l'absence de l'URSS et des Etats-Unis. Aristide Briand, qui préside les travaux de la SDN, a prononcé un long discours de bienvenue qui s'est achevé par une péroraison en faveur de la paix : « En arrière les fusils et les canons ! Place à l'arbitrage, à la sécurité et à la paix ! » Plus réaliste, Stresemann réclame pour l'Allemagne l'égalité des droits, c'est-à-dire la levée des clauses restrictives de Versailles en matière militaire. Il obtient ainsi la suppression du contrôle militaire.

1927 — 1932

35 ans — 41 ans

Allemagne, 31 janvier 1927
Fin du contrôle interallié.

Allemagne, 16 septembre 1927
Le président Hindenburg déclare, lors de l'inauguration d'un monument de la bataille de Tannenberg, que son pays n'a pas provoqué la guerre.

Berlin, janvier 1928
Le général Wilhelm Groener, qui avait conseillé au kaiser d'abdiquer, devient ministre de la Défense.

Paris, 27 août 1928
Gustav Stresemann signe le pacte Briand-Kellogg, qui met la guerre hors la loi.

Allemagne, 30 décembre 1928
Le pays compte deux millions de chômeurs.

La Haye, août 1929
Adoption du plan Young qui rend à l'Allemagne son autonomie financière.

Genève, 5 septembre 1929
Aristide Briand, président du Conseil français, propose la création d'une fédération européenne.

Berlin, 3 octobre 1929
Mort du ministre allemand des Affaires étrangères, Gustav Stresemann.

Allemagne, 14 septembre 1930
Le Parti nazi devient la deuxième force politique, après les élections législatives, avec 107 sièges.

Allemagne, 10 avril 1932
Le maréchal Paul von Hindenburg est de nouveau élu président.

Allemagne, 31 juillet 1932
Les nazis obtiennent 230 sièges aux dernières élections législatives. Les sociaux-démocrates en ont 133.

Rommel revient sur les traces de ses exploits guerriers en Italie

Italie, 30 juillet 1927
Erwin Rommel a profité d'un congé pour visiter l'Italie avec sa femme. Il a revu le théâtre de ses exploits à Longarone, où Lucie a découvert, dans le petit cimetière, les tombes de la famille Molino, dont sa propre famille est censée descendre. Mais Rommel doit finalement abréger son exploration de l'ancien champ de bataille, car les Italiens ne voient pas d'un bon œil ce touriste, qui est manifestement un officier allemand, se promener avec plaisir dans des lieux qui évoquent pour eux tant de désagréables souvenirs, comme la défaite de Caporetto. Rommel a pu prendre de nombreuses photos du secteur de l'Isonzo, où sont tombés 462 000 soldats italiens en 1917.

Au milieu des tombes des soldats, il raconte à Lucie ses souvenirs de guerre.

Un couple sportif amoureux de la nature

Allemagne, 30 août 1927
Erwin et Lucie Rommel forment un couple très heureux. Ils viennent de descendre le Rhin en canot jusqu'au lac de Constance. Tous deux skieurs et alpinistes confirmés, excellents nageurs, bons cavaliers, amateurs de chiens et de chevaux, préfèrent la vie campagnarde à la vie citadine. Ils quittent Stuttgart chaque fois qu'ils le peuvent. Certes, ils aiment tous deux danser mais ne s'intéressent guère au théâtre ou au cinéma et évitent les réceptions mondaines. Rommel joue du violon en amateur. D'une façon générale, il est facile à vivre. Il boit très peu, ne fume pas et demeure indifférent aux plaisirs de la table. Excellent bricoleur, il a acheté une moto, qu'il commence par démonter entièrement puis la remonte pour constater, à sa grande satisfaction, qu'il n'a oublié ni une vis ni un écrou. Tous les dimanches, le couple Rommel se promène dans les environs, où les balades en forêt sont nombreuses. La vie de garnison lui permet de consacrer un large temps à Lucie, dont il aimerait tant avoir un enfant. Bien que patriote, il n'est pas attiré par la politique et méprise la vulgarité des nazis.

Fidèle à ses anciens camarades du front

Stuttgart, 30 septembre 1927
Rommel a fondé une association d'anciens combattants du bataillon de montagne du Wurtemberg. Cette association ne doit connaître aucune distinction de grades. Elle est pour Rommel l'un des principaux intérêts de sa vie. Il consacre une partie de ses loisirs à entrer en contact avec ceux qui ont servi dans ce bataillon. Il aide ses camarades en difficulté. Une assemblée générale et un défilé sont prévus chaque année au cœur de la ville de Stuttgart.

L'armée allemande s'entraîne secrètement en Russie soviétique

Russie, août 1928
Dans le cadre d'une coopération militaire secrète entre Berlin et Moscou, des pilotes de chasse et des tankistes allemands s'entraînent dans le sud de la Russie. L'armée allemande ne peut, théoriquement, disposer de chars et d'avions, du fait des clauses militaires du traité de Versailles. Pour passer outre à cette interdiction, les soldats allemands testent l'équipement motorisé lors de manœuvres avec l'Armée rouge. Des avions civils sont transformés rapidement en appareils de combat. Des tracteurs sont recouverts de plaques de blindage et vite armés de mitrailleuses ou de canons légers. Le général Werner von Blomberg se rend très souvent en Russie.

Au cours des manœuvres, les troupes du Reich testent l'équipement motorisé.

1927-1932

Un fils au bout de douze ans

Stuttgart, 24 décembre 1928
Rommel vient d'ouvrir une bouteille de champagne pour fêter l'heureuse nouvelle : la naissance, après douze ans de mariage, d'un garçon, la veille de Noël. Prénommé Manfred, le bébé se porte bien, et sa maman déclare être la plus heureuse des femmes du monde. Rommel ne peut cacher son émotion. Il ne quitte pas des yeux son fils, le prend dans ses bras et l'embrasse sur le front. Il rêve déjà de lui apprendre à faire du ski et d'autres activités sportives. Il aide sa femme, assez fatiguée par cet accouchement. Tout comme Erwin, Lucie est totalement gâteuse de son fils et n'a d'yeux que pour lui.

Une promotion à l'école d'infanterie

Dresde, 1er octobre 1929
Erwin Rommel vient d'être nommé instructeur à l'école d'infanterie de Dresde. Il doit occuper ce nouveau poste exactement quatre ans. La préparation de ses cours aboutit à la rédaction d'un important ouvrage : *Combats d'infanterie*, fondé sur son expérience personnelle de la guerre. C'est un remarquable manuel de tactique d'infanterie, bien illustré de croquis et de cartes. Il doit être adopté par l'armée suisse, dont les officiers admirent Rommel.

L'armée allemande se reconstitue

Effectifs officiels de l'armée allemandes autorisés par le traité de Versailles	Effectifs para-militaires et clandestins allemands
4 000 officiers 96 000 soldats	200 000 officiers et soldats de la réserve clandestine
7 divisions d'infanterie 3 divisions de cavalerie	14 divisions d'infanterie de de la réserve clandestine
84 000 fusils 18 000 mousquetons 792 mitrailleuses lourdes 1 134 mitrailleuses légères	320 000 hommes de la police, des corps-francs et des douanes 600 000 fusils 6 000 mitrailleuses
63 mortiers moyens 189 mortiers légers	900 mortiers
204 canons de 77 mm 84 canons de 105 mm	1 020 canons de 77 mm 420 canons de 105 mm

Allemagne, décembre 1930
Bien que réduite à 100 000 hommes, la *Reichswehr* forme une armée de cadres hors du commun. Un plan secret de transformation de l'armée doit permettre de porter les effectifs de 7 à 21 divisions, soit de 100 000 à 300 000 hommes. Une armée de frontière, composée d'organisations parallèles à l'armée de terre (police, corps francs, douaniers) peut aussi renforcer les effectifs, évalués à 34 divisions (320 000 hommes). En cas de conflit, l'Allemagne est donc en mesure d'aligner 620 000 hommes, articulés en 55 divisions. Le général Kurt von Schleicher prépare, avec efficacité, le réarmement clandestin du Reich. De nombreuses unités sont équipées de matériel interdit par le traité de Versailles : artillerie lourde, DCA, batteries antichars, bataillons de chars. Des dépôts sont cachés dans les forêts. Des avions civils sont fabriqués et peuvent être transformés, en 8 ou 10 jours, en chasseurs de combat. Des généraux participent à cette vaste entreprise clandestine. Le général von Seeckt professe qu'il est totalement inutile d'accumuler un matériel qui est vite dépassé. Il préfère mettre au point des prototypes, que l'industrie devra rapidement réaliser en série. Il fait développer la fabrication des divers prototypes à l'étranger : avions en Russie, Suède et Suisse ; blindés en Suède ; sous-marins, mitrailleuses en Espagne et en Hollande. Le général von Seeckt estime que « l'armée ne peut avoir qu'une chose en vue, la guerre et non la paix éternelle ». A part les cicatrices de ses blessures, la Grande Guerre semble n'avoir laissé aucune trace chez Rommel. Il n'en rêve pas la nuit. Il pense que l'armée, par sa puissance dissuasive, est censée éviter une autre guerre. Il est ainsi plus pacifiste que bien des officiers allemands revanchards.

Rommel est un père attentionné pour son fils unique Manfred

Dresde, décembre 1932
En dehors de son activité militaire, Rommel s'occupe beaucoup de son fils. Il l'a aidé à faire ses premiers pas, lui fait découvrir des livres avec des images et le promène tous les dimanches avec sa chère Lucie. Il est l'exemple d'un excellent père de famille, d'esprit sérieux, mais gai et de caractère commode. Il a des goûts simples, prend plaisir à une vie tranquille. Manfred est un enfant qui progresse assez vite. Ce qui fait la joie et la fierté d'Erwin. La vie à Dresde n'est pas désagréable. Les Rommel visitent les environs, font de longues et enivrantes balades dans la campagne des environs. Son manuel d'infanterie est lu par de nombreux officiers et des anciens combattants, dont un certain Adolf Hitler. Un cercle d'officiers suisses lui a offert une montre en or, afin de le remercier d'avoir écrit un aussi bon manuel de combat.

Il est fier d'arborer ses décorations.

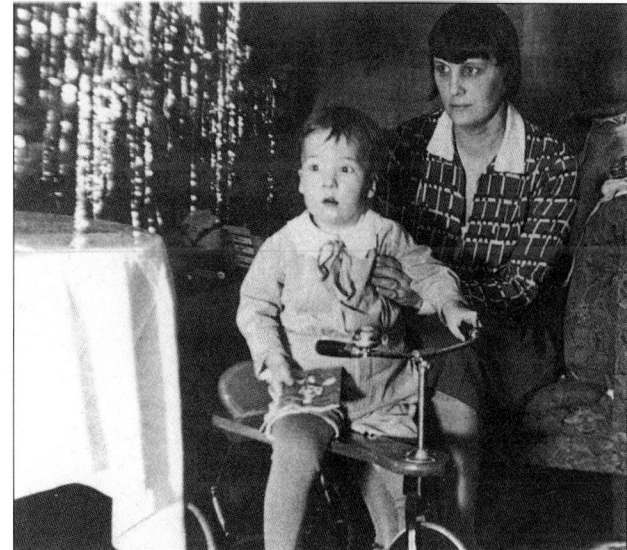

Tout comme son mari, Lucie Rommel n'a d'yeux que pour le petit garçon.

1933

41 ans   42 ans

Berlin, 16 février
L'écrivain Heinrich Mann quitte l'Académie des arts pour protester contre les nazis.

Allemagne, 22 février
Le Parti nazi mène une campagne électorale d'une rare violence.

Berlin, 27 février
Un terrible incendie dévaste le Reichstag.

Berlin, 28 février
Hitler parvient à convaincre le président Hindenburg de signer un décret qui met fin aux libertés civiques.

Allemagne, 5 mars
Les élections législatives sont un succès pour les nazis, qui recueillent 288 sièges.

Allemagne, 12 mars
Hindenburg interdit le drapeau de la République de Weimar.

Dachau, 20 mars
Ouverture d'un premier camp de concentration, réservé aux détenus politiques.

Berlin, 23 mars
Le Reichstag donne à Hitler les pleins pouvoirs par 441 voix contre 94.

Allemagne, 28 mars
Goebbels organise le boycottage des magasins tenus par des Juifs.

Allemagne, 7 avril
Les Juifs et les gauchistes sont interdits d'activité dans la fonction publique.

Berlin, 26 juillet
Promulgation d'une loi de stérilisation afin « d'améliorer la race allemande ».

Allemagne, 4 octobre
Hitler met fin à la liberté de la presse et menace les journalistes de prison.

Adolf Hitler, grand maître du Reich

Nuit de victoire pour les nazis, qui célèbrent en masse l'événement aux flambeaux à la porte de Brandebourg.

Berlin, 30 janvier
La nomination d'Adolf Hitler au poste de chancelier par le président Paul von Hindenburg est le résultat d'une intrigue de Franz von Papen. Le 4, il a rencontré le chef des nazis près de Cologne, afin de mettre au point un projet de gouvernement dans lequel Hitler serait chancelier et lui-même vice-chancelier. Dans les jours qui ont suivi, il a gagné à cette idée Alfred Hugenberg et les militants des « Casques d'acier ». Il a pu ainsi se prévaloir auprès de Hindenburg d'une nouvelle solution qui allait domestiquer les nazis et donner au nouveau gouvernement une majorité au Reichstag, avec l'appui de l'armée de terre. Le 28, le président Hindenburg a demandé à Schleicher sa démission ; le 30, le gouvernement Hitler-Papen a pu prêter serment. A midi, Hitler est nommé chancelier du Reich. Outre Franz von Papen, vice-chancelier, Alfred Hugenberg est ministre de l'Economie. Le cabinet ne compte que deux nazis : Goering, ministre sans portefeuille, et Wilhelm Frick, ministre de l'Intérieur.

Ni Rommel ni l'armée ne partagent l'engouement populaire

Allemagne, 28 février
Erwin Rommel a porté peu d'intérêt à la politique avant l'accession de Hitler au pouvoir. Se tenir à l'écart du monde sordide de la politique et du commerce est d'usage au sein de la caste des officiers allemands. Rommel a été élevé dans les cercles apolitiques d'une ville de province. Il a reçu une éducation de soldat puis est parti à la guerre à peine âgé de 23 ans. Il a été trop heureux, en regagnant son foyer, d'échapper aux dissensions internes de son pays et de retrouver le seul monde au milieu duquel il se trouve vraiment à l'aise. Les discussions de café ne lui ont jamais beaucoup plu. Il lit peu et à moins que quiconque le culte de la personnalité. Il déclare à sa femme que « les nazis ressemblent à une bande de voyous et qu'il est fâcheux que Hitler s'entoure de gens aussi violents ». Il considère Adolf Hitler comme un idéaliste, un patriote aux idées « saines » qui peut vite unifier toute l'Allemagne et la sauver du communisme. Mais il condamne le racisme et l'antisémitisme des nazis et de son chef. L'idée qu'un caporal puisse faire le salut du Reich lui semble moins fantastique qu'à bien des officiers aristocrates. Car il aime vraiment les caporaux. Par contre, Rommel déteste les braillards en chemise brune comme Röhm. Il n'a jamais rencontré Röhm, ni aucun de ses partisans, mais, comme toute l'armée, il les soupçonne de mettre sur pied une organisation rivale. De plus, il connaît assez les Chemises brunes pour être dégoûté par leur hystérie et leur manque absolu de discipline. Rommel est un légaliste qui veut uniquement servir son pays. Il espère cependant que Hitler va accroître, assez vite, la puissance militaire de l'Allemagne.

Un bataillon d'élite dans la neige

L'arrivée de Rommel à Goslar, à la tête du 3ᵉ bataillon d'infanterie alpine, est saluée par une bonne chute de neige.

Goslar, 10 octobre
Outre sa fraîche promotion au grade de commandant, Rommel a reçu le commandement du 3ᵉ bataillon du 17ᵉ régiment d'infanterie alpine à Goslar, dont tous les hommes sont censés être, quel que soit leur grade, de parfaits skieurs. Cette unité passe pour être l'une des meilleures de toute l'armée allemande du fait d'un entraînement de très haut niveau et d'un excellent encadrement. Dans le cadre du réarmement général du Reich, les chasseurs de montagne, appelés officiellement *gebirgsjäger*, doivent vite représenter une force importante. Hitler, qui a lu avec beaucoup d'intérêt le petit livre de Rommel sur l'infanterie, a tenu à ce que le bataillon de Goslar soit entre les mains d'un officier exceptionnel.

Un commandant infatigable

Goslar, 12 octobre
Le lendemain même de son arrivée à Goslar, les officiers ont proposé à Rommel une petite excursion à skis. Ils désirent, sans aucun doute, se rendre compte si leur nouveau chef, d'un âge déjà mûr, peut commander un bataillon d'athlètes. L'arrivée de Rommel a été saluée par une bonne chute de neige. Il n'y a pas un seul remonte-pente et ils doivent peiner pour atteindre le sommet. Comme ils s'apprêtent alors à se reposer un peu, en buvant un coup ou bien pour fumer une cigarette, Rommel fait remarquer : « Je pense que nous pourrions descendre tout de suite. » La descente a lieu à toute allure. A l'arrivée, tous reconnaissent que le commandant Rommel est un très bon skieur. Rommel propose alors de recommencer. Cette deuxième descente est considérée comme un exploit sportif. Mais son désir d'en faire une troisième est accueilli avec un enthousiasme assez frais. Quand ils arrivent en bas de la pente pour la troisième fois, chacun en a plus que son compte, sauf Rommel qui fait remarquer que toutes les pistes de slalom paraissent tentantes.

Le Reich quitte la Société des Nations

Berlin, 14 octobre
A la surprise générale, Hitler vient d'annoncer que son pays se retirait de la Société des Nations et de la Conférence pour le désarmement. Cette décision est motivée, selon lui, par les « exigences humiliantes et déshonorantes de certaines autres puissances. Dans un long discours radiodiffusé, Hitler a souligné que « tout le peuple allemand et son gouvernement sont humiliés par le refus de donner une égalité des droits au Reich ». Hitler a aussi fait savoir qu'il allait vite proposer aux Allemands de l'approuver sur cette question par voie de référendum. Ivre de vengeance à l'encontre des Alliés de la Grande Guerre, Hitler veut doter son pays d'une armée moderne et puissante. Il est prêt à bafouer le traité de Versailles et se moque des menaces venant de la France, de la Grande-Bretagne et de l'Italie de Mussolini.

Les mains libres, le pays intensifie son programme militaire

Une nouvelle arme est testée : la mitrailleuse MG34 surpasse ses rivales.

Allemagne, 30 décembre
L'armée allemande est en pleine mutation. Elle doit non seulement augmenter ses effectifs et ses moyens mais également moderniser son matériel. Des armes nouvelles sont essayées, dont une mitrailleuse légère pouvant tirer près de 900 coups à la minute. Le fusil Mauser doit être amélioré, et des pistolets mitrailleurs sont à l'étude. Le casque d'acier modèle 1916 sera changé pour un modèle moins lourd mais conservant la même forme. Tout est fait pour que le fantassin allemand soit allégé lors des combats, afin d'être plus rapide dans l'action. Les chars, commandés en très grande quantité, seront endivisionnés. Des canons doivent remplacer les pièces datant de la Grande Guerre. Les officiers mettent également l'accent sur la motorisation de l'infanterie. Une aviation moderne doit appuyer les unités terrestres. Divers modèles d'appareils sont à l'essai. La marine n'est pas non plus oubliée.

1934 → 1935

42 ans 44 ans

Berlin, 26 janvier 1934
La Pologne et l'Allemagne signent un traité de non-agression valable pour six ans.

Venise, 14 juin 1934
La rencontre Hitler-Mussolini est un échec retentissant. Le *Duce* juge sévèrement Hitler et le met en garde contre une annexion de l'Autriche.

Allemagne, 18 juin 1934
Hitler et l'amiral Raeder commandent des sous-marins aux Pays-Bas et à l'Espagne.

Neudeck, 2 août 1934
Mort de Paul von Hindenburg à l'âge de 86 ans.

Berlin, 16 octobre 1934
Hitler garde à vie le titre de *Führer* et de chancelier du Reich.

Sarre, 13 janvier 1935
La population de la Sarre décide massivement son rattachement au Reich.

Allemagne, 16 mars 1935
Le service militaire obligatoire est rétabli.

Stresa, 11 avril 1935
Mussolini signe avec la France et la Grande-Bretagne une alliance qui s'oppose au pangermanisme.

Berlin, 12 avril 1935
Les membres qualifiés de « non aryens » sont exclus de la Chambre des écrivains et interdits d'activité militaire.

Rome, 24 mai 1935
Pie XI condamne la stérilisation par les nazis des citoyens allemands jugés « inférieurs ».

Nuremberg, 15 septembre 1935
Lois raciales contre les Juifs, qui sont privés de la citoyenneté allemande. Les mariages mixtes sont interdits.

La nuit sanglante des Longs Couteaux

Ernst Röhm et Gregor Strasser comptent parmi les nombreuses victimes.

Allemagne, 30 juin 1934
Le président Paul von Hindenburg a demandé à Adolf Hitler de faire le nécessaire pour se débarrasser des SA, devenus incontrôlables. Après avoir mis la SA en congé pour l'été, Hitler a profité d'une réunion de tous les chefs SA à Wisse, où Röhm est en séjour, pour ordonner leur arrestation et leur mise à mort. La plupart ont été abattus le jour même par les SS : le chef Ernst Röhm est du nombre. A Berlin, Goering et Himmler ont dirigé la répression : on compte au total 200 victimes, dont Gregor Strasser et le général von Schleicher. Karl Ernst, le SA qui aurait mis le feu au Reichstag en 1923, a été tué alors qu'il se rendait à Brême pour sa lune de miel.

Le peuple allemand plébiscite Adolf Hitler

Allemagne, 20 août 1934
Après la mort du vieux président Hindenburg, survenue le 2 août, Hitler est devenu le maître absolu du Reich. Les SA ne sont plus une force rivale. L'armée lui est fidèle. Les politiciens de la vieille école comme von Papen se sont joints aux nazis. La prise du pouvoir de Hitler vient d'être plébiscitée par un vaste référendum dans tout le pays. Plus de 38 millions d'Allemands lui ont accordé leur confiance, contre 4,3 millions qui lui sont hostiles.

Le 13 janvier 1935, la Sarre décide massivement son retour au Reich.

Le massacre laisse Rommel indifférent

Goslar, 1er juillet 1934
Le commandant Erwin Rommel ne semble éprouver aucune horreur particulière à la nouvelle de la mort de Röhm et de ses acolytes lors de la terrible nuit des Longs Couteaux, le 30 juin. Rommel croit la version selon laquelle ils avaient comploté de renverser Hitler et de prendre le pouvoir pour leur propre compte. En bon militaire discipliné, il juge qu'ils ont tous mérité leur sort. Le général von Blomberg, ministre de la Défense, avait lui-même ordonné à Hitler de passer à l'acte, après avoir vite menacé de proclamer la loi martiale. Rommel n'est pas du genre à discuter les ordres, surtout s'ils viennent des hautes autorités de l'armée de terre. Il admet cependant qu'au-delà de la discipline il y a la conscience. Il considère même que la guerre doit être faite sans haine. C'est avec un esprit chevaleresque qu'il conçoit le combat. Il n'a jamais abattu un seul prisonnier durant toute la Grande Guerre. Il a même estimé ses adversaires, Français, Roumains ou Italiens.

Mussolini combat le pangermanisme

Italie, 28 juillet 1934
Mussolini vient de sauver l'Autriche d'une annexion nazie. Le 25, lors d'une tentative de coup d'Etat, les nazis ont tué le chancelier autrichien Dollfuss, l'ami du *Duce*. Mussolini a tout de suite réagi en ordonnant à quatre divisions de se préparer à franchir la frontière pour venir au secours de l'Autriche. Sa réaction courageuse a suffi à faire reculer Hitler, dont le coup d'Etat se solde par un échec. Devant la presse, le *Duce* a déclaré que « Hitler est un affreux dégénéré sexuel et un fou dangereux. Le national-socialisme en Allemagne représente la barbarie sauvage et ce serait la fin de notre civilisation européenne si ce pays d'assassins et de pédérastes devait submerger le continent. Toutefois, je ne puis être toujours le seul à marcher sur le Brenner. Je suis déçu par la France et l'Angleterre. Quelle apathie ! Quelle lâcheté ! Il a suffi que je montre les dents pour que Hitler désavoue le putsch nazi ».

La Reichswehr devient la puissante Wehrmacht

Allemagne, 21 mai 1935

Une toute nouvelle loi vise à faire de l'armée de terre la plus puissante en Europe. Le service militaire est rendu obligatoire. Hitler devient le chef suprême des forces armées. Le commandement de la *Wehrmacht* est exercé par le général Werner von Blomberg, également ministre de la Guerre. Il est secondé par le général von Fritsch. Le général Goering commande les forces aériennes et l'amiral Raeder la marine. L'armée de terre comprend trois groupes de haut commandement : Berlin avec le général von Rundstedt, Kassel avec le général von Leeb et Dresde avec le général von Bock. Les groupes de commandement sont subdivisés en douze corps d'armée, dont dix sont déjà formés avec les généraux von Brauchitsch, Blaskowitz, von List, von Witzleben, Geyer, von Kluge, von Reichenau, von Knochenhauer, Dolmann et von Kleist. Chacun de ces corps d'armée comprend trois à quatre divisions. Plusieurs divisions blindées sont également prévues.

Armée allemande en 1935	Armée allemande prévisions 1936	Armée allemande prévisions 1939
3 divisions de cavalerie	4 divisions blindées	35 divisions d'infanterie
48 divisions d'infanterie d'active	48 divisions d'infanterie d'active	4 divisions motorisées
650 chars	3 divisions de cavalerie	6 divisions blindées
3 500 canons	850 à 1 200 chars	4 divisions de cavalerie
	5 500 canons	51 divisions d'infanterie de réserve
		1 200 à 2 500 chars
		6 500 à 7 500 canons

Rommel refuse la présence des SS lors du défilé de son bataillon

Goslar, 30 juillet 1935

La première prise de contact de Rommel avec le national-socialisme ne peut laisser croire qu'il porte une sympathie particulière aux nazis. Il commande son bataillon à Goslar, lorsque cette ville est choisie pour être la scène d'une cérémonie du souvenir ; Hitler doit y assister en personne. Le bataillon de Rommel doit défiler. Lorsque les détails du défilé sont décidés, un délégué SS vient dire à Rommel que, devant ses soldats, marcheront des SS afin d'assurer la bonne sécurité d'Hitler. Rommel réplique que, dans ce cas, ses soldats ne défileront pas. Les chefs nazis Himmler et Goebbels le convoquent à leur hôtel. Les deux hommes se montrent extrêmement courtois et invitent même Rommel à déjeuner. Ils affirment que faire défiler un bataillon d'élite de l'armée derrière un détachement de SS est une erreur certainement imputable à un subordonné zélé. Le bataillon de Rommel défilera sans les SS.

Promu lieutenant-colonel à Potsdam

Potsdam, 15 octobre 1935

Erwin Rommel, promu au grade de lieutenant-colonel, est enfin nommé comme instructeur à l'académie de guerre de Potsdam. Il se trouve, pour la première fois, au centre des choses. Sa femme et son fils vivent paisiblement dans les environs de l'académie. Les Rommel se mêlent peu à la société berlinoise. Ils ne comptent pas d'amis parmi les hauts dignitaires nazis et n'entretiennent pas de relations mondaines avec les divers généraux. Comme à Goslar, leurs amis sont, avec leurs épouses, des officiers d'un grade égal à celui de Rommel. Par la force des choses, ils en savent plus qu'auparavant sur ce qui se passe dans les très hautes sphères. Ils connaissent la rivalité croissante entre les chefs nazis et l'état-major. Lors du défilé de son bataillon alpin à Goslar, en juillet, Rommel, qui avait obtenu le retrait du détachement de SS, a rencontré Hitler pour la première fois. Le chef de l'Allemagne l'a félicité pour la bonne tenue de son bataillon et leur conversation fut très brève.

Le commandant Rommel, au côté d'Hitler, passe en revue son bataillon de montagne à Goslar. Il le fait à contrecœur.

1936 → 1937

44 ans   46 ans

Allemagne, janvier 1936
Début de la production des chars Panzer III et IV.

Allemagne, 29 mars 1936
Un référendum des électeurs approuve massivement la réoccupation de la Rhénanie.

Berlin, 1ᵉʳ août 1936
Début des Jeux olympiques.

Berlin, 4 septembre 1936
Hitler charge Goering de préparer militairement et économiquement l'Allemagne à la guerre. Il estime qu'un conflit est inévitable avec l'URSS.

Berlin, 25 novembre 1936
Signature d'un pacte anticommuniste entre l'Allemagne et le Japon.

Allemagne, 21 mars 1937
Dans sa dernière encyclique, le pape Pie XI dénonce le nazisme. Le texte est lu dans toutes les églises du Reich.

Buchenwald, 1ᵉʳ août 1937
Himmler inaugure un nouveau camp de concentration, près de Weimar. Il est destiné aux Juifs, aux journalistes opposants au régime, aux religieux et aux politiques.

Munich, 29 septembre 1937
Mussolini rencontre Hitler.

Berlin, 13 octobre 1937
Hitler fait la promesse de ne pas envahir la Belgique après le retrait belge de l'alliance avec la France et la Grande-Bretagne.

Berlin, 5 novembre 1937
L'Allemagne et la Pologne signent un traité d'amitié qui doit régler le problème de leurs minorités.

Berlin, 6 novembre 1937
L'Italie adhère au pacte anti-Komintern.

L'Allemagne réoccupe la Rhénanie

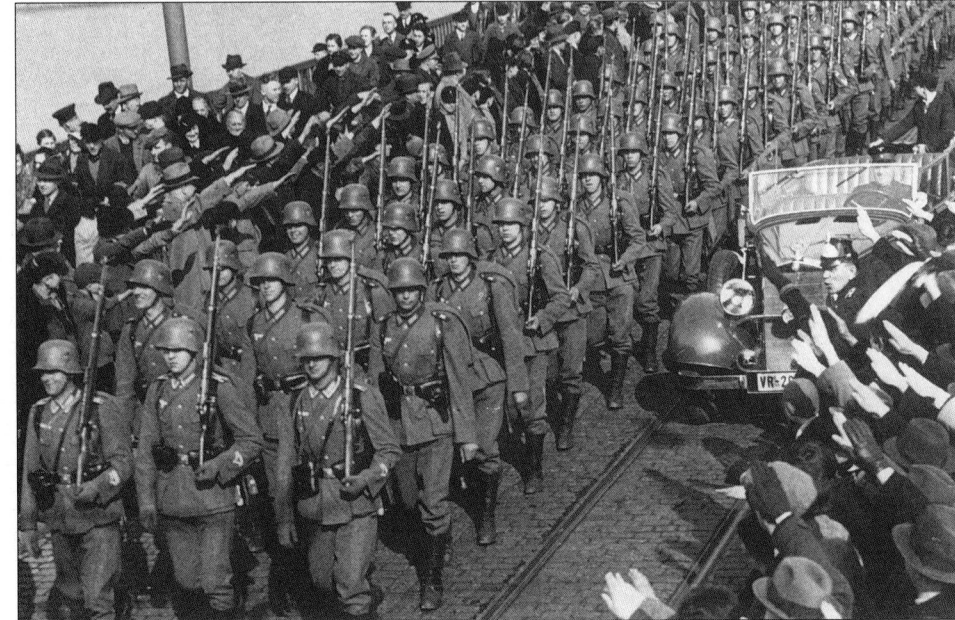

Rompant avec les traités de Versailles et de Locarno, l'armée allemande entre dans Mayence : la foule l'acclame.

Rhénanie, 7 mars 1936
L'armée allemande s'est installée en Rhénanie, rompant ainsi les accords internationaux signés à Versailles et Locarno. Trois bataillons occupent la région et le général von Blomberg est prêt à battre en retraite en cas de risposte des troupes françaises. Mais Paris, bien plus préoccupé par l'invasion italienne de l'Éthiopie, n'a pas bougé, ainsi que Londres. Berlin présente cette opération comme un rétablissement tout légitime de la souveraineté de toute l'Allemagne. Les habitants, qui n'ont pas vu un soldat allemand depuis 1918, ont accueilli les unités allemandes avec joie. C'est Hitler en personne qui avait choisi la date de l'opération. Le chef du Reich estime que le front qui s'est constitué à Stresa contre le pangermanisme est définitivement rompu. Mussolini se retrouve isolé, ce qui arrange Hitler.

Les plus grandes manœuvres militaires depuis la Grande Guerre

Allemagne, 22 septembre 1936
Les grandes manœuvres des forces armées du Reich se déroulent depuis plusieurs jours sur une très vaste partie du pays. La nouvelle stratégie allemande est basée sur une étroite coopération entre l'aviation et les chars. Les divisions blindées doivent entraîner les unités d'infanterie dans leur sillage et la force de pénétration doit être encore accrue en les faisant précéder d'assauts aériens répétés. Si les régiments sont transportés par des blindés légers, l'artillerie est aussi motorisée, afin de faciliter le déploiement rapide de ses pièces. Rommel écrit que « la puissance et la grande mobilité des troupes sont les garants essentiels de la victoire ». Il ne fait aucun doute pour lui que l'association entre chars et avions est la clé du succès.

Le tandem chars-avions a été étudié pour briser toute résistance ennemie.

1936-1937

Des camps pour les opposants au régime

Allemagne, 30 janvier 1937
Plus aucun citoyen allemand n'est autorisé à accepter un prix Nobel. L'opposant Carl von Ossietzky, qui en avait bénéficié, se trouve dans un camp de concentration, comme près de trois millions d'Allemands qui sont également hostiles au régime. Les communistes, les socialistes, les libéraux et même des monarchistes sont ainsi enfermés dans plusieurs camps, dont celui de Dachau. Juifs, homosexuels, certains chrétiens, les condamnés de droit commun et les asociaux sont également déportés dans plusieurs camps, gardés par des SS, aux ordres du chef Heinrich Himmler, un fanatique sans cœur.

La Légion Condor se bat en Espagne

Espagne, 26 avril 1937
Hitler est venu en aide à Franco, engagé dans une guerre civile qui ensanglante toute l'Espagne. Les nationalistes doivent lutter contre les républicains, soutenus par les communistes et Staline. Des avions et des chars allemands sont ainsi testés en Espagne avec la Légion Condor, forte de 16 000 hommes. Des appareils germano-italiens ont rasé le centre-ville de Guernica, non loin de Bilbao. Les chars Panzer I et II rivalisent avec des chars légers russes T26, mieux armés.

Rommel doit instruire les Jeunesses

Malgré son peu de sympathie pour le responsable des Jeunesses hitlériennes, Baldur von Schirach, il n'a pas le choix.

Allemagne, avril 1937
Outre sa fonction à l'académie de guerre de Potsdam, Erwin Rommel est en charge de l'entraînement des Jeunesses hitlériennes. Il doit aussi assurer une meilleure liaison entre cette organisation et la *Wehrmacht*. Il a rencontré le chef des Jeunesses hitlériennes, un certain Baldur von Schirach qui n'est âgé que de 29 ans. C'est le fils d'un officier prussien et d'une Américaine. Rommel n'a pas du tout apprécié l'arrogance de ce von Schirach, qu'il a même traité de « blanc-bec ». Schirach a aussitôt contacté Hitler pour lui annoncer que « ce Rommel n'est pas un nazi bon teint ». Mais le *Führer* estime que Rommel est fidèle au régime et qu'il représente, de loin, l'un des meilleurs instructeurs de l'armée. Les deux hommes sont donc obligés de s'entendre. Lors d'une nouvelle rencontre, Rommel n'a pas réussi à passionner Mme von Schirach, qui accompagnait son mari, avec ses longs récits guerriers. Les Jeunesses hitlériennes reçoivent une formation militaire afin d'intégrer par la suite l'armée ou les divisions SS. Rommel tente de les rendre moins agressifs, tout en essayant de faire d'eux des soldats redoutables.

Adolf Hitler a dévoilé ses plans de guerre

Berlin, 5 novembre 1937
Hitler a présidé une réunion secrète à la chancellerie. Y assistaient, outre le colonel Hossbach, le rapporteur, les principaux officiers du Reich : le général von Fritsch, le commandant de l'armée de terre, le ministre de la Guerre, von Blomberg, l'amiral Raeder, chef de la marine, et enfin Goering, le commandant en chef de la *Luftwaffe*. Von Neurath, chef de la diplomatie, était lui aussi présent à la réunion organisée dans le plus grand secret. Adolf Hitler a vite créé la surprise en leur présentant ses plans pour un conflit armé. Le seul sujet qui figurait à l'ordre du jour était la fourniture d'acier à l'armée. Il a surtout déclaré que l'avenir de l'Allemagne ne pourra être assuré qu'en créant plus d'espace vital, ce qui laisse prévoir à court terme un conflit généralisé. L'Autriche et la Tchécoslovaquie sont les premières cibles, a déclaré le *Führer*. Il n'a pas caché que la Pologne ne pourrait pas conserver un territoire aussi vaste. Le général von Blomberg a fait remarquer que l'armée française ne resterait certainement pas sans réaction. Goering, quant à lui, pense que la *Luftwaffe* a encore besoin d'une année pour être assurée de l'emporter contre ses deux rivales, l'armée de l'air française et la RAF. Hitler n'a pas fixé de date précise, même s'il a l'intention d'agir assez rapidement.

Une race pure pour l'avenir du Reich

Berlin, 29 novembre 1937
Hitler a décidé que tout parent qui n'apprend pas à ses enfants à être de bons nazis risque de s'en voir vite retirer la garde. Sa décision fait suite à une affaire survenue en Silésie. Un couple de chrétiens pacifistes avait refusé d'inculquer les théories nazies à ses enfants : ils ont été placés sous tutelle de l'Etat. Himmler préconise que des femmes nordiques épousent des SS, afin de donner naissance à une race plus « pure ». Les peuples jugés « inférieurs », dont les Slaves, seront réduits en esclavage pour un Reich qui doit ainsi être bâti pour durer mille ans.

Un de ses maîtres vient de s'éteindre

Munich, 22 décembre 1937
Le général Erich von Ludendorff a été enterré avec tous les honneurs dus à un héros du Reich. Le cercueil a été placé sur un affût de canon et la procession a emprunté le même chemin que celui des nazis lors du putsch de novembre 1923. Rommel admirait la compétence militaire de ce fin stratège, qui avait dirigé les opérations sur le front français avec un beau succès jusqu'en juin 1918. Les armées allemandes avaient alors menacé Paris. Rommel estime qu'il fut le meilleur général de la Grande Guerre. Erich von Ludendorff est mort à Tutzing, à l'âge de 72 ans.

1938

 46 ans 47 ans

Berlin, 4 février
Hermann Goering est promu au grade de maréchal de la Luftwaffe.

Berlin, 12 mars
Après s'être assuré de la neutralité de Mussolini, Hitler donne l'ordre à ses troupes d'envahir l'Autriche.

Vienne, 13 mars
Le rattachement de l'Autriche au Reich est légalisé par une loi de réunification.

Berlin, 28 mai
Hitler convoque un conseil de guerre pour préparer l'invasion de la Tchécoslovaquie.

Berlin, 18 août
Le général Ludwig Beck, chef de l'état-major allemand, démissionne. Il est opposé à l'invasion de la Tchécoslovaquie par le Reich.

Allemagne, 29 août
Hitler passe quatre jours à inspecter la ligne Siegfried qui fait face à la ligne Maginot des Français. Fritz Todt s'est chargé de la réalisation de ce vaste système fortifié.

Berlin, 1ᵉʳ septembre
Le général Ludwig Beck prépare, avec d'autres généraux, un complot qui prévoit l'arrestation d'Hitler. Son plan ne peut réussir que si Londres et Paris s'opposent avec fermeté à l'invasion de la Tchécoslovaquie.

Munich, 30 septembre
Londres et Paris cèdent à Hitler en lui permettant d'envahir les Sudètes.

Paris, 6 décembre
Signature d'un traité franco-allemand qui reconnaît comme « définitive » la frontière entre les deux pays.

Bilan économique de l'Allemagne nazie

Allemagne, 30 janvier
Le résultat le moins contestable du nazisme est la nette résorption du chômage : 5,5 millions de chômeurs en 1932, 38 000 au début de cette année. En revanche, la hausse des salaires est assez faible. Sur le plan agricole, la production des céréales stagne. Pour ce qui est de l'industrie, les résultats sont spectaculaires dans le domaine des matières premières, de l'énergie et de l'équipement. La production de l'acier n'a pas cessé d'augmenter du fait du réarmement à outrance du pays. Ce bilan ne peut toutefois éclipser la politique raciste et agressive du régime.

Scandales en série à l'état-major

Berlin, 4 février
Le maréchal von Blomberg, victime d'un coup monté par les nazis, vient d'être limogé. Il est accusé de s'être remarié avec une prostituée. On lui reproche surtout son opposition à la politique étrangère du IIIᵉ Reich, fondée sur la guerre. Le général von Fritsch, qui ne déborde pas de réelle sympathie pour les chefs nazis, a été lui aussi victime d'un ignoble coup monté. Accusé d'homosexualité, il a été limogé sur-le-champ comme von Blomberg. Hitler en a profité pour s'autoproclamer chef des armées.

L'Autriche est rattachée au Reich

Vienne, 14 mars
Hitler a fait une entrée triomphale dans Vienne, et les habitants de la ville où il avait vécu dans la misère lui ont réservé un accueil royal. Les cloches des églises ont sonné, et il y avait des drapeaux nazis à tous les édifices. Des vieillards pleuraient de joie et des Viennoises, en costume traditionnel, jetaient des fleurs au passage de la Mercedes officielle. Le *Führer* s'est rendu au palais des Habsbourg. Du balcon, il a lancé à la foule réunie en masse sur la place principale : « En tant que *Führer* et chancelier du Reich, je proclame le rattachement de ma patrie au Reich allemand. »

Rommel est chargé de la sécurité d'Hitler

Le « Führer » a choisi Rommel après avoir lu son livre sur l'infanterie.

Sudètes, 5 octobre
Rommel, promu colonel depuis peu, vient d'être chargé de commander temporairement le bataillon de la garde personnelle du *Führer*, qui participe à l'invasion des Sudètes. Hitler a une grande confiance en Rommel, un officier qui n'est pas issu de l'aristocratie. Il devient ainsi le chef de l'escorte personnelle du dictateur allemand. Hitler a réalisé son dessein qui était de démembrer la Tchécoslovaquie. Il a même été accueilli comme un « libérateur » à Eger, la petite capitale des Sudètes. Le colonel Rommel a parfaitement su assurer la protection du *Führer*. La Pologne en a vite profité pour reprendre la Silésie, alors que la Hongrie s'emparait de la Slovénie.

Analyse personnelle du caractère d'Hitler

Allemagne, 30 octobre
Erwin Rommel, qui vient de côtoyer Hitler plusieurs jours, a pu étudier sa personnalité : « Ce Hitler possède une sorte de pouvoir magnétique,

Heinrich Hoffmann l'a aussi étudié.

qui découle de la foi en une mission qui lui aurait été confiée par Dieu. Si Hitler ne parvient pas à conduire notre peuple à la victoire, il est aussi bien préparé à le conduire à la ruine. Il se met à parler sur le ton de la prophétie. Il agit sur l'impulsion et jamais sous l'empire de la raison. Il a l'étonnante faculté de rassembler les points essentiels d'une discussion et de lui donner une solution. Une forte faculté intuitive lui permet de deviner la pensée des autres. Il sait manier avec habileté la flatterie. Sa mémoire infaillible m'a beaucoup frappé. Il connaît par cœur les livres qu'il a lus. Des pages entières et des chapitres sont photographiés dans son esprit. Son goût des statistiques est étonnamment développé. Il peut aligner des chiffres très précis sur les troupes et les pertes de l'ennemi, les diverses réserves de munitions, avec une réelle maestria qui impressionne tout l'état-major de l'armée. »

La nuit de Cristal frappe les Juifs

Allemagne, 10 novembre
Ce matin, les rues des grandes villes du Reich étaient jonchées des débris de milliers de vitrines. Après une nuit de violence sans précédent, les synagogues incendiées par les nazis brûlaient encore. Il y a tellement de vitrines brisées aux magasins tenus par des Juifs que l'on parle déjà de la nuit de Cristal. Cette hystérie de haine fait suite à l'assassinat d'un diplomate nazi à Paris, Ernst von Rath, tué par un jeune Juif ayant des origines allemandes, Herschel Grynszpan. La nouvelle avait été vite répandue par la propagande du IIIe Reich. Pour se venger, le signal du pogrom a été donné par le chef nazi Josef Goebbels. Les dégâts sont si importants que tous les assureurs craignent la ruine. Goering n'a donc pas hésité à exiger des dommages et intérêts à la communauté juive ! Il prétend que les commerces attaqués par les nazis n'étaient que loués à des « aryens ». Cynique, il a même ajouté : « Ils auraient dû briser moins de vitres et assassiner davantage de Juifs. » Près de 20 000 Juifs ont été arrêtés et 91 ont perdu la vie. Des femmes applaudissaient lorsque des Juifs se faisaient molester par des militants nazis.

Ses nouvelles responsabilités lui apportent un immense plaisir

Rommel prend la direction de l'académie de guerre de Wiener Neustadt.

Wiener Neustadt, 30 novembre
Ayant terminé son temps de trois années de professorat à Potsdam, Rommel a été nommé, au début du mois, à la direction de l'académie de guerre de Wiener Neustadt, qui est toute proche des montagnes, au sud-ouest de Vienne. Il reçoit ainsi un commandement indépendant, à l'abri des interventions de l'autorité supérieure et des intrigues. Il peut se livrer à son occupation favorite : l'instruction des jeunes soldats et l'entraînement des élèves officiers aux exercices de tactique. Rommel fait encore preuve d'une étonnante vitalité. Les exercices en montagne ne semblent jamais l'épuiser. Il aime cet environnement qui lui donne un surplus de résistance. Il vit avec sa femme et son fils dans une maison charmante, entourée d'un immense jardin. Il n'a pas de contacts avec les chefs nazis locaux mais entretient de bonnes relations avec les autres officiers de l'école. La vie militaire et sa famille semblent être les deux seules occupations de sa vie. Il en profite également pour étudier les opérations sur le front austro-italien de 1915-1918. Il a visité le secteur du Trentin, où sont tombés 250 000 soldats autrichiens et italiens en 1916. Son livre sur l'infanterie a été plusieurs fois réédité.

Garder des contacts avec les Jeunesses

Allemagne, 1er décembre
Les Jeunesses hitlériennes comptent 7 700 000 membres, bien entraînés sportivement et très soigneusement endoctrinés par le régime nazi. Les éléments les plus doués sont recrutés comme cadres du parti, et plusieurs ont rejoint déjà l'école de guerre de Wiener Neustadt. Rommel doit se charger de leur donner une solide instruction militaire. Il n'apprécie pas toujours le fanatisme et surtout l'arrogance de certains mais doit se taire pour ne pas s'exposer à des sanctions. Il parvient cependant à se faire obéir, car sa grande efficacité est reconnue par tous. Il estime que la discipline est la force principale d'une armée, sans pour cela avoir recours à des brimades. Il est aimé de ses hommes, qui apprécient son sens de la justice. Il sait qu'il peut beaucoup leur demander.

En tant que directeur de l'académie de guerre de Wiener Neustadt, Erwin Rommel est apprécié par ses hommes pour son humanité et son efficacité dans sa manière de diriger les opérations. C'est un grand tacticien.

La photographie est sa grande passion

Wiener Neustadt, 30 décembre
Erwin Rommel se livre à une de ses grandes passions : la photographie. Il y déploie non seulement une réelle compétence mais aussi un talent qui est indéniable par le choix des sujets et l'art de la composition. Lors des manœuvres, il aime à se munir de son appareil pour immortaliser les jeunes soldats qu'il a sous ses ordres, de même que les officiers, qui lui témoignent beaucoup de sympathie. Il prend également sa femme et son fils dans le jardin de leur villa. Il a constitué plusieurs albums, classés soigneusement suivant les sujets. La mairie de Wiener Neustadt a même organisé une exposition de photos prises par le colonel Rommel. Elle a rencontré un certain succès. Il est vrai que Rommel est apprécié pour son humanité par les militaires et les civils les plus humbles.

1939

47 ans 48 ans

Allemagne, 14 janvier
Hitler assiste au lancement du cuirassé *Bismarck*, qui jauge 35 000 tonnes.

Memel, 23 mars
Annexion du port lituanien par l'armée allemande.

Varsovie, 26 mars
La Pologne a rejeté les exigences allemandes reposant sur la restitution de la ville libre de Danzig au reste du Reich.

Berlin, avril
Le physicien allemand Harteck, signalant la possibilité d'une réaction en chaîne de l'uranium, conseille au ministère de la Guerre une étude de la question.

Albanie, 8 avril
Invasion par les Italiens.

Berchtesgaden, 22 août
Conseil de guerre dans le chalet d'Hitler pour préparer l'invasion de la Pologne.

Berlin, 31 août
Hitler repousse les ultimes efforts de Mussolini pour éviter un conflit généralisé en Europe. Il donne le feu vert pour l'invasion de la Pologne.

Pologne, 18 septembre
Fin de la terrible bataille de la Bzura, où les Allemands font 170 000 prisonniers polonais.

Pologne, 12 octobre
Première déportation des Juifs de Vienne et de Prague à Nisko.

Mer du Nord, 16 octobre
Des appareils allemands endommagent les croiseurs britanniques *Southampton* et *Edinburgh*.

Prague, 24 novembre
Les SS fusillent 120 étudiants qui protestaient contre l'occupation allemande.

Rommel suit le *Führer* dans Prague

Rommel est toujours chargé de la sécurité d'Hitler. Il lui donne des conseils judicieux lors de l'entrée dans Prague.

Prague, 15 mars
Le colonel Erwin Rommel est de nouveau chargé de la protection d'Hitler, qui doit faire son entrée dans Prague. « Que feriez-vous à ma place, colonel ? » demande le chef du IIIe Reich. La réponse de Rommel est audacieuse : « J'irais sans escorte jusqu'à Prague et dans une voiture découverte ! » Il faut être Rommel pour donner un tel conseil à Hitler, alors qu'il est chargé d'en assurer la sécurité. Hitler, téméraire lui aussi, apprécie l'audace du jeune colonel. Personne ne l'a pris pour cible, et son prestige, grâce aux actualités, y gagne à chaque fois. Au reste, il fait froid et la neige recouvre la route. Ce jour-là, la météo, bien plus que la réaction des Tchèques, constitue le réel danger : l'arrivée du *Führer* dans Prague est passée inaperçue des habitants de la ville. Hitler s'est installé dans le château Hradcany, l'ancien palais des rois de Bohême. Il a parachevé ainsi le processus qu'il avait entamé depuis un an. La Tchévoslovaquie, vite abandonnée par Paris et Londres, a aujourd'hui cessé d'exister.

A Peenemünde, le 27 août, le Heinkel He 178, premier avion à réaction, a fait un vol d'essai de huit minutes.

1939

Manfred se prépare à la guerre

Wiener Neustadt, mars
Comme tous les Allemands de 10 à 18 ans, Manfred Rommel est obligé de participer aux activités sportives des Jeunesses hitlériennes proches de chez lui. Il doit, malgré son jeune âge, subir un entraînement militaire, apprendre à tirer à la carabine et effectuer de longues marches dans la campagne. Son père estime que le sport ne peut lui faire que du bien, même s'il est assez réservé au sujet des cours de formation politique. Toutefois, le colonel Rommel pense que les nazis n'ont pas à intervenir dans les affaires militaires, qui ne relèvent que de l'armée.

Le pacte d'Acier germano-italien

Berlin, 22 mai
Après avoir hésité durant plus d'un an, Mussolini a finalement accepté de s'engager plus loin encore à côté d'Hitler. Ce matin, les chefs de la diplomatie des deux pays, le comte Ciano et Ribbentrop, ont signé le pacte d'Acier, véritable alliance à caractère militaire. Pour le *Duce*, le pacte est uniquement défensif. Par prudence, Mussolini a fait spécifier que tout conflit armé doit être évité jusqu'en 1942. Le *Duce* compte bien organiser à Rome, à cette date, une exposition universelle. Il espère ainsi tenir Hitler sous son contrôle.

Hitler s'est entendu avec Staline

Moscou, 23 août
Après s'être témoigné la plus belle animosité pendant six ans, Hitler et Staline surprennent le monde entier et surtout leurs alliés. Les deux pays ont signé un pacte de non-agression. L'accord, paraphé par Ribbentrop et Viatcheslav Molotov, fut négocié dans le plus grand secret, alors que Londres et Paris tentaient de former une alliance avec Moscou pour se protéger d'une éventuelle agression allemande. Ce pacte va permettre au Reich d'arriver vite à ses fins. Hitler sait qu'il va pouvoir ainsi envahir la Pologne sans redouter l'intervention des troupes soviétiques.

Général affecté au QG d'Adolf Hitler

Pour les manœuvres, un train spécial est affecté au quartier général.

Berlin, 23 août
Erwin Rommel vient d'être nommé général et affecté au quartier général du *Führer*. Il reprend aussi son poste de commandant du bataillon chargé de la sécurité du *Führer*. Rommel pense que Hitler finira par éviter un conflit généralisé en Europe. Il croit que les grandes nations occidentales voient en l'Allemagne un rempart contre le communisme. Au sujet de la Pologne, Rommel estime que le couloir de Danzig doit disparaître. Le fait que la famille de sa femme vive en Prusse-Orientale et que leur première rencontre ait eu lieu dans cette ville l'amène à porter un réel intérêt au problème. Erwin Rommel a ressenti le traité de Versailles comme une humiliation. Il a surtout éprouvé un vif agacement à subir trois ou quatre contrôles douaniers pour rendre visite aux parents de sa femme à Danzig. Il approuve donc une opération qui vise à supprimer l'insupportable corridor polonais et à rendre pleinement au Reich la ville de Danzig, berceau de sa carrière militaire et de son unique amour. Il espère qu'une solution diplomatique sera trouvée, même s'il ne doute pas que l'armée allemande a les moyens d'écraser l'armée polonaise assez rapidement. Il sait également que la France ne dispose pas d'une force offensive efficace.

Après la Tchécoslovaquie, la Pologne subit la loi du plus fort

Pologne, 1er septembre
L'attaque a débuté à l'aube avec une soixantaine de divisions, dont six blindées, appuyées par 1 250 avions modernes. Face à un tel déferlement de forces, l'armée polonaise, mal équipée en chars et en avions, n'a que son courage à opposer. Elle a bien onze brigades de cavalerie et une quarantaine de divisions non motorisées, mais que peuvent des soldats et des chevaux contre l'acier des blindés et les bombes des avions d'assaut. Sans déclaration de guerre préalable, l'armée allemande doit appliquer une nouvelle stratégie en Pologne : la *Blitzkrieg*, ou la guerre éclair. En liaison avec l'aviation, les divisions blindées allemandes sont en mesure d'enfoncer les positions polonaises et de vite désorganiser les arrières. Les poches de résistance sont ensuite réduites au silence par l'artillerie et l'infanterie.

FORCES ALLEMANDES DISPONIBLES

Forces terrestres
Division d'infanterie (active)	39
Division d'infanterie (réserve)	53
Division d'infanterie motorisée	4
Division blindée ou Pz. D.*	6
Division légère mécanique ou L.D.**	4
Division de cavalerie	-
Total (1)	**106-109**

*Pz. D. : Panzer Divisionen
**L.D. : Leichte Divisionen

Forces navales
Cuirassés, croiseurs de bataille	5
Croiseurs	8
Porte-avions	-
Contre-torpilleurs ou destroyers	22
Torpilleurs	12
Sous-marins	57

Forces aériennes (2)
Chasseurs	1 179
Bombardiers	1 516

(1) Le second chiffre inclut les unités S.S. (2) À l'exception de l'aéronavale.

1939

Londres et Paris déclarent la guerre au Reich

Londres et Paris, 3 septembre

C'est par un message radiodiffusé à 11 h 15 que les Anglais ont appris la nouvelle : l'Europe est de nouveau en guerre. L'ultimatum que Neville Chamberlain avait adressé à Hitler, exigeant le retrait des divisions du Reich de Pologne, n'ayant pas reçu de réponse, la Grande-Bretagne est entrée en guerre contre l'Allemagne. Paris a bien encore essayé de sauver la paix, mais pas à n'importe quel prix. C'est à 17 h que son ultimatum expirait et, à 20 h 30, Daladier a dû annoncer à la population française qu'elle allait devoir se battre. Adolf Hitler a pensé jusqu'au tout dernier moment que les Britanniques et les Français ne feraient pas la guerre.

La Pologne écrasée en quinze jours

Pologne, 28 septembre

L'armée polonaise vient de déposer les armes à Modlin. La victoire a coûté aux Allemands 10 600 tués, 30 000 blessés et 3 400 disparus. La vaillante armée polonaise compte 66 000 tués, 130 000 blessés et plus de 600 000 prisonniers. En liaison avec l'aviation qui attaquait au sol, les divisions de Panzer ont vite isolé les Polonais, en les repoussant de part et d'autre de percées en forme de tenaille. Privés de ravitaillement et démoralisés par les raids aériens, les Polonais ne pouvaient plus que se replier en laissant des milliers de réfugiés sur les routes. Des brigades de cavalerie ont chargé des unités allemandes d'infanterie motorisée. Après avoir subi plusieurs jours de violents bombardements, Varsovie a dû se rendre, après une résistance héroïque. Les civils, dont beaucoup ont combattu aux côtés des soldats, ont terriblement souffert. C'est la *Luftwaffe* de Hermann Goering qui a bombardé Varsovie. Sa maîtrise du ciel était totale et elle a même utilisé des avions de transport pour larguer ses bombes. La défense de Varsovie a été assurée, avec une certaine efficacité, par le général polonais Juliusz Rommel, qui n'a rien à voir avec Erwin Rommel. Le 17 septembre, les Soviétiques sont entrés en Pologne, participant ainsi au partage du pays. L'Armée rouge a pu avancer rapidement, sans faire face à de fortes résistances, puisque la majorité des divisions polonaises luttaient avec acharnement contre les Allemands. Les Soviétiques ont capturé 217 000 soldats polonais, et l'Armée rouge a fait sa jonction avec la *Wehrmacht* à Brest-Litovsk.

Rommel assiste à la guerre éclair

Pologne, 30 septembre

Du QG d'Hitler, Rommel a une vue d'ensemble de la guerre éclair, qui submerge toute la Pologne en quatre semaines, avant même que le gros des armées polonaises ait le temps de rejoindre ses bases. Tout va en effet très vite. Le 2 septembre, le général Rommel se trouve à Pruszco et le 10 à Kielce, puis le 13 à Lodz. Varsovie capitule le 27. Il ne peut manquer de tirer des enseignements de cette guerre moderne. Il a vite compris l'importance d'une parfaite coopération entre l'aviation et les blindés. Rommel a vu que répandre la confusion sur les arrières est bien souvent plus démoralisant pour les forces adverses que les nombreuses pertes subies. Il a vu que la poussée vers l'avant à tout prix et la bonne exploitation des succès, même au risque d'être coupé de ses arrières et en dépassant les îlots ennemis de résistance que l'infanterie a pour charge de réduire, sont d'un parfait rendement dans ce nouvel art de la guerre mécanisée. C'était la tactique de Ludendorff en mars 1918. Ce fut celle de Rommel en Roumanie ainsi qu'en Italie en 1917. Il a compris que les chars doivent être utilisés en masse et non en ordre dispersé. Il est persuadé qu'un homme de sa qualité est fait pour commander une division blindée. Par ailleurs, il a aussi pu mesurer le courage d'Adolf Hitler.

La Wehrmacht démontre sa supériorité contre l'héroïque mais désuète armée polonaise. Le soldat allemand a gagné.

« Qu'est-ce qui vous ferait plaisir, mon cher général Rommel ? »

Berlin, 15 octobre
Rentré vite en Allemagne après la campagne de Pologne, et toujours affecté au QG d'Hitler, Rommel est interrogé par le maître du Reich : « Qu'est-ce qui vous ferait plaisir, mon cher général ? », dit Hitler à ce jeune général qu'il aime bien car il est si peu conforme aux officiers du monde compassé des aristocrates de la Prusse. « Une division blindée », répond aussitôt Rommel. Hitler lui fait la promesse que sa demande ne sera pas oubliée. Après cette récente victoire, la *Wehrmacht* doit en effet se doter de quatre autres divisions blindées, portant ainsi leur nombre à dix. Chaque division devant avoir un effectif de 215 à 320 chars légers ou moyens en opération de guerre.

Hitler a un faible pour celui qui se distingue des autres par sa personnalité.

Hitler a échappé à un attentat

Munich, 8 novembre
Hitler a échappé de justesse à la mort ce soir. L'explosion a pourtant ravagé la brasserie Burgerbraukeller où il était venu fêter, avec la vieille garde de son parti, l'anniversaire du putsch manqué de 1923. On compte huit tués et soixante-trois blessés. Le discours d'Hitler, qui devait durer jusqu'à 22 heures, a été écourté. Dix minutes après qu'il fut parti, une bombe explosait. Les journalistes pensent que cet attentat a été monté et minuté par les SS pour redorer le blason d'Hitler, en montrant ainsi que la Providence veille sur lui. Les Allemands voudraient qu'un accord de paix intervienne avec les Alliés.

Le *Führer* juge ses généraux trop timorés

Berlin, 23 novembre
Les membres de l'état-major général ont assisté, éberlués, à une violente colère d'Hitler qui avait convoqué des officiers supérieurs afin de leur exposer ses divers plans d'offensives contre la France. Il a ordonné que cette opération soit lancée le plus vite possible. Plusieurs généraux lui ont fait remarquer que les troupes françaises sont bien plus puissantes que celles de la Pologne. Le général Franz Halder, très pessimiste, n'a pas caché à Hitler que la France a la plus puissante artillerie du monde avec 11 000 canons et une infanterie qui a fait ses preuves. Le chef du Reich est alors entré dans une rage folle, balayant tous les conseils de prudence de ses généraux.

Les Finlandais résistent aux Soviétiques

Finlande, 30 décembre
L'armée finlandaise repousse depuis un mois tous les assauts de l'Armée rouge. Staline, qui pensait vite venir à bout d'un pays réduit à 130 000 soldats, a dû rapidement déchanter, en dépit de l'engagement de 500 000 soldats soviétiques. Les Finlandais ont reçu l'aide d'un allié inattendu avec l'hiver. Les lourdes colonnes soviétiques, prisonnières des rares routes praticables, se sont heurtées à des forêts impénétrables, à des lacs et des marais, où les solides soldats finlandais ont fait un carnage. Dans la région de Suomussalmi, les unités finlandaises, plus mobiles, ont eu raison de la 163ᵉ division de l'Armée rouge. Équipés de skis, les soldats finlandais sont insaisissables.

Malgré sa passivité, l'armée française impressionne réellement le haut commandement allemand. Une guerre de position s'installe sur le front.

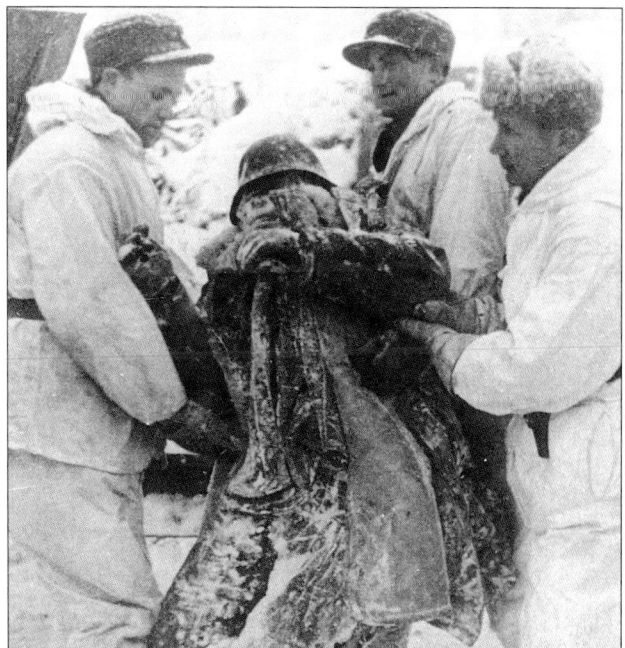
Le froid et les soldats finlandais ont eu raison des troupes soviétiques.

1940

48 ans | 49 ans

Scandinavie, 9 avril
Les troupes allemandes commencent à occuper le Danemark et la Norvège.

Ardennes, 14 mai
Entre Dinant et Sedan, les divisions de Panzer ouvrent une brèche de 80 km dans les lignes françaises.

France, 16 mai
Les divisions blindées du général Heinz Guderian se trouvent à environ 90 km à l'est de Sedan.

Belgique, 17 mai
La VIe armée allemande entre dans Bruxelles.

Front Ouest, 20 mai
Une quarantaine de divisions alliées sont encerclées dans les Flandres.

Ardennes, 25 mai
Trois divisions françaises repoussent durant trois semaines les assauts de sept divisions allemandes à Stonne, Tannay et le Mont-Dieu.

Front Ouest, 28 mai
La Belgique capitule.

Lille, 1er juin
Les débris de six divisions françaises contiennent durant cinq jours sept divisions allemandes.

Dunkerque, 4 juin
Le dernier navire allié quitte Dunkerque. Près de 350 000 hommes ont été évacués.

France, 5 juin
Offensive allemande sur la Somme.

France, 9 juin
Offensive allemande sur l'Aisne.

France, 14 juin
Les Allemands entrent dans Paris.

Hitler offre à Rommel la 7e Panzer

Godesberg-am-Rhein, 15 février
Rommel a pris le commandement de la 7e Panzerdivision (division blindée) à Godesberg-am-Rhein, à la suite du général Stumme. Si la campagne de Pologne a largement mis en valeur la tactique choisie et les qualités des exécutants, elle a aussi fait apparaître les défauts du matériel allemand, généralement pas assez blindé et mal armé, dont les chars Panzer Mark I et Mark II. Le Mark I ne dispose que de deux mitrailleuses et n'a pas de canon. Son blindage est réduit à 14 mm. Le Mark II dispose lui d'un canon de 20 mm et son blindage passe de 15 à 20 mm. La production de ces deux modèles a été arrêtée au profit des Mark III et Mark IV, plus puissants et dont la production s'accélère. Le Mark III est ainsi armé d'un canon de 37 mm et a un blindage épais de 30 mm. Le Mark IV est doté d'un canon de 75 mm et d'un blindage identique au Mark III. Des chars tchèques 38(t) renforcent les unités allemandes. Rapides et bien armés (canon long de 37 mm), les 38(t) ont un blindage de 25 mm. La 7e Panzer du général Erwin Rommel est l'une des quatre divisions légères vite transformées en divisions blindées. Elle comprend un seul régiment de chars, le 25e, placé sous les ordres du colonel Rothenburg, fort de trois bataillons, ce qui lui donne un total de 218 chars légers et moyens de combat, dont 48 MK I et 61 MK II, 79 Skoda 38(t) et 30 MK IV. Cette division a également un bataillon de 56 automitrailleuses, deux régiments motorisés, un bataillon du génie, un gros bataillon de motocyclistes, un régiment d'artillerie de campagne et enfin un bataillon de DCA, avec les très efficaces canons de 88 mm que Rommel pense utiliser contre les chars français B1 bis, monstres de 32 tonnes, dont le blindage est le double des chars moyens allemands les mieux protégés. Erwin Rommel a bien étudié les moyens militaires de son adversaire français, à savoir les trois divisions blindées et les trois divisions légères mécanisées. Il sait que seuls les chars Mark IV peuvent rivaliser avec les B1 bis français, et les Skoda 38(t) avec les Somua S35. Rommel estime qu'aujourd'hui sa division est plus mobile et mieux entraînée que les unités blindées françaises qu'il doit affronter.

La division blindée de Rommel comprend 218 chars. Ici un char Skoda 38(t).

1940

Organigramme de la 7. Panzer-Division en mai 1940

- Stab (état-major)
Divisions-Kommandeur .... Generalmajor Rommel
1. Generalstabsoffizier (Ia) .... Major i. G. Heidkämper
2. Generalstabsoffizier (Ib) .... Hauptmann i. G. von Metzsch
Adjutant (officier-adjoint) .... Hauptmann Schräpler
Ic (officier renseignements) .... Major (kdt. zum Gen. Stab) Ziegler
Divisions-Arzt (médecin-chef) .... Oberst Arst Dr. Baumeister
Divisions-Intendant (intendance) .... Int. Rat. Fiebig
Kriegsgerichtsrat (tribunal) .... Dr. Schulz

Major i. G. Heidkämper,
1. Generalstabsoffizier

- Schützen-Brigade 7 .... Oberst Fürst
    Schützen-Regiment 6 .... Oberst von Unger
    Adjutant (officier-adjoint) .... Oberleutnant Hoffmann
    I. Abteilung (1er bataillon) .... Major von Paris
    II. Abteilung (2e bataillon) .... Oberstleutnant Junck
    Schützen-Regiment 7 .... Oberst von Bismarck
    Adjutant (officier-adjoint) .... Hauptmann Littau
    I. Abteilung (1er bataillon) .... Major Cramer
    II. Abteilung (2e bataillon) .... Major Bachmann
    Kradschützen-Bataillon 7 .... Major von Steinkeller

Oberst Rothenburg,
Kommandeur Panzer-Rgt. 25

- Aufklärungs-Abteilung 7 (gr. rec.) .... Major Erdmann, tué le 28 mai 1940 ;
    le commandement est alors confié au Hauptmann von Luck.

- Panzer-Regiment 25 .... Oberst Rothenburg
Adjutant (officier-adjoint) .... Oberleutnant Student
I. Abteilung .... Major Schmidt
II. Abteilung .... Oberstleutnant Ilgen
III. Abteilung .... Major Sieckenius

Major Sieckenius,
Kommandeur III. Abteilung,
Pz.-Rgt. 25.

- Artillerie-Regiment 78 .... Oberst Frölich
Adjutant (officier-adjoint) .... Oberleutnant Monshausen
I. Abteilung (1er groupe) .... Oberstleutnant Dr. Kessler
II. Abteilung (2e groupe) .... Major Crasemann
III. Abteilung (3e groupe) : .... Major von Kronhelm

- Pionier-Bataillon 58 .... Major Binkau, tué le 13 mai 1940 ;
    remplacé par le Major von Mertens.

- Panzerjäger-Abteilung 42 .... Oberst Mickl
    (groupe de chasseurs de chars)

Oberst von Bismarck,
Kommandeur Schützen-Rgt. 7.

- Nachrichten-Abteilung 83 (transm.) .... Major Müller

- Leichte-Flak-Abteilung 59 .... Major Schrader

Lexique : Leutnant = sous-lieutenant ; Oberleutnant (Oblt.) = lieutenant ;
Hauptmann (Hptm.) = capitaine ; Major = commandant ;
Oberstleutnant (Oberstlt.) = lieutenant-colonel ; Oberst = colonel.

Leutnant Hanke, aide de
camp du général Rommel.

1940

Adoption du plan *Faucille* pour écraser la France

Berlin, 6 mars

Le général Erich von Mainstein a proposé à Hitler le plan Faucille, qui prévoit d'envahir la Hollande et la Belgique, de manière à attirer vers le nord les meilleures unités alliées. Si l'ennemi vient à tomber dans ce piège, une autre attaque dans les Ardennes et une rupture du front français à Sedan doivent encercler les divisions alliées d'élite engagées en Belgique. La rapide percée des Ardennes doit ensuite remonter vers l'embouchure de la Somme. Une fois assuré le contrôle des côtes de la Manche, et sans avoir trop mis à l'épreuve les divisions de Panzer, l'armée pourra diriger son attaque vers le cœur de la France. Comme ce fut le cas en Pologne, les assauts combinent l'utilisation massive de l'aviation et des chars. Les unités d'infanterie devront immédiatement nettoyer les poches de résistance, sans que cela entrave la percée en profondeur des divisions blindées. Des pièces de DCA seront utilisées pour maintenir à distance les contre-attaques éventuelles des Français et détruire leur aviation.

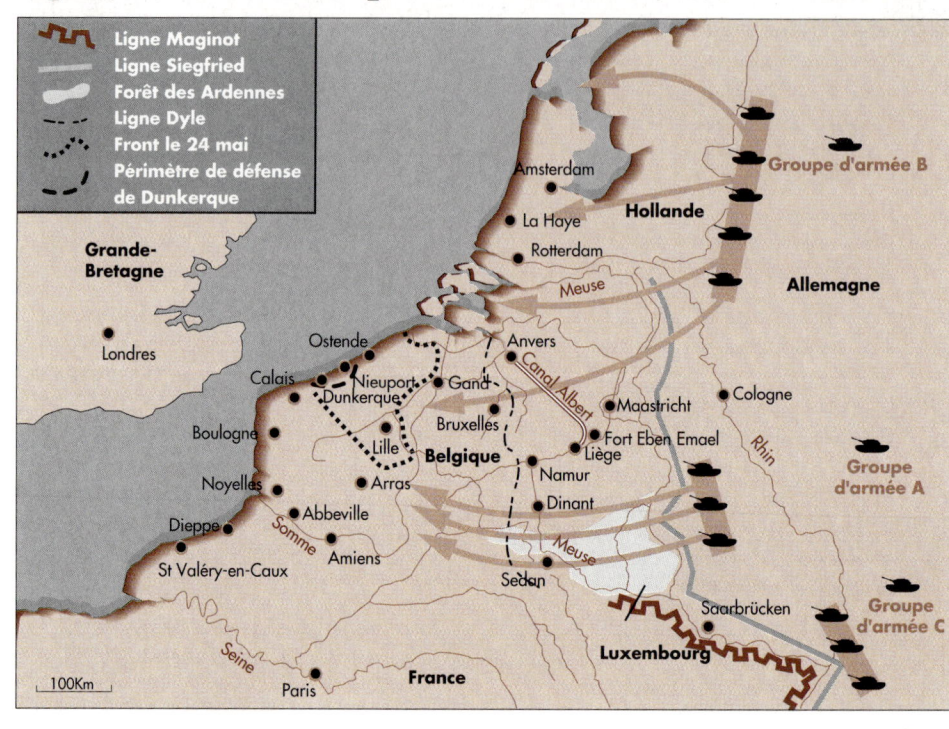

Forces armées	France	Grande-Bretagne	Belgique	Pays-Bas	Allemagne
Divisions d'infanterie et cavalerie	88	10	22	8	126
Divisions blindées	6	1	-	-	10
Chars	2 900	600	150	-	2 600
Canons	11 000	800	800	350	7 500
Avions	1 300	400*	234	139	3 500

*en France

La Wehrmacht a l'art d'utiliser ses chars

Front Ouest, 10 mai

Rommel a eu trois mois pour faire connaissance avec sa division et se familiariser avec les objectifs qui lui sont proposés. Le commandement allemand réserve le rôle essentiel dans l'offensive à l'Ouest aux dix divisions blindées, 2 600 chars, qui sont disposées en deux parties. Avec 2 900 chars modernes pour l'armée française, on n'en compte que 945 dans les six divisions blindées alors disponibles (3 DCR et 3 DLM). Les autres chars sont répartis dans plus de trente bataillons et une douzaine de compagnies indépendantes. Les divisions de Panzer sont engagées groupées en quelques points bien précis, alors que les unités blindées françaises sont réparties entre toutes les armées et se trouvent ainsi vite dispersées sur l'ensemble du front. Les chars français ont l'avantage de la protection et les tanks allemands celui de la mobilité. L'armement est identique dans les deux camps, mais la communication, essentielle dans une guerre de mouvement, reste à l'avantage des Allemands. Presque tous les chars du Reich sont équipés d'un poste radio, alors qu'une très petite partie des chars français en est dotée. L'efficacité se trouve sans conteste dans la solution allemande, que le général Rommel compte bien amener à la perfection. Ce n'est plus le char qui doit accompagner toute l'infanterie, c'est l'infanterie dite motorisée qui accompagne le char. Les divisions blindées françaises sont dépourvues de l'appui essentiel de l'aviation d'assaut, alors que les unités allemandes peuvent compter à tout moment sur la *Luftwaffe*. Les divisions de Panzer ont bénéficié en Pologne d'une expérience qui n'a pas d'équivalent. Le Reich aligne 136 divisions, dont dix blindées, près de 3 500 avions modernes et 7 500 canons. Les Alliés comptent 135 divisions (94 françaises), dont sept divisions blindées, et près de 2 000 avions. L'artillerie française est la plus puissante du monde avec ses 11 000 canons mais souffre d'un manque de motorisation. Les armes légères allemandes sont souvent plus modernes que celles des Alliés.

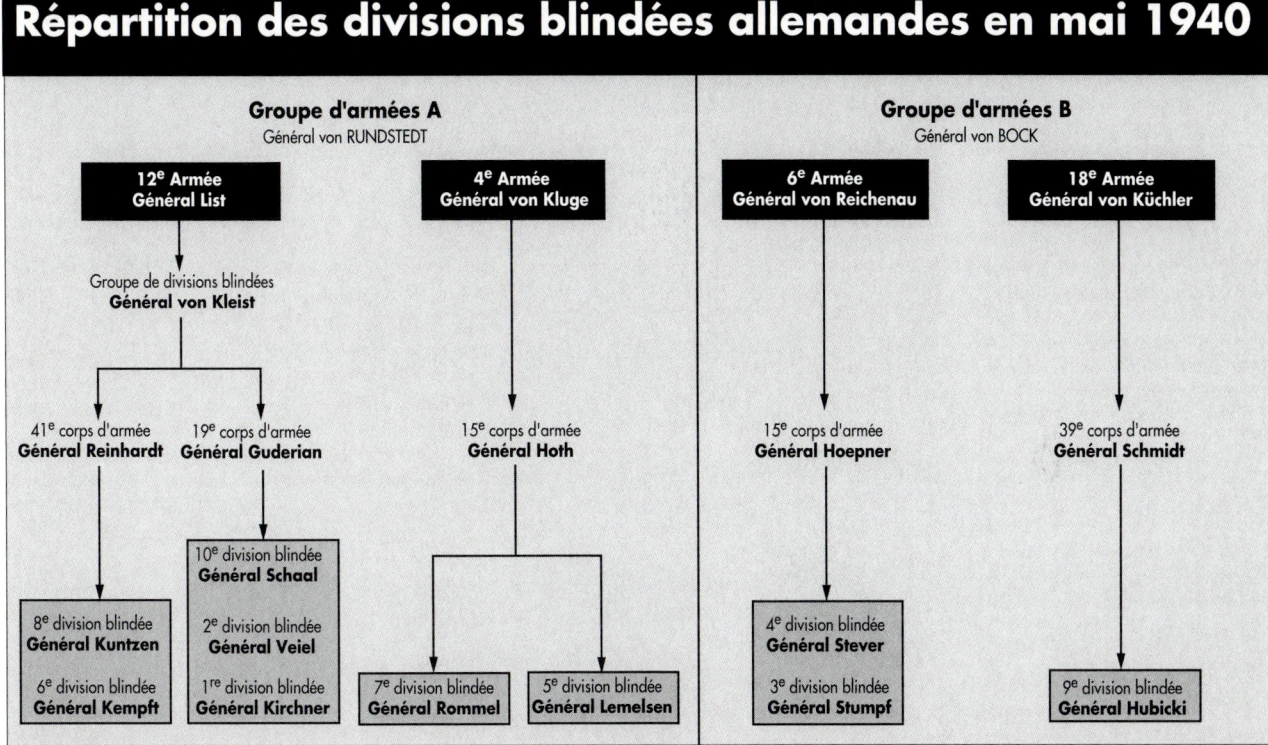

Répartition des divisions blindées allemandes en mai 1940

Groupe d'armées A — Général von RUNDSTEDT
- 12ᵉ Armée — Général List
  - Groupe de divisions blindées — Général von Kleist
    - 41ᵉ corps d'armée — Général Reinhardt
      - 8ᵉ division blindée — Général Kuntzen
      - 6ᵉ division blindée — Général Kempft
    - 19ᵉ corps d'armée — Général Guderian
      - 10ᵉ division blindée — Général Schaal
      - 2ᵉ division blindée — Général Veiel
      - 1ʳᵉ division blindée — Général Kirchner
- 4ᵉ Armée — Général von Kluge
  - 15ᵉ corps d'armée — Général Hoth
    - 7ᵉ division blindée — Général Rommel
    - 5ᵉ division blindée — Général Lemelsen

Groupe d'armées B — Général von BOCK
- 6ᵉ Armée — Général von Reichenau
  - 15ᵉ corps d'armée — Général Hoepner
    - 4ᵉ division blindée — Général Stever
    - 3ᵉ division blindée — Général Stumpf
- 18ᵉ Armée — Général von Küchler
  - 39ᵉ corps d'armée — Général Schmidt
    - 9ᵉ division blindée — Général Hubicki

Type	Pays	Poids	Vitesse	Autonomie	Armement	Blindage
Panzer I	Allemagne	6 tonnes	40 Km/h	140 km	2x7,92 mm	14 mm
Panzer II	Allemagne	10 tonnes	40 Km/h	200 km	1x20 mm 1x7,92 mm	20 mm
Panzer III	Allemagne	19 tonnes	40 Km/h	175 km	1x37 mm - 2x7,92 mm	30 mm
Panzer IV	Allemagne	20 tonnes	40 Km/h	200 km	1x75 mm - 2x7,92 mm	30 mm
Skoda 35T	Allemagne	10 tonnes	40 Km/h	190 km	1x37 mm - 2x7,92 mm	25 mm
Skoda 38T	Allemagne	11 tonnes	56 Km/h	200 km	1x1,37 mm - 2x7,92 mm	25 mm
FCM 2C	France	68 tonnes	12 Km/h	100 km	1x75 mm - 4x7,5 mm	40 mm
R35	France	11 tonnes	20 Km/h	130 km	1x37 mm - 1x7,5 mm	45 mm
FCM 36	France	12 tonnes	25 Km/h	225 km	1x37 mm - 1x7,5 mm	40 mm
H39	France	12 tonnes	40 Km/h	120 km	1x37 mm - 1x7,5 mm	45 mm
Somua S35	France	20 tonnes	40 Km/h	255 km	1x47 mm - 1x7,5 mm	55 mm
D1	France	14 tonnes	18 Km/h	90 km	1x47 mm - 2x7,5 mm	40 mm
D2	France	19 tonnes	23 Km/h	100 km	1x47 mm - 1x7,5 mm	40 mm
B1 bis	France	32 tonnes	28 Km/h	150 km	1x75 mm - 1x47 mm 2x7,5 mm	60 mm

1940

La neutralité belge n'est pas respectée

Front Ouest, 10 mai

Les troupes aéroportées allemandes ont sauté sur la Hollande et sur le fort belge d'Eben-Emaël. Les forces du Reich du groupe d'armées A ont franchi les frontières des Pays-Bas, de la Belgique et du Luxembourg. De nombreux avions de la *Luftwaffe* ont attaqué les divers aérodromes alliés. En riposte, les avant-gardes de la 7e armée française et du corps expéditionnaire britannique entrent en Belgique. Le plan conçu par les Alliés, appelé plan Dyle, envisage de contenir l'offensive allemande en portant le gros des forces de défense en Belgique et en s'appuyant par la droite sur Sedan et les Ardennes comme pivot. Les trois excellentes divisions légères mécanisées (DLM) françaises doivent ainsi croiser le fer avec les divisions de Panzer des groupes d'armées B et A. Plusieurs villes, dont Bruxelles et Amsterdam, ont été bombardées. La 1re armée française est également engagée en Belgique près de Gembloux.

Victoires françaises à Hannut et Gembloux

Belgique, 15 mai

Une violente bataille de chars vient d'opposer le corps de cavalerie du général Prioux (2e et 3e DLM) au XVIe corps de Panzer du général Erich Hoepner (4e et 3e Panzer). Les 380 chars français ont dû contenir les assauts de 708 chars allemands durant trois jours, du 12 au 13 mai, à Hannut. Le général Prioux avait la très délicate mission de ralentir l'avance de tout un corps blindé, afin de permettre à deux divisions d'infanterie française de s'établir à Gembloux. Les deux DLM ont bien rempli leur mission, détruisant plus d'une centaine de chars allemands, pour des pertes aussi importantes. Lorsque, le 14, 600 chars allemands tentent de s'emparer de Gembloux, ils se heurtent alors à la 1re division marocaine (général Mellier) et à la 15e division d'infanterie motorisée (général Juin). Tous leurs assauts sont repoussés durant deux jours, malgré les interventions de la *Luftwaffe*. Hannut et Gembloux deviennent deux incontestables succès défensifs pour les troupes françaises.

Rommel perce dans les Ardennes

Front de Dinant, 14 mai

Le 9 mai, le général Rommel et sa division (la 7e Panzer) ont pris le chemin des Ardennes belges afin de traverser la Meuse dans le secteur de Dinant. La division de Rommel est alors rattachée au XVe corps blindé du général Hoth. Le 10, les avant-gardes de la 7e Panzer se sont heurtées aux éléments avancés de la 1re division légère de cavalerie de l'armée française. « A notre premier choc, écrit Rommel, avec les forces françaises, nous ouvrîmes le feu tout de suite, ce qui les amena à se retirer en hâte. J'ai constaté que, dans ces

Contrairement aux généraux français, Rommel est à la pointe des combats.

La traversée de la Meuse, que Rommel dirige, se fait à bord de canots.

contacts, le succès est au bénéfice du premier qui a pu mettre l'ennemi sous son feu. » Le 11, Rommel est enroué à force de donner des ordres et de crier. Il n'a que trois heures de sommeil. A la suite de la division française de cavalerie en retraite, la 7e Panzer a pu atteindre la Meuse dans l'après-midi du 12. L'objectif est de franchir ce fleuve aussi vite que possible et de former une tête de pont sur la rive ouest. Mais les Français ont fait sauter les ponts à Dinant et à Houx, juste au moment où les premiers chars commençaient à passer. Rommel est donc contraint de forcer le passage au moyen de troupes transportées sur des canots en caoutchouc. L'attaque lancée le 13 mai, pour conquérir la rive ouest défendue par les Français, se heurte à une résistance opiniâtre. « Je me rendis dans le secteur de Dinant, raconte Rommel. Plusieurs de nos chars atteints se trouvaient sur la route conduisant à la Meuse. Les obus français tombaient avec une grande précision. Nos canots étaient détruits les uns après les autres par le feu flanquant des Français, et la traversée ne s'effectuait pas. » Le général Rommel assiste, impuissant, à la noyade d'un blessé hurlant au secours. Pendant ce temps, le village de Grange, non loin de Houx et de Dinant, a été pris par le 7e bataillon de motocyclistes. Après avoir bien examiné la situation, fort précaire, Rommel a ordonné à plusieurs des chars Panzer IV, armés d'un canon de 75 mm, de soutenir les troupes d'assaut dans le secteur de Dinant. Sous la protection des tirs des chars, la traversée a pu enfin s'effectuer. Rommel passe la Meuse dans un des premiers canots pneumatiques. Sur l'autre rive, il doit repousser une contre-attaque de chars français. Cette intervention de Rommel est décisive. Le 14, les Français lancent de nouveau une contre-attaque qui chasse les Allemands du village de Haut-Vastia. Rommel ordonne que le transport des chars sur l'autre rive soit plus rapide. En se rendant à la lisière du bois d'Onaye, Rommel est blessé à la joue gauche par un feu nourri d'artillerie française. Il doit quitter le char où il se trouve et se dissimuler avec ses hommes dans un fossé. Une attaque, lancée par les chars du 25e régiment de Panzer, rétablit la situation en sa faveur.

La 7ᵉ Panzer sème la panique chez les Français

Une violente bataille de blindés à Flavion

Des tankistes allemands inspectent un char lourd français B1 bis détruit.

Nord de la France, 16 mai

Le 15, la 7ᵉ Panzer de Rommel a capturé une batterie française qui faisait mouvement vers ce qu'elle croyait être une position de soutien. La 1ʳᵉ division blindée française, dont la moitié des chars est tombée en panne d'essence, livre un furieux combat aux 5ᵉ et 7ᵉ Panzer près de Flavion. Une soixantaine de chars français sont détruits et autant de chars allemands, mais la 7ᵉ Panzer, qui n'est pas de taille à affronter les chars lourds français B1 bis, prend la direction de Philippeville. La nuit suivante, la division de Rommel est venue se heurter aux prolongements de la ligne Maginot, à l'ouest de Clairfayts. L'attaque est lancée au clair de lune. Rommel encourage les tankistes à tirer en roulant, afin de désorienter l'adversaire. Le succès est total. Aux environs de minuit, Rommel déborde Avesnes, qui va tomber après une furieuse bataille. Ce soir, il s'empare de Landrecie, bien qu'attaqué sur deux flancs par des blindés français.

Le général Erwin Rommel interroge un officier français qui a été capturé.

Rommel arrive le premier sur la Sambre

Montcornet, 19 mai

Le 17, la 7ᵉ Panzer a dû repousser plusieurs attaques de chars français. La tête de pont de Pommereuil, sur la Sambre, a été perdue puis reprise par Rommel. Une autre tête de pont est établie à Berlimont. La division de Rommel est ainsi la première unité allemande à avoir atteint la Sambre tout en étant en mesure de poursuivre son avance. Rommel a ainsi effectué une percée longue d'une cinquantaine de kilomètres et large de trois à peine. Il court le risque d'être attaqué sur ses flancs par les Français. Il a cependant vite disposé son artillerie en avant, afin de pouvoir parer aux éventuelles contre-attaques. Cette conquête de deux têtes de pont sur la Sambre est, à très juste titre, considérée comme déterminante pour la suite des opérations en France. Dans la rue d'un village, une femme s'est approchée du général Rommel et, lui touchant le bras, lui a demandé s'il était anglais. « Non, Madame, je suis allemand ! », a répondu le chef de la 7ᵉ Panzer en français. « Oh ! les barbares ! », s'est écriée la vieille dame. Une contre-attaque hardie de la 4ᵉ division blindée du colonel Charles de Gaulle, à Montcornet, n'a pu arrêter la poussée allemande.

Depuis l'intérieur de son char de commandement, il dirige les combats.

La 7ᵉ Panzer accumule les prisonniers

Cambrai, 20 mai

L'audace s'est avérée payante une fois de plus pour Erwin Rommel : sa division ne compte que 35 tués et 59 blessés, alors qu'elle a fait près de 10 000 prisonniers et s'est emparée ou a détruit 100 chars, 30 voitures blindées et 27 canons. Malgré les difficultés d'approvisionnement en essence et bien que les attaques des chars français se poursuivent sur les deux flancs, la 7ᵉ Panzer continue sa progression à vive allure. A cinq heures de la matinée, dépassant Cambrai, la division de Rommel a réussi à traverser le canal du nord, à Marcoing, et prendre position au sud d'Arras. De nombreux soldats alliés ont été capturés. Comme une partie de sa division se trouvait en arrière, Rommel est revenu sur ses pas, emmenant seulement avec lui deux chars, une voiture blindée et sa section de commandement. Près de Vis-en-Artois, sur la route d'Arras à Cambrai, il s'est heurté à l'ennemi : ses deux chars détruits, il est resté encerclé pendant plusieurs heures et n'est dégagé que par plusieurs de ses chars. Une fois de plus, il a failli être capturé par les Français. La chance est encore une fois de son côté.

Fin photographe, Rommel immortalise sa guerre

France, mai-juin

Souhaitant immortaliser ses succès militaires et grand passionné de la pellicule, Rommel photographie la progression de sa division. Même à la pointe des combats, il ne se sépare jamais de son appareil. Il veut aussi fournir aux historiens des archives qui permettront de raconter la belle épopée de la 7e Panzer en France. S'il s'intéresse d'abord à ses succès et consacre de nombreux clichés à la déroute infligée à l'ennemi, il ne cache pas les revers et n'hésite pas à photographier un de ses blindés sévèrement touché.

Lors de la bataille de France, Rommel ne se sépare jamais de son appareil.

Erwin Rommel photographie un char allemand détruit à Avesnes...

... une colonne de camions français incendiés le long de la route...

... un canon antichar français de 25 mm bien camouflé dans les fourrés.

1940

Les Alliés contre-attaquent dans la région d'Arras

Arras, 21 mai

Rommel vient de subir son premier revers. La 1re division blindée du corps expéditionnaire britannique et la 3e division légère mécanisée de l'armée française viennent de lancer une importante contre-attaque dans le secteur d'Arras, alors défendu par la 7e Panzer et la division motorisée SS *Totenkopf*. Les chars des Alliés, fortement blindés comme les Somua et les Matilda, ont semé un vent de panique dans les rangs allemands. Rommel parle en effet de « violents combats avec des centaines de chars et avec l'infanterie qui les suivait. Contre les chars lourds alliés, nos canons antichars de 37 mm ne sont pas efficaces, même à une distance assez courte. La barrière défensive constituée par eux a été rompue, nos pièces ont été détruites, les servants massacrés ». L'annonce que deux divisions allemandes d'élite sont ainsi malmenées provoque un réel émoi parmi les hauts responsables militaires du Reich. L'attaque alliée a seulement pu être stoppée par le feu des canons de DCA de 88 mm, utilisés comme antichars. Il a fallu même faire appel à une escadrille d'avions d'assaut Stuka pour obliger les chars alliés à se replier sur Arras. Le 25e régiment de Panzer a atteint les collines d'Acq, situées au sud de la Scarpe. Là, il a reçu l'ordre de Rommel de faire demi-tour afin de surprendre les Alliés par derrière. Lors de l'engagement qui suivit, les Allemands ont subi, près d'Agnes, de lourdes pertes avec une quinzaine de chars détruits. Alors qu'il est en position défensive, Erwin Rommel échappe à la mort de justesse ; un officier est tué à ses côtés, tandis que les deux hommes examinaient une carte. Les pertes de la 7e Panzer, pour cette journée, s'élèvent à 400 hommes, et Rommel prétend avoir détruit 43 chars ennemis.

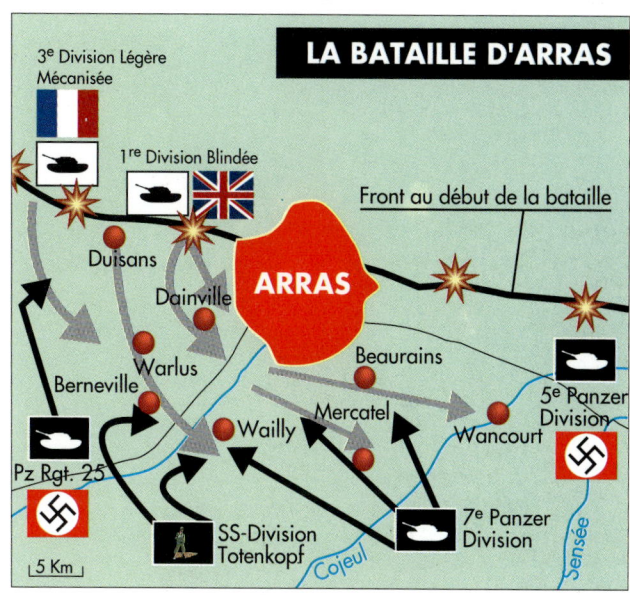

Un char Somua S35, touché au moteur, est inspecté par les Allemands.

En dépit de la fatigue, les tankistes de Rommel gardent un moral d'acier.

Seul face à des soldats français médusés

Rommel est un infatigable combattant mais mérite quelques jours de repos.

Arras, 29 mai

La Scarpe a été traversée le 22 par la 7ᵉ Panzer, mais des combats ont dû être livrés au mont Saint-Eloi, pris, perdu et repris. Le 28, les chars du général Rommel participent à l'encerclement de Lille. Rommel et sa division viennent d'être envoyés au repos à l'ouest d'Arras. Guidé par sa curiosité habituelle, Rommel veut célébrer son premier jour de repos en faisant une randonnée en auto dans Lille. Il comprend qu'il a commis une lourde erreur lorsqu'il voit les rues de la ville pleines de soldats français. Comme ceux-ci, aussi surpris que lui, réagissent deux secondes trop tard, Erwin Rommel a le temps de faire effectuer un demi-tour à son véhicule, avant que les Français aient la présence d'esprit de l'en empêcher et de lui barrer le chemin. Il vient, une fois de plus, d'échapper à la capture.

Le colonel de Gaulle attaque Abbeville

Spécialiste des chars, de Gaulle se voit confier une division blindée.

Abbeville, 30 mai

Le colonel Charles de Gaulle et sa 4ᵉ division blindée ont réduit la quasi-totalité de la solide tête de pont d'Abbeville, après trois jours de très violents combats, contre la 57ᵉ division d'infanterie bavaroise, qui a laissé plus de 2 000 soldats sur le terrain. Les chars lourds B1 bis français ont fait la décision, et un vent de panique a secoué une partie du commandement allemand durant une journée. Les canons antichars allemands se sont révélés totalement impuissants contre le blindage, épais de 60 mm, des B1 bis. La situation n'a pu être rétablie, une fois encore, que grâce aux canons de DCA de 88 mm. Une centaine d'impacts ont été relevés sur des chars français. Le premier jour de l'attaque, le colonel de Gaulle a ramené 400 prisonniers dans les lignes françaises. La 4ᵉ DB a perdu 110 chars.

Décoré de la croix de Chevalier

Arras, 30 mai

La 7ᵉ Panzer, toujours au repos, compte ses pertes. Depuis le 10 mai, elle a perdu 1 560 hommes, tués ou blessés. Rommel estime que ce sont des pertes nullement négligeables, qui témoignent, sans aucun doute, de l'âpreté des combats, mais elles deviennent acceptables compte tenu des résultats exceptionnels. Le 26, le lieutenant Hanke, agissant au nom du *Führer*, a décoré Rommel de la croix de Chevalier, lors d'une belle cérémonie. « Mes hommes, écrit-il à sa chère Lucie, ont perdu une bonne part de leur équipement en route et sous les attaques des chars ennemis, et il leur faut réparer cela le plus tôt possible. » Sa division doit être en mesure de reprendre rapidement le combat contre les unités françaises.

Adolf Hitler complimente Rommel pour ses exploits successifs

Hitler : « Rommel, nous avons été très inquiets pour vous pendant l'attaque. »

Arras, 2 juin

Adolf Hitler, en visite sur le front français, vient de rencontrer celui qu'il surnomme déjà son « général préféré », à savoir Erwin Rommel. Il l'a même accueilli en ces termes : « Mon cher Rommel, nous avons été très inquiets pour vous pendant l'attaque. » Le visage du maître du Reich est rayonnant, et Rommel a pu longuement converser avec lui. Tous deux ont la même passion pour les questions militaires. Hitler est nettement plus anxieux. Il redoute une vaste contre-offensive française, comme en juillet 1918. Rommel est, quant à lui, persuadé que l'armée française a déjà perdu ses meilleures troupes et n'est plus en mesure de faire face à une nouvelle offensive de la *Wehrmacht*. Hitler se laisse convaincre et ne tarit pas d'éloges sur le général Rommel.

Rommel réussit à percer le front de la Somme

Front de la Somme, 8 juin

La seconde phase de la bataille de France a débuté le 5 juin par une puissante offensive allemande sur le front de la Somme. Pour rompre les positions françaises, les Allemands ont engagé 94 divisions d'infanterie et 10 divisions blindées. Pour leur faire face, le général Weygand n'a pu rassembler que 40 divisions de fantassins et 3 divisions blindées en cours de reconstitution. Rommel et sa 7e Panzer sont passés à l'attaque entre Longpré et Hangest, secteur qui est défendu par la 5e division française d'infanterie coloniale. Les Français ont fait sauter les ponts de route mais pas les deux ponts de chemin de fer situés entre Hangest et Condé-Folie. Les rails enlevés, les blindés de Rommel ont pu passer la Somme. L'attaque des positions a commencé par un tir d'artillerie à 4 h 15 du matin. Puis les chars, bien cachés par le ravin de Granvallée, ont pu prendre position pour passer à l'assaut. Les artilleurs français du 72e régiment ont supporté le choc les premiers, en détruisant plusieurs blindés devant le bois d'Hangest. Des tirailleurs sénégalais ont tenu avec héroïsme le fier château du Quesnoy. Plus d'un Sénégalais périt écrasé sous les chenilles des chars. Rommel perd 300 hommes pour la conquête de cette solide position. Le village d'Hangest, bien que défendu par un très modeste canon antichar de 25 mm, ne tombe qu'en fin de journée. Des tirailleurs sénégalais grimpent sur les chars avec leur coupe-coupe et y cherchent l'accès des fentes de visée. Lors de l'assaut contre Hangest, Rommel est une fois de plus à la pointe des combats. Il manque de peu d'être tué par une rafale de mitrailleuse, dont les balles claquent contre le blindage de sa voiture de commandement. « Les troupes coloniales françaises, écrit Rommel, se défendirent avec une grande bravoure. Mais nos chars eurent le dernier mot. » Encerclés dans le bourg d'Airanes en flammes, des coloniaux français parviennent à se tailler la route à l'arme blanche. Néanmoins, la chute du Quesnoy a ouvert à Rommel le chemin vers le plateau. Le 6, une contre-attaque de chars français du groupement de Langle de Cary est repoussée par les canons de 88 mm. Négligeant les îlots de résistance concentrés sur les rivières et dans les divers villages, Rommel fonce vers le sommet du plateau, qui est atteint à 21 heures. Les éléments de la 5e DIC ont été refoulés de part et d'autre de cette brèche. Le 7, la 7e Panzer se trouve près d'Argueil. La Seine est atteinte par Rommel le 8 juin.

Les chars légers et moyens de la division blindée de Rommel se concentrent avant de passer à l'attaque.

L'artillerie française tente d'enrayer la progression de la 7e Panzer.

La vive résistance française met les chars allemands en difficulté.

La division « fantôme » s'empare de Saint-Valéry

Saint-Valéry-en-Caux, 12 juin

Le 9e corps d'armée français, fort de 4 divisions (dont une anglaise), se trouve isolé après la foudroyante percée de la 7e Panzer du général Erwin Rommel. Les Alliés veulent essayer d'embarquer rapidement à Saint-Valéry-en-Caux, mais Rommel a bien deviné la manœuvre. Le 10 juin, il encercle Fécamp, tient le port sous le feu de son artillerie et touche même deux destroyers britanniques, qui sont obligés de vite s'éloigner. Le 11 juin, ses chars dominent les belles falaises qui surplombent Saint-Valéry-en-Caux, pilonnent le port et incendient le centre de la ville. Les Alliés opposent une vive résistance, dans l'attente d'un embarquement, à la faveur de la nuit. Cependant, un épais brouillard interdit l'arrivée des navires. Saint-Valéry-en-Caux donne le spectacle, déjà trop connu, de ces encerclements sans espoir et pour lesquels les Allemands ont trouvé le nom particulièrement expressif de *Kessel* (chaudron). Comme partout dans les mêmes cas, un contraste apparaît entre la magnifique tenue des troupes sur la ligne de feu et le grouillement confus, le désordre, le pillage même au centre du réduit. Erwin Rommel a gagné, le 12, une petite bataille navale en détruisant le patrouilleur *Cérons* de la Marine nationale, après un duel mémorable au cours duquel le petit navire a réussi à détruire deux canons, avant d'être à son tour atteint. A 18 h 30, le drame a trouvé sa conclusion, après un combat de rue très violent où les Français du 18e régiment de chasseurs à cheval ont terminé au corps à corps. En acceptant ensuite la reddition du colonel de Reboul, Rommel félicite l'officier français en ces termes : « Vos hommes se sont battus avec une grande bravoure. Nous avons dû, contre vous, utiliser la plus grande partie de notre division. » Mais il n'y a pas eu ici de nouveau Dunkerque, et la 7e Panzer capture 12 généraux, 26 000 soldats, près d'une centaine de canons, 58 chars légers, 368 mitrailleuses et un millier de véhicules divers. Un bien triste mercredi pour les Français.

Les Panzer, victorieux, baignent leurs chenilles dans la Manche, à Petites-Dalles. Les Français sont encerclés.

Rommel est fier de poser devant les prisonniers anglais et français.

Le champagne coule à flots chez les vainqueurs permanents de cette guerre.

Cherbourg, une nouvelle victoire pour Rommel

Cherbourg, 19 juin

La progression du général Rommel est toujours aussi foudroyante, et sa 7e Panzer a bien mérité le surnom de « division fantôme », donné par Adolf Hitler. Après avoir traversé la Normandie, Rommel a abordé le Cotentin et effectué, en un jour, un bond de 260 km. Brisant quelques résistances improvisées, la division arrive aux environs de Cherbourg, dont la capitulation est intervenue après trois journées de combats. Le général Rommel vient de capturer près de 30 000 soldats, dont le préfet maritime, l'amiral Le Bigot, et le commandant des forces navales du nord, l'amiral Abrial. Rommel peut écrire à sa femme : « La division a mené l'attaque sur Cherbourg d'une seule traite, sur une distance de 350 à 370 km, et s'est vite emparée de la puissante forteresse malgré une forte résistance. Il y a eu pour nous quelques mauvais moments à passer car l'ennemi a eu d'abord une nette supériorité en effectif. En outre, il avait vingt à trente-cinq forts en ordre de combat et de nombreuses batteries isolées. En pressant les choses, nous réussîmes à exécuter l'ordre d'Hitler : prendre Cherbourg le plus vite possible. »

Ses hommes ont planté le drapeau nazi au sommet du fort du Roule, qui domine la ville de Cherbourg et son arsenal.

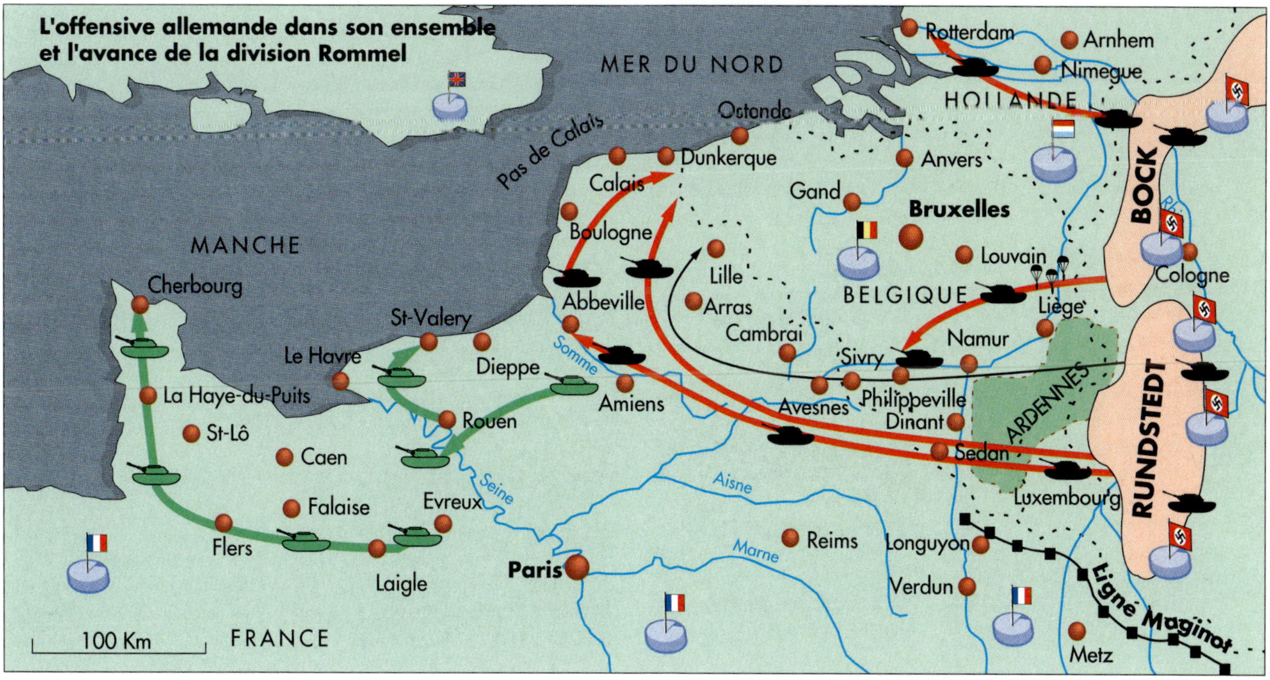

Écrasés de toutes parts, les Français capitulent

C'est fini : la joie de la victoire se lit sur le visage du général Rommel.

Le chancelier sautille de joie à l'annonce de la capitulation de la France.

Rethondes, 22 juin

Hitler exulte : cet après-midi dans la clairière de Rethondes, là même où l'armistice avait été conclu en 1918, le Reich a dicté ses conditions à la France vaincue. C'est Goebbels en personne qui a choisi l'endroit : le wagon à bord duquel le maréchal Ferdinand Foch avait présidé, il y a vingt-deux ans, à l'humiliation de l'Allemagne. A 17 h 50, l'armistice était signé par le général Huntziger pour la France et le général Keitel pour l'Allemagne. Les trois quarts du territoire seront occupés et les prisonniers (1 500 000) ne seront pas rendus, l'armée française sera réduite à 100 000 hommes, équipés d'armes légères, la marine ne sera pas livrée et l'empire colonial reste intact. Cet armistice doit entrer en vigueur le 25 juin à 1 h 35. Tous les combats doivent cesser sur le sol français. Le *Führer* va en profiter pour faire du tourisme dans Paris. Avec ses officiers, il a contemplé Paris depuis la belle esplanade du Sacré-Cœur. Puis il a visité la tour Eiffel avec Albert Speer et Arno Brecker. Il est même allé se recueillir devant le tombeau de Napoléon, dans la crypte des Invalides.

Pertes de la 7ᵉ Panzer	Victoires de la 7ᵉ Panzer
682 tués	97 648 prisonniers alliés
1 646 blessés	277 canons de campagne capturés
296 disparus	
42 chars détruits	64 canons antichars capturés
50 chars endommagés	
2 642 soldats hors de combat au total (tués, blessés, disparus)	458 blindés capturés
	4 000 camions capturés
102 chars détruits ou endommagés au total	1 500 voitures capturés

Pertes militaires de la campagne de France (mai-juin 1940)		
Pays	**Tués**	**Blessés**
France	92 000	250 000
Grande-Bretagne	3 500	14 000
Belgique	7 500	16 000
Hollande	2 900	7 000
Allemagne	45 000	110 000
Italie	631	5 398

La division de Rommel rejoint Bordeaux

Il défile sur la place des Quinconces

Bordeaux, 30 juin

C'est par un temps splendide que la 7e Panzer vient de défiler devant le général Rommel et le général Hoth, commandant du corps d'armée. Des blindés de reconnaissance, des chars et de l'artillerie lourde motorisée sont passés non loin de la célèbre statue des Girondins, à la place des Quinconces. Les Bordelais étaient bien peu nombreux à regarder un spectacle symbolisant la défaite de la France. Pour l'occasion, Rommel s'est coiffé d'un casque d'acier, alors qu'il préfère porter habituellement une coiffure plus légère, même lors des combats. Bordeaux doit devenir rapidement une base stratégique du Reich, du fait de l'importance de son port. Les troupes allemandes ont occupé toutes les casernes de la ville, dont ils sont les maîtres. Le maire, Adrien Marquet, ne s'oppose pas à une politique de collaboration. De nombreux officiers allemands, en poste à Bordeaux, sont aussi des négociants en vin dans le civil...

Les troupes allemandes de Rommel paradent victorieusement sur les quais de Bordeaux, musique en tête.

Les combats sont terminés, Erwin Rommel se languit en Gironde

Gironde, 30 décembre

La 7e Panzer de Rommel stationne dans la région bordelaise depuis la fin du mois de juin. Les tankistes et les fantassins manœuvrent au camp de Souge, au sud de Bordeaux. Un plan d'attaque prévoyait la conquête de Gibraltar. La 7e Panzer, assistée d'autres unités de la VIIe armée du général Dolmann, devait passer par Hendaye et emprunter le trajet Irun-Burgos-Séville-Jerez, soit près de 1 200 km. Rommel a visité la ville de Bordeaux, qu'il trouve fort belle.

Suite au refus du général Franco de laisser entrer les nazis en Espagne, l'assaut de Gibraltar a été annulé le 11 décembre. Enfin de retour chez lui le 24, Rommel a dû écourter sa permission et rejoindre son poste. Mais c'était une fausse alerte.

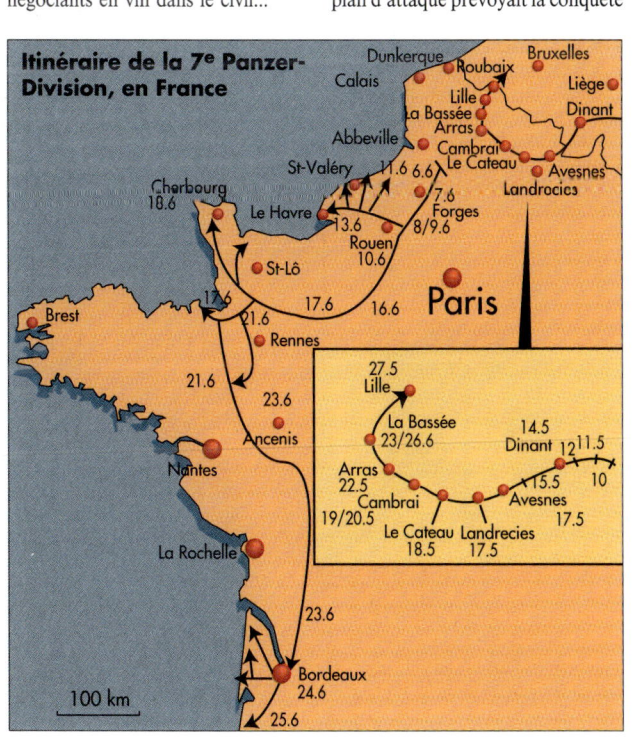

Graziani tente d'envahir l'Egypte

Egypte, 16 septembre

Mussolini combat au côté d'Hitler depuis le 10 juin. Suite à la mort d'Italo Balbo, le 26 juin, abattu par sa propre DCA près de Tobrouk, le maréchal Rodolfo Graziani a pris le commandement de toutes les forces armées italiennes en Libye. Pressé par le *Duce*, il a dû donner l'ordre, mercredi dernier, de lancer 80 000 hommes, appuyés par 120 chars, à l'assaut de l'Egypte, défendue par 36 000 soldats et 220 chars moyens et lourds. Aujourd'hui, après une progression de 120 km, les Italiens s'emparent de Solloum et de Sidi Barrani. Ils s'y fortifient et attendent des renforts, notamment en chars. L'armement blindé des Italiens est d'une qualité misérable. Le canon de 37 mm de leurs chars M11/39 est incapable de percer le blindage de 80 mm des blindés anglais Matilda, et les moyens antichars des Italiens sont nettement insuffisants.

Une contre-attaque anglaise décisive

Egypte, 31 décembre

L'armée britannique, renforcée par 56 chars Matilda, dont le blindage n'a rien à craindre des petits canons antichars italiens, a lancé l'attaque le lundi 9 contre les unités italiennes retranchées en Egypte. Le général Pietro Maletti est tué à Nibeiwa et, si les fantassins italiens renoncent vite à ce combat inégal, il n'en est pas de même des artilleurs, qui se font tuer sur place après avoir mis hors de combat près de la moitié des blindés britanniques engagés (137 sur 275). Le bilan n'en est pas moins lourd pour Graziani, qui a perdu 37 523 hommes en 15 jours. A Sidi Barrani, la 4e division italienne de Chemises noires a opposé une belle résistance, mais les chars anglais ont enfoncé les positions dépourvues de pièces antichars efficaces. A Buq Buq, les blindés britanniques ont écrasé les canons et leurs servants italiens, sacrifiés pour la gloire.

1941

49 ans   50 ans

Allemagne, 11 janvier
Le Reich, fortement éprouvé par l'hiver, souffre d'une pénurie de charbon.

Libye, 22 janvier
Après de violents combats, la garnison italienne de Tobrouk, encerclée par deux divisions britanniques, se rend avec 25 000 hommes.

Afrique du Nord, 23 février
En Cyrénaïque orientale, la garnison italienne de Giarabub, encerclée depuis décembre 1940, résiste héroïquement aux assauts des Britanniques.

Balkans, 6 avril
L'Axe envahit la Yougoslavie.

Grèce, 27 avril
La Wehrmacht entre à Athènes.

Atlantique Nord, 27 mai
Le cuirassé *Bismarck* est coulé par la Royal Navy à 400 milles à l'ouest de Brest.

Méditerranée, 1er juin
Les forces allemandes s'emparent de la Crète.

Front de l'Est, 22 juin
L'armée allemande attaque l'Union soviétique.

Crète, 25 novembre
Un sous-marin allemand coule le cuirassé britannique *Barham*.

Moscou, 2 décembre
Le froid cloue sur place l'armée allemande à 35 km de Moscou.

Berlin, 11 décembre
L'Allemagne déclare la guerre aux États-Unis.

Alexandrie, 18 décembre
Des hommes-torpilles italiens coulent les cuirassés *Queen Elizabeth* et *Valiant*.

Berlin, 19 décembre
Hitler limoge le maréchal von Brauchitsch.

Une lettre à Lucie

Gironde, 6 janvier
Toujours basé en région bordelaise, Rommel vient d'écrire à sa femme : « Nous attendons pour demain des visiteurs de marque qui viennent inspecter nos cantonnements. Nous sommes loin d'être confortablement installés. Les vignerons de la région passaient leur vie, voici mille ans, dans les mêmes misérables taudis qu'aujourd'hui : maisons construites en moellons de grès, avec des toits plats en tuiles rondes, exactement semblables à celles des Romains. Beaucoup de villages n'ont pas l'eau courante, et les habitants se servent encore de vieux puits. Les maisons sont très sommairement aménagées pour se protéger contre le froid : les fenêtres ferment mal et l'air siffle à travers les fentes. Par contre, la ville de Bordeaux offre une architecture d'une noble et grande beauté. »

Convoqué au QG du *Führer*

Berlin, 6 février
Deux jours après son arrivée chez lui, Rommel a reçu la visite d'un aide de camp du *Führer* qui lui a annoncé qu'il devait se présenter immédiatement devant le maréchal von Brauchitsch et Adolf Hitler. « Aujourd'hui, écrit Erwin Rommel, le maréchal von Brauchitsch me fit part de ma nouvelle mission. Pour remédier à la situation critique de nos alliés italiens en Afrique du Nord, deux divisions, une légère et une blindée, devaient partir pour la Libye où elles leur prêteraient main-forte. On me chargeait d'assumer le commandement des deux unités, et j'étais invité à me rendre en Libye dans les délais les plus brefs, afin de reconnaître les diverses possibilités d'utilisation de nos forces. L'arrivée des premiers contingents est prévue dans près d'une semaine, et celle des derniers de la 5e division légère pour la mi-avril. A la fin mai, les derniers éléments de la 15e Panzer seraient à pied d'œuvre. Il est aussi prévu que les divisions motorisées italiennes d'Afrique seront placées sous mes ordres. Dans l'après-midi, je me suis rendu auprès du *Führer*, qui a tenu à me décrire la situation militaire en Afrique. » Rommel souffre toujours de rhumatismes, et son médecin lui a recommandé une cure en Égypte...

Rommel rentre enfin auprès des siens

Après neuf mois d'absence, Rommel est heureux de retrouver sa famille.

Herrlingen, 4 février
Rommel, qui avait l'intention de rattraper sa permission écourtée en décembre dernier, peut enfin revoir sa famille. Les retrouvailles entre Erwin et Lucie furent émouvantes, et Manfred ne cesse de questionner son père au sujet de la campagne de France. Avec l'aide de son père, il suit sur une carte la progression de la 7e Panzer en mai-juin 1940. Les Rommel habitent une jolie maison, entourée d'un grand jardin. Erwin en profite pour bricoler un peu à l'intérieur. Il parle surtout avec sa femme et lui annonce que le conflit ne se terminera pas aussi vite que prévu, car l'Angleterre résiste.

Les Italiens sont chassés de Cyrénaïque

Libye, 7 février
Après trente jours de campagne, les Italiens, toujours aussi dépourvus d'armements antichars efficaces et de chars lourds, ont été chassés de Cyrénaïque par le général Wavell et ses unités blindées. Les combats ont été acharnés, comme à Tobrouk, tombé le mercredi 22 janvier. Pour éviter d'être encerclés, les Italiens ont livré, hier, d'âpres combats aux blindés britanniques le long de la route Benghazi-Beda Fomm. Tout au cours de leurs tentatives répétées, ils ont perdu plus de 80 chars légers et Wavell a fait 130 000 prisonniers.

Les contre-attaques italiennes n'ont pu enrayer l'avance britannique.

Le chef de l'Afrikakorps arrive en Libye

A son arrivée à Tripoli, Rommel est salué à la romaine par des Italiens.

En compagnie du général Gariboldi, Rommel passe en revue des Allemands.

Libye, 13 février

Le 12 février, l'avion qui amène le général Rommel a atterri à Tripoli vers midi. Le lieutenant-colonel Heggenreiner, officier de liaison, lui a rapidement exposé la composition des forces italiennes, et, une heure plus tard, Rommel s'est présenté devant le général Italo Gariboldi, le commandant en chef des troupes en Afrique du Nord. Ce dernier n'est pas favorable au projet allemand d'établir une position sur le golfe de Syrte. Dans l'après-midi, Rommel a survolé les diverses positions à bord d'un Heinkel III, en compagnie du colonel Schmundt. Il ordonne alors au 10e corps italien, formé par les divisions *Brescia* et *Pavia*, d'avancer dans le secteur très menacé de Syrte-Bouerat, la division blindée *Ariete* devant occuper une position plus à l'ouest de Bouerat. Par ailleurs, la 10e escadrille de bombardiers de la *Luftwaffe* reçoit l'ordre d'intervenir pour arrêter les Britanniques devant El-Agheila. Aujourd'hui, Rommel inspecte les Italiens basés à Syrte.

La ruse du guerrier

Libye, 17 février

Le 14 février, les premiers échelons de l'Afrikakorps ont débarqué dans le port de Tripoli, soit un bataillon de reconnaissance et un bataillon antichar. Ce sont les avant-gardes du corps expéditionnaire allemand, qui comprend la 15e division blindée et la 5e division légère motorisée. Le 16, des patrouilles allemandes et une colonne motorisée italienne sont parties à la rencontre de l'ennemi. Afin de tromper les Anglais sur ses forces réelles, Rommel a camouflé en chars des Volkswagen, la célèbre automobile populaire allemande, dans des ateliers situés à 5 km au sud de Tripoli. Les avions anglais de reconnaissance sont ainsi revenus avec de fausses informations sur la composition des unités allemandes. Le commandement britannique est alors persuadé d'avoir face à lui de très importantes forces ennemies, et il redoute de devoir affronter les chars allemands, dont les puissants Panzer IV, armés d'un redoutable canon de 75 mm, capable de percer les blindages britanniques, même celui du Matilda de 28 tonnes.

La première opération de Rommel dans le désert est un succès

Libye, 24 février

La 3e section de reconnaissance et la 39e section de chasseurs de chars de la 5e division légère motorisée du Reich, renforcées par la colonne du commandant italien Santa Maria, viennent d'affronter les troupes de l'Empire britannique dans le secteur d'El-Agheila, lors d'une embuscade. Sans subir de pertes, les unités de l'Axe ont détruit quatre blindés et fait prisonniers trois Anglais dont un officier. Le combat a été d'une rare violence. Les Allemands ont fait preuve d'une grande audace en osant affronter des Anglais qui ont une grande expérience de la guerre dans le désert. Les Italiens ont servi d'appât pour attirer dans un piège la colonne adverse. Les Allemands ont alors ouvert un feu très précis et dévastateur. Erwin Rommel compte bien renouveler les prochains jours une tactique aussi payante.

Rommel et ses officiers examinent leurs prises de guerre : des véhicules et des bidons britanniques ont été capturés.

« C'était donc cela le fameux ghibli ! »

Les vents de sable mettent à dure épreuve véhicules et chauffeurs.

Syrte, 13 mars
Alors que le général Rommel devait se rendre à Syrte, son véhicule a été pris dans une violente tempête de sable : « De gros nuages rougeâtres limitaient la visibilité, et la voiture se traînait le long de la piste. Parfois, une bourrasque était forte au point de nous obliger à arrêter. Le sable coulait le long des vitres comme de la pluie. A travers nos mouchoirs, que nous appliquions sur la bouche et sur le nez, nous avions du mal à respirer, et nous transpirions de tout le corps, sous la chaleur accablante. C'était donc cela le fameux ghibli ! » L'apprentissage du désert s'acquiert ainsi, progressivement, après toutes ces expériences qui mettent à dure épreuve la santé de cet homme, âgé aujourd'hui de 49 ans.

Son avion Storch est la cible... d'Italiens !

El-Mechili, 8 avril
« Je rejoignis, raconte Rommel, le front à l'est de Mechili, pour suivre le déroulement de l'attaque. A près de cinquante mètres d'altitude, nous survolions alors un fier régiment de *bersaglieri* qui avait été adjoint, la veille, à la colonne motorisée Fabris. Les soldats italiens n'avaient sans doute jamais vu de Fieseler Storch, car notre apparition très inopinée au-dessus de leurs têtes jeta à coup sûr le trouble dans les rangs ; de tous les côtés, ils se mirent à tirer sur nous. C'est véritablement un miracle que l'avion n'ait pas été descendu, à une distance de cinquante mètres. Nous fîmes demi-tour, tentant d'atteindre une élévation du terrain pour nous mettre à l'abri du feu de nos alliés. N'ayant aucune envie d'être victime de mes alliés italiens, j'ai demandé au pilote de grimper rapidement à mille mètres d'altitude. »

En bon tacticien, il survole les positions. Ici, à bord d'un Stuka Ju-87.

Une tactique qui gagne à tous les coups

Au cours de leur repli, les Britanniques abandonnent quantité de munitions.

Cyrénaïque, 4 avril
Par leur action rapide, les solides troupes germano-italiennes étaient à El-Agheila le 24 mars. Une grande attaque, lancée dès le 31 mars, sur Mersa el-Brega, a vite contraint les Britanniques à se retirer en laissant sur le terrain près d'une centaine de blindés détruits contre seulement trois du côté des forces de l'Axe. Partant d'Agedabia, très vite repris le 2 avril, Rommel vient de lancer une offensive dans trois directions : au nord, vers Benghazi ; au nord-ouest, vers Msous ; puis bien à l'est, menaçant rapidement les arrières des Britanniques, vers Tengeber. Le chef de l'Afrikakorps dispose de la 5e division motorisée allemande et aussi des divisions *Ariete*, *Brescia* et *Trento*. Pour défendre la Libye, le général britannique Neame n'aligne que deux brigades et deux divisions. C'est bien peu en comptant l'usure du matériel. Aussi Neame a-t-il reçu l'ordre de se replier en cas d'attaque massive de l'ennemi, car il ne peut espérer de renfort pour le moment. Rommel rencontre donc une faible résistance, et ses troupes entrent à Benghazi. Menacés d'encerclement, les Britanniques se replient alors à l'est. Italiens et Allemands semblent manœuvrer avec une grande facilité dans le désert, sans se soucier des difficultés. Ce matin, Rommel s'est envolé à bord d'un petit appareil de reconnaissance Storch, recherchant les positions ennemies. Une erreur d'estimation l'a amené au milieu des Anglais. « Alors, écrit Rommel, je reconnus leurs casques. Nous fîmes demi-tour alors que des mitrailleuses ouvraient le feu, mais, à part une balle qui a troué l'empennage, nous avons réussi à sortir indemnes d'une extraordinaire aventure. » Une fois de plus, Rommel l'échappe belle.

Le « renard du désert » assiège Tobrouk

Les divisions italiennes « Brescia » et « Ariete » sont les premières à attaquer.

Les Allemands se protègent dans des trous creusés dans le sable rocailleux.

Les assauts italiens sont repoussés

Tobrouk, 17 avril
La place forte de Tobrouk, où les soldats britanniques se sont réfugiés, se trouve isolée. Les unités de l'Axe, qui arrivent par vagues successives, en font le siège. Chaque mètre du périmètre défensif de la place est à portée de son artillerie. Il y a une semaine, le 11 avril, Rommel a lancé des assauts qui ont été repoussés. Les deux brigades britanniques et la division australienne opposent une farouche résistance. Le 15, il tente un assaut avec la nouvelle division *Ariete*. Mais l'artillerie britannique stoppe assez vite l'attaque italienne. « Le jeudi 17, raconte Rommel, je décidais de renouveler la tentative. L'*Ariete*, dont la grande majorité des hommes n'avaient encore jamais participé à une action directe contre l'ennemi, n'avait plus que dix chars disponibles sur les cent dont elle disposait au début de la campagne ; les autres étaient immobilisés par diverses pannes mécaniques. J'étais alors horrifié de constater avec quel équipement Mussolini envoyait ses troupes au combat ! »

Tentative d'un débarquement britannique

Bardia, 19 avril
Un fort contingent de commandos britanniques a essayé de débarquer à Bardia pour porter secours aux assiégés de Tobrouk. Il s'est heurté à une farouche résistance et a été repoussé. Le même jour, Rommel échappe de peu à la mort. Mitraillé par un avion anglais, alors qu'il se déplaçait à bord de son véhicule, il n'a pu trouver refuge que dans la tourelle d'un char à l'arrêt.

Rommel observe les positions britanniques, qui restent imprenables.

Attaques et contre-attaques se suivent

Tobrouk, 30 avril
Le 20 avril, il a finalement reçu les cartes, tant attendues, du périmètre fortifié de Tobrouk et tente alors de nouveaux assauts aux endroits qui sont supposés être moins défendus. Mais, une fois de plus, les héroïques Australiens font échouer toutes ses tentatives. Dès le 25, les Allemands attaquent le col d'Halfaya, qui ouvre vers l'est la route de l'Egypte, et réussissent à repousser les Anglais sur la ligne Buq Buq-Sofati. Le 27, les Britanniques tentent de briser l'encerclement de Tobrouk et sont repoussés avec de lourdes pertes. Rommel, persuadé que les assiégés ne sont plus en mesure de bien se défendre, a lancé une offensive de grand style. L'attaque a débuté dans le secteur occidental des lignes de défense par des bombardements en masse de l'aviation et de l'artillerie. Elle s'est poursuivie par les chars et l'infanterie. A la fin de la journée, les assaillants sont enfin parvenus à pénétrer dans les défenses anglaises et à y réaliser une petite poche de trois kilomètres de profondeur.

Les Britanniques tentent de dégager Tobrouk

« Brevity » est la première opération

Halfaya, 27 mai

Afin de soulager les défenseurs de Tobrouk, le général Wavell a décidé de reconquérir le col d'Halfaya. Il estime que cette contre-offensive, surnommée *Brevity*, est absolument indispensable si l'on veut ensuite monter une opération pour mettre fin au siège de la place forte. Il a désigné le général de brigade Gott pour commander les deux brigades engagées. Les Britanniques se sont fixé trois objectifs : Halfaya, Sollum et le petit fort de Capuzzo. Le col d'Halfaya est repris rapidement et, après un sérieux engagement, le fort de Capuzzo tombe à son tour. Le général Rommel, convaincu qu'il s'agit d'une attaque de très grande envergure, déclenche à son tour une contre-attaque, où il engage très vite trois régiments blindés d'élite et un régiment d'infanterie. La bataille est terrible. On assiste alors à un duel de chars, où les Panzer III et IV se révèlent supérieurs aux Matilda. Les chars de Rommel sont plus rapides et mieux armés. Le canon de 40 mm des chars anglais ne peut rivaliser avec les pièces du Reich de 50 mm et 75 mm. Les canons allemands de 88 mm font également un véritable carnage des tanks adverses. La plus grande mobilité des unités de l'Axe va être déterminante. Les Alliés ne peuvent tenir et se replient. Le fort de Capuzzo retombe aux mains des Allemands, et le col d'Halfaya est abandonné peu après. « L'ennemi, rapporte Rommel, se replia vite en désordre vers l'est, laissant sur le terrain d'importantes quantités de matériel de toutes sortes. Nos pertes ont été négligeables. A notre tour, nous avons fortifié nos positions sur la ligne Sollum-Halfaya-Bardia. Les travaux de retranchement ont été menés tambour battant ; des points d'appui furent établis le long de la frontière égyptienne. De plus, dans l'installation de plusieurs positions, les batteries antichars de 88 furent très habilement disposées, presque invisibles. J'attendais beaucoup de cette disposition. Cependant, notre ravitaillement posait un problème crucial, la route de Via Balbia étant coupée par la ville de Tobrouk. »

Les avions de la Luftwaffe bombardent jour et nuit la forteresse de Tobrouk.

Les chars anglais tentent vainement de briser l'encerclement de Tobrouk.

« Battleaxe » est également un échec

Cyrénaïque, 18 juin

L'opération *Battleaxe* du général Wavell, qui veut toujours diminuer la pression de l'Axe sur Tobrouk, et si possible, libérer la place, a débuté le 15 juin. En effet, si la situation tactique reste inchangée, la situation logistique empire. C'est surtout sur cela que compte le général Rommel, et il le dit dans une lettre : « Il fait ici une chaleur torride. L'eau se fait rare. Les Anglais n'en perçoivent qu'un demi-litre au total par jour. Avec l'aide de nos avions, j'espère encore réduire leurs rations par des bombardements massifs. » Le plan anglais a prévu une attaque frontale sur le col d'Halfaya, à l'ouest du fort de Capuzzo et de Sollum. Pour cela, deux brigades blindées et une solide division d'infanterie sont engagées. Avant le soir, les Britanniques ont conquis le fort Capuzzo et la crête Hafid, appelée cote 206. Mais au col d'Halfaya, les Anglais sont encore repoussés par l'artillerie du Reich, dont les canons de 88 mm sont en mesure de faire exploser les chars Matilda. Le lundi 16, la 5e division motorisée allemande, expédiée en renfort, détruit la quasi-totalité des tanks de la 7e brigade blindée de Sa Majesté. Le 17, les chars de la 15e Panzer déclenchent une attaque. La manœuvre réussit, et les Anglaises se replient pour éviter d'être pris dans un étau. Le bilan de l'opération est négatif pour le général Wavell. Une centaine de ses chars sont détruits, contre douze pour l'Afrikakorps. « Le vrai centre de gravité de cette bataille acharnée, raconte Rommel, a été la passe d'Halfaya, défendue avec une grande opiniâtreté par les artilleurs du commandant Bach. Si nos canons de 88 mm firent encore une fois de plus des merveilles, le commandant Pardi, à la tête d'une compagnie d'artilleurs italiens, s'est tout aussi brillamment comporté. La preuve était faite que le soldat italien est capable de bien se battre quand il est conduit par un chef digne de ce nom et qu'il est bien équipé. Le sort de la bataille a donc tenu à la solide résistance des détachements, tant allemands qu'italiens, dans la passe d'Halfaya. »

Sous la chaleur caniculaire, il écrit à Lucie

Cyrénaïque, 30 août

« Chaleur vraiment atroce, même pendant la nuit. Au lit, je me suis tourné et retourné, ruisselant de sueur. Les nouvelles des victoires remportées en Russie ont fait plaisir à entendre. Ici, tout est calme pour le moment. Je passe ordinairement une bonne partie de mon temps à circuler. Avant-hier, je suis resté sur les routes pendant huit heures. Vous vous imaginez sans peine la soif qui m'étreint après une telle randonnée. J'ai été heureux d'apprendre que Manfred se distingue maintenant en mathématiques. C'est uniquement une affaire de méthode. Je suis aussi très satisfait de ses autres succès à l'école. La chaleur reste toujours aussi effroyable. J'ai pu tuer quatre punaises. Mon lit repose désormais sur des boîtes remplies d'eau, et je pense qu'à partir de maintenant les nuits seront un peu plus reposantes. D'autres soldats ont des ennuis avec les puces. Elles m'ont laissé assez tranquille jusqu'à présent. Je suis allé chasser avec deux très brillants officiers, le major Mellenthin et le lieutenant Schmidt. Ce fut vraiment passionnant. J'ai tiré une gazelle à la course, de la voiture. Nous avons mangé le foie au dîner. L'eau de mer est trop chaude pour rafraîchir. »

« Je passe ordinairement une bonne partie de mon temps à circuler. »

Manfred n'est pas oublié dans le courrier

Cyrénaïque, 28 octobre

« Je suis heureux d'apprendre tes progrès à l'école. Nous avons eu une tempête de sable hier. A un certain moment, les nuages de poussière étaient si épais qu'on n'y voyait pas à plus de deux ou trois mètres. Cela semble s'être amélioré aujourd'hui. C'est dans quelques jours seulement que je partirai en avion pour aller à Rome. Je suis heureux d'y revoir ta mère et je ne regrette qu'une chose, c'est que toi, jeune homme, tu ne puisses être avec nous. Je suis de toute façon certain d'avoir quelques jours de permission cet hiver et nous ferons de bonnes tournées de chasse ensemble. Il n'y a pas grand-chose à tirer à l'endroit où je me trouve en ce moment. Certains officiers ont tué des guépards, qui gîtent souvent dans les oueds rocheux. On tombe de temps en temps sur un renard, un chacal, voire une gazelle. Les buissons d'épines à chameaux sont maintenant vert pâle et de petites fleurs ont poussé. La nuit dernière, les Anglais nous ont bombardés de la mer. Nos avions ont coulé un ou deux de leurs gros croiseurs, et nous avons la paix depuis. Nos soldats se comportent toujours avec bravoure, qu'ils soient italiens ou allemands. Les soldats australiens sont de loin nos adversaires les plus redoutables. Ce sont de grands et solides gaillards qui sont habitués à se battre dans des conditions difficiles. Nos chars sont plus rapides et nettement mieux armés que les leurs. »

Un commando pour tenter de l'éliminer

Rommel n'a jamais de point fixe... ce que ses ennemis ignoraient.

Beda Littoria, 18 novembre

Un commando britannique, placé sous les ordres du lieutenant-colonel Geoffrey Keyes, a été débarqué la nuit dernière au large de la côte de la Cyrénaïque, à l'arrière des lignes ennemies. La mer, très houleuse, n'a pas facilité l'arrivée sur la plage, heureusement déserte. Leur objectif est de surprendre Rommel dans sa villa, située à quelques kilomètres. Il faut capturer le « renard du désert » ou, si nécessaire, l'abattre sur place. Alors qu'il arrive aux abords de la villa, Keyes se fait repérer par une sentinelle, qu'il neutralise, mais elle a eu le temps de tirer. Tout l'effet de surprise disparaît. Le commando fait maintenant face à une dizaine d'Allemands. Keyes est abattu en lançant une grenade. Les très rares survivants sont faits prisonniers, et seulement deux hommes réussiront à rejoindre les lignes anglaises. Là, ils apprennent que Rommel était en visite officielle à Rome au moment du raid. Le chef de l'Afrikakorps se rend compte à quel point l'ennemi tente de l'éliminer.

Geoffrey Keyes, chef du commando.

Dans le désert, Erwin Rommel se déplace souvent à bord d'une PKW à « toit ouvrant », sa voiture de commandement d'une grande robustesse.

Le redoutable face-à-face Cunningham-Rommel

Résistance italienne héroïque à Bir-el-Gobi

Bir-el-Gobi, 20 novembre
Sous la nouvelle conduite du général Cunningham, l'armée britannique, forte de 735 chars, lance une vaste offensive pour libérer les assiégés de Tobrouk. Les forces de l'Axe n'ont que 390 chars à opposer. La totalité des effectifs britanniques représente 6 divisions et 5 brigades, alors que l'Axe aligne 2 divisions allemandes et 7 divisions italiennes. Le premier choc de cette opération, surnommée *Crusader*, s'est produit tout près de Bir-el-Gobi. La 22e brigade blindée anglaise (150 chars) s'est portée vers la division blindée italienne *Ariete* (146 chars). La bataille a fait rage pendant la journée d'hier. Tous les assauts anglais se sont brisés devant l'énergique résistance des soldats du *Duce*. Les canons antichars et les blindés italiens, très bien camouflés, ont tiré au dernier moment, ce qui a provoqué une véritable hécatombe parmi les Anglais. Malgré la plus grande mobilité des chars Crusader britanniques, les M13/40 italiens se sont alors révélés, entre les mains d'excellents tankistes, des blindés assez efficaces. Mais ce sont surtout les canons antichars italiens qui ont fait la différence. L'*Ariete* a détruit ainsi 75 chars anglais pour la perte de 34 chars de son côté. Ce succès italien sauve Rommel d'un danger d'encerclement par le sud.

Les canons antichars italiens font un véritable carnage des chars ennemis.

Les chars lourds Matilda forment le fer de lance de l'offensive alliée.

Rommel est heureux de complimenter les officiers italiens victorieux.

autour de la forteresse dévastée de Tobrouk

Les Panzer IIIe, plus mobiles que les chars anglais, montrent leur supériorité.

Les puissants canons allemands de 88 mm repoussent toutes les attaques.

Cyrénaïque, novembre-décembre
Tandis qu'à l'aile gauche les Italiens remportaient un beau succès, à l'aile droite, des chars de la 21e Panzer se ruaient sur les blindés britanniques. Le 21 novembre, dans le secteur de Sidi Rezegh, les chars allemands ont détruit 113 chars britanniques. Le 28, les assiégés de Tobrouk ont tenté une sortie et sont parvenus à faire leur jonction avec la 8e armée du général Cunningham. Mais le chef de l'Afrikakorps parvenait, le 28, à réassiéger Tobrouk dans les mêmes conditions qu'avant le 28 novembre. Les positions de Bir-el-Gobi ont été alors de nouveau attaquées par la 11e brigade mécanisée indienne. Le régiment italien *Giovanni Fascisti*, tenant le secteur, a repoussé durant cinq jours les assauts. Si ce régiment d'élite compte 216 hommes hors de combat, la brigade indienne a perdu 1 076 hommes et 80 blindés divers. Mais le général Ritchie, successeur de Cunningham, dispose encore de très nombreuses réserves, alors que Rommel ne peut compter que sur ses propres forces déjà en ligne. La supériorité en chars et en avions des Britanniques est écrasante. Rommel envisage alors une retraite tactique, avant d'être en mesure de reprendre l'offensive. Le 9 décembre, il a une réunion avec son homologue italien, le général Ettore Bastico. Les deux hommes ont une explication assez vive : Bastico ne veut pas entendre parler de retraite. Mais, à la fin de l'entretien, l'Italien a cédé.

L'hôpital était aux mains des Anglais

Cyrénaïque, 25 novembre
Le général Rommel a voulu visiter un hôpital de campagne, rempli de blessés des deux camps adverses. Alors qu'il circule entre les lits, le chef de l'Afrikakorps remarque que cet hôpital est, en réalité, aux mains des Anglais et qu'il est gardé par des Britanniques ! Les blessés allemands, totalement surpris, poussent des cris de joie en le voyant et tentent de se dresser sur leur lit. Se rendant enfin compte de son erreur, Rommel se dirige vers son véhicule pour quitter le camp le plus vite possible. Mais il poussse l'audace jusqu'à demander à un infirmier britannique, dans un excellent anglais, s'il ne manque pas de médicaments. Dans cet hôpital de campagne, peu importe si l'on est vainqueur ou prisonnier. Des chars et des soldats britanniques passent près de lui sans le remarquer. La présence du général allemand est passée inaperçue !

L'aviation a un rôle essentiel dans la bataille : ici, un Messerschmidt 109 et un Stuka partent en mission sur Tobrouk.

1941

Retraite tactique du « renard du désert »

Empruntant les pistes du désert, les Allemands se replient vers El-Agheila.

Pas de faste pour l'état-major, il s'installe n'importe où dans le désert.

Cyrénaïque, 26 décembre

Ses contre-attaques ayant échoué, Rommel fait évacuer le secteur de Tobrouk, le 16. Lors des combats des semaines précédentes, les forces de l'Axe ont subi de lourdes pertes en hommes et en matériels divers et ont perdu une grande partie de leurs chars. Le 25, les troupes anglaises de la 8e armée entrent à Benghazi. Le bilan de l'opération *Crusader* a coûté 800 chars aux Britanniques alors que les Allemands ont perdu 220 chars et les Italiens 120. A cela, il faut ajouter 38 300 hommes hors de combat pour l'Axe contre près de 18 000 pour les Britanniques. Le chef de l'Afrikakorps, qui attend les renforts promis, a décidé de faire retraite vers Agedabia, plus proche de ses bases de ravitaillement. Alors persuadé d'avoir marqué un coup décisif à Sidi Rezegh, Rommel avait lancé une nouvelle attaque afin de précipiter l'effondrement définitif des forces britanniques. Mais il s'est heurté à un barrage antichar. Cette retraite est donc devenue légitime.

Le jeudi 25, jour de Noël, il écrit : « J'ai ouvert mes colis de Noël hier soir et j'ai été enchanté d'y trouver beaucoup de lettres de ma femme et aussi de Manfred, avec des cadeaux. J'en ai distribué quelques-uns à ceux qui n'avaient rien, dont la bouteille de champagne qui a été bue dans la voiture du 2e bureau, partagée avec les chefs de celui-ci et ceux des 1er et 3e bureaux. Cette nuit s'est passée calmement. Certaines unités italiennes nous donnent du souci. Elles montrent des signes alarmants de désintégration, et les troupes du Reich doivent se porter à leur aide un peu partout. Les Anglais ont été amèrement déçus à Benghazi de ne pas pouvoir nous couper la route et de n'y trouver ni essence ni vivres. Cruewell est devenu général à titre définitif. Il le mérite bien. Je monte en ligne tous les jours, regroupant et organisant nos forces. J'espère que nous allons réussir maintenant à faire front. La retraite sur la ligne Agedabia s'est achevée le 25, à la barbe d'un ennemi bien trop lent. »

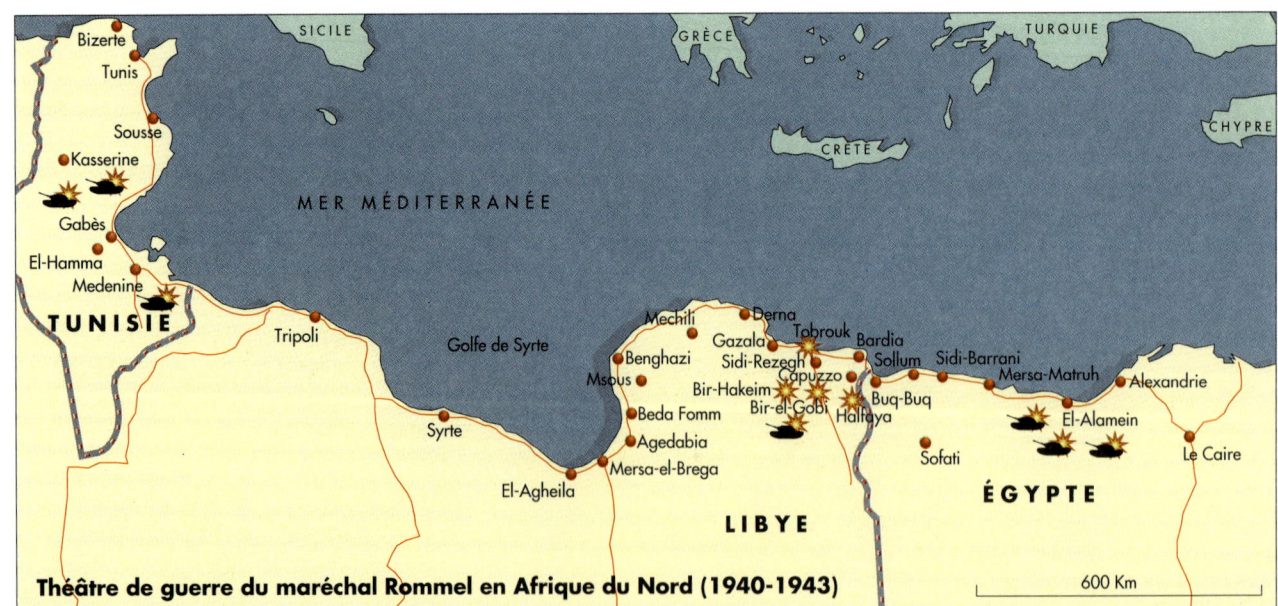

Théâtre de guerre du maréchal Rommel en Afrique du Nord (1940-1943)

Un premier de l'an loin des siens

Libye, 31 décembre

Alors que la retraite de l'Axe est un incontestable succès tactique, les pensées d'Erwin Rommel vont à sa femme Lucie et à son fils Manfred en cette fin d'année : « Très chère Lu, écrit-il, hier violents combats, qui ont bien tourné pour nous. Leur nouvelle tactique pour nous acculer à la mer et nous encercler a échoué. Je suis de retour au QG de l'armée. Kesserling et Gambara doivent vite venir aujourd'hui. Ils n'ont aucune idée des difficultés que rencontrent nos troupes en Afrique du Nord. Ils ne s'occupent que de leurs petites affaires ou de leurs plaisirs. Il pleut et les nuits sont terriblement froides et venteuses. Je demeure en parfaite santé, dormant autant que je peux. Vous comprenez assurément que je ne peux partir d'ici en ce moment. Aujourd'hui, dernier jour de cette année de guerre, mes pensées sont plus que jamais avec vous deux, qui êtes pour moi tout le bonheur sur la terre. Mes très vaillantes troupes, allemandes et italiennes, viennent d'accomplir des efforts surhumains. Au cours des trois derniers jours, où nous avons attaqué, notre ennemi a perdu 136 blindés. Les difficultés malgré lesquelles ce beau succès a été remporté défient le besoin de toute description. C'est une belle conclusion pour l'année 1941 et cela donne l'espoir pour 1942. Un jeune coq et une poule se sont gentiment adaptés à cette existence difficile et circulent librement autour de notre voiture. Le 27, la 22ᵉ brigade blindée britannique, reconstituée à son plein effectif, avança vite par Hel Haseiat, tandis que d'autres éléments avaient lancé une attaque frontale contre nos positions d'Agedabia. Ce fut le commencement de cette fameuse et terrible bataille de trois jours entre chars, où l'ennemi fut enveloppé, contraint ainsi à devoir combattre à fronts renversés. Il fut cerné et, si une trentaine de ses blindés purent s'échapper vers l'est, notre manque momentané de carburant empêcha de rendre notre succès plus complet. Les éléments du groupe de soutien de la brigade de la Garde, lancés dans l'attaque frontale, se replièrent aussi vers le nord-est suite à cette défaite. Tout danger immédiat pour notre position d'Agedabia se trouve alors écarté. Mes meilleurs vœux. »

1942

50 ans 51 ans

Libye, 2 janvier
La garnison italo-allemande de Bardia, assiégée depuis la mi-décembre, capitule.

Moscou, 10 janvier
Une contre-offensive soviétique bouscule les Allemands.

Libye, 11 janvier
Les troupes britanniques s'emparent de Sollum.

Berlin, 17 janvier
Suite aux revers allemands sur le front russe, Adolf Hitler limoge 35 généraux.

Europe, 2 avril
La « solution finale », visant à l'anéantissement du peuple juif, est mise en œuvre par les nazis.

Cologne, 31 mai
Mille bombardiers alliés détruisent la ville.

Ukraine, 28 juin
L'offensive allemande vise Stalingrad et le pétrole du Caucase.

France, 19 août
Echec d'un débarquement allié à Dieppe.

Union soviétique, 31 octobre
L'armée allemande est bloquée dans le Caucase.

Afrique du Nord, 8 novembre
Les Alliés débarquent au Maroc et en Algérie.

France, 11 novembre
Les troupes germano-italiennes envahissent la zone « libre ».

Etats-Unis, 25 novembre
Création d'un centre d'essais nucléaires à Los Alamos.

Stalingrad, 26 novembre
Les Allemands sont encerclés.

Allemagne, 15 décembre
Adolf Hitler fait prélever 300 000 hommes dans les usines pour la Wehrmacht.

Benghazi et Derna sont tombées

Malgré les tempêtes de sable, l'avancée des unités de l'Axe est foudroyante. Elles sont plus rapides que celles des Alliés.

Cyrénaïque, 4 février
Le 21 janvier, le général Rommel, renforcé en hommes et en chars, a déclenché une vaste offensive qui a pris au dépourvu les Britanniques. Agedabia tombe le lendemain entre les mains des forces de l'Axe. Peu après, le 25, les troupes italiennes et allemandes s'emparent de Msous et se dirigent vers Benghazi. Le 27, tandis que le 13ᵉ corps britannique s'apprête à contre-attaquer dans la région de Msous, les forces de l'Axe reprennent l'offensive et s'emparent de Benghazi, le 29 janvier, au petit jour. Le général italien Cavallero se présente au QG de Rommel et lui reproche d'avoir agi seul. Mais le chef de l'Afrikakorps se moque des recommandations de Cavallero. « Je me suis dressé contre la conception défensive de mon homologue italien et j'ai déclaré que je comptais, au contraire, rester toujours bien aux trousses de l'ennemi, alors en pleine débâcle, aussi longtemps que l'état de mes troupes me le permettrait, car l'armée blindée s'est ébranlée et ses premiers coups ont porté. Ugo Cavallero m'a supplié de m'arrêter. Je lui ai dit que personne, sauf le chef du IIIᵉ Reich, ne pouvait me faire modifier ma décision. » Les Britanniques ont déjà perdu plus de 300 blindés, et les forces de l'Axe s'emparent de Derna.

Les troupes britanniques subissent de très lourdes pertes lors de la contre-attaque germano-italienne en Cyrénaïque.

Rommel parle de la guerre du désert

Libye, 23 février

« Rapidité de jugement, capacité de créer des situations nouvelles et des surprises, plus vite que l'ennemi ne peut réagir, absence de dispositions arrêtées à l'avance, telles sont les bases de la tactique dans le désert. Le mérite et la valeur du soldat s'y mesurent par sa résistance physique et son intelligence, sa mobilité et son sang-froid, sa ténacité, son audace, son stoïcisme. Chez un officier, il faut les mêmes qualités à un degré supérieur, et il doit aussi posséder une inflexibilité exceptionnelle, ainsi que communier avec ses hommes, juger instinctivement du terrain et de l'ennemi, réagir et penser avec rapidité. Au niveau du matériel, on redouta pendant assez longtemps le char Matilda britannique, parce que son épais blindage le rendait fort difficile à détruire. Mais il était lent et possédait un canon court d'un calibre insuffisant. Nos Panzer III et IV demeurent supérieurs à tous les modèles ennemis par la portée et le calibre des pièces et, jusqu'en un certain point, par la mobilité. Les chars italiens M13/40 se sont révélés capables d'affronter les chars légers britanniques, comme le Crusader, mais ont été vite dépassés contre les chars plus lourds. Le chasseur de char italien M40, avec son canon de 75 mm, est une bonne risposte. Une arme à longue portée est décisive. Dans ce domaine, nos 88 mm, bien utilisés en antichars, ont contribué dans une large mesure à nos succès. L'infanterie de ligne n'a pas joué de rôle décisif, sauf lors de la guerre de siège devant la solide place forte de Tobrouk. Les soldats britanniques, dont surtout les Australiens, se sont très bien battus dans le désert mais n'atteignent pas tout à fait, lors de l'attaque, les qualités des soldats du Reich. Les Néo-Zélandais, ainsi que les Sud-Africains, se sont révélés de redoutables guerriers. Les soldats italiens, si injustement critiqués, se sont battus avec un courage et un esprit de sacrifice extraordinaires. Cela est d'autant plus digne d'être remarqué que leur armement lourd est insuffisant. Le ravitaillement est un facteur décisif dans la victoire, de même que la maîtrise du ciel par nos chasseurs et nos bombardiers. »

Pour Rommel, un bon ravitaillement est l'une des clés de la victoire. Les problèmes de logistique sont sa spécialité.

L'arme blindée est la force principale lors des combats menés dans le désert.

Contrairement aux chefs alliés, Rommel est toujours en première ligne.

A Bir-Hakeim, les Français libres

Dès le début de la bataille, les canons de 75 de la brigade FFL déciment les chars de l'Axe, dont la division Ariete.

Un éclat d'obus le manque de peu

Cyrénaïque, 10 avril

Erwin Rommel vient, une nouvelle fois, d'échapper de peu à la mort. « Un éclat d'obus, écrit-il, est entré par la fenêtre de mon QG, et il est venu achever sa course contre mon ventre, après avoir traversé mon manteau. Heureusement, il ne m'a laissé qu'une contusion multicolore, de la grandeur d'une assiette. C'est mon pantalon qui a arrêté sa course. Une chance de diable ! » Remis assez vite de cette forte émotion, le chef de l'Afrikakorps prépare activement la suite des opérations militaires qui doivent chasser les Britanniques de Libye. Il envisage ensuite de foncer jusqu'au Caire et d'assurer au Reich le contrôle de l'Egypte.

La situation à Malte est dramatique

Malte, 21 mai

L'aviation de l'Axe bombarde jour et nuit l'île de Malte. La situation est désormais sans issue pour ceux qui sont chargés de la défendre. Les chasseurs anglais envoyés en renfort ont été détruits au sol. Les Italiens et les Allemands peuvent débarquer d'un instant à l'autre. Il existe un plan pour la conquête de l'île, le plan « Ercole ». Mais Adolf Hitler vient de décider que l'invasion de Malte sera finalement retardée jusqu'à la fin de la conquête de l'Egypte.

La guerre sans haine de Rommel

Cyrénaïque, 31 mai

Le général Erwin Rommel vient de rendre visite à des prisonniers de la 3e brigade motorisée indienne, qui a subi de très lourdes pertes lors d'un combat contre la division *Ariete* et la 21e Panzer. Se rendant compte qu'ils meurent de soif, Rommel a décidé que les prisonniers recevront la même ration d'eau que les unités de l'Axe. Malgré l'ordre formel du chef du IIIe Reich, Erwin Rommel s'oppose à ce que les Français libres soient fusillés. Il est en accord avec Mussolini, qui a exigé de ses troupes que les prisonniers français soient bien traités.

L'Afrikakorps est bien plus mobile

Cyrénaïque, 26 mai

Erwin Rommel a repris toutes les opérations interrompues le 7 février, quand il avait pris position près de Gazala, la ligne Derna - Bir-Hakeim. A l'aile droite de son dispositif, il a placé trois solides divisions du Reich (15e et 21e divisions blindées et la 90e division motorisée) et les deux divisions italiennes *Ariete* et *Trieste* ; à l'aile gauche, dans le secteur de Gazala, se trouve son ami le général Cruewell, avec les 10e et 21e corps italiens, divisions *Sabratha*, *Trento*, *Brescia* et *Pavia*, sans oublier la 15e brigade allemande d'infanterie. Du côté adverse, convaincu que l'Axe attaquera sur Tobrouk, le général Ritchie, qui commande toute la 8e armée britannique, a déployé le gros de ses forces en face de Cruewell, à savoir quatre divisions et toute une brigade sur son aile droite, et au sud, le secteur directement menacé par le général Rommel, deux divisions et trois petites brigades, dont les 3 500 Français de la brigade FFL du général Kœnig, positionnée dans le secteur désertique de Bir-Hakeim. L'offensive de Rommel, déclenchée dans la soirée, se termine par un succès qui surprend Ritchie.

« Les combats les plus acharnés du désert »

Bir-Hakeim, 11 juin

Les forces de l'Axe, victorieuses des Britanniques, butent sur la position de Bir-Hakeim, héroïquement tenue par les 3 500 Français libres. Dès le 27 mai, la brigade FFL repoussait une attaque de la division blindée *Ariete* qui y laissait une quarantaine de chars sur le terrain. Les jours suivants, les FFL doivent affronter deux solides divisions allemandes (15e Panzer et 90e motorisée) et la division italienne *Trieste*. Mais les Français tiennent toujours. Leurs canons de 75 mm, bien camouflés et abrités, stoppent tous les assauts. « Sur ce théâtre de guerre, affirme Erwin Rommel, nous avons livré les combats les plus acharnés du désert. Les Français avaient des positions bien aménagées : champs de mines, trous individuels, abris et canons. »

La progression de Rommel est considérablement ralentie par l'énergique résistance des Français libres et les difficultés du terrain.

sauvent les Britanniques d'un véritable désastre

La division Trieste attaque les Français, bombardés sans relâche. Rommel doit engager ses meilleures divisions pour investir la forteresse de Bir-Hakeim.

Admirateur de l'action des Français libres

Bir-Hakeim, 11 juin
« Malgré le mordant des divisions italo-allemandes, raconte Rommel, tous nos assauts furent repoussés. C'était alors un admirable exploit de la part des défenseurs français qui, entre-temps, s'étaient trouvés isolés. Pendant la nuit, nous n'avions cessé de lâcher des fusées et de battre les positions de défense avec toutes nos armes pour empêcher ces Français de prendre du repos. Et pourtant, le lendemain, lorsque mes meilleures troupes repartirent, elle furent de nouveau accueillies par un déluge de feu, et son intensité était égale à celle de la veille. Il en fut ainsi durant quinze jours. Les FFL accomplirent un authentique exploit en parvenant à briser l'encerclement, malgré nos défenses, et à rejoindre les lignes britanniques »

Honneurs et gloire aux hommes de Kœnig

Bir-Hakeim, 16 juin
En fixant, du 26 mai au 11 juin, deux divisions allemandes d'élite et deux excellentes divisions italiennes, soit un total de 25 000 hommes engagés, la brigade FFL du général Kœnig a sauvé la 8e armée britannique, en pleine retraite, d'un désastre. Les 3 500 soldats français engagés ont tenu tête à des forces sept à huit fois supérieures. Très nombreux sont les généraux britanniques, allemands et italiens qui ne tarissent pas d'éloges pour Kœnig et ses preux. Churchill, parfaitement informé des plans de Rommel, écrit : « En retardant de quinze jours l'offensive de Rommel, les Français de Bir-Hakeim auront contribué à sauvegarder le sort de l'Egypte et du canal de Suez. » Les FFL comptent 129 tués, 190 blessés et 659 disparus. Les pertes de l'Axe sont évaluées à 3 000 hommes hors de combat, dont 276 prisonniers, une centaine de blindés détruits et une dizaine d'avions abattus par la DCA. Dans le communiqué du haut commandement anglais, du 12 juin, on peut lire : « En tenant compte des combats ininterrompus et sévères que la brigade FFL dut alors mener pendant seize jours, les pertes ont été légères. Les plans de Rommel ont été déjoués grâce à la splendide résistance opposée par la garnison, qui a toujours repoussé l'ennemi en lui causant des pertes sévères. Les Alliés sont remplis d'admiration. »

Hitler a toujours craint les soldats français

Berlin, 15 juin
Lorsque le jeune journaliste Lutz Koch raconte en détail les très durs combats de Bir-Hakeim à Hitler, la vieille haine de la France se rallume dans le cœur du chef du IIIe Reich : « Vous entendez, Messieurs, ce que raconte Koch, dit aussitôt le *Führer*. C'est bien une nouvelle preuve de la thèse que j'ai toujours soutenue, à savoir que les Français sont, après nous, les meilleurs soldats de toute l'Europe. La France sera toujours en situation, même avec son taux de natalité actuel, de mettre sur pied une centaine de divisions d'élite. Il nous faudra absolument, après cette guerre, nouer une coalition capable de contenir militairement un pays capable d'accomplir des prouesses sur le plan militaire qui étonnent le monde comme à Bir-Hakeim. »

Ses succès ne font qu'aviver son appétit. Ici, avec Ettore Bastico.

Le « renard du désert » accumule les victoires :

« Je vous demanderai le grand effort final »

Les lauriers de la victoire : Tobrouk se rend

Cyrénaïque, 21 juin

Rommel vient de dresser un ordre du jour de victoire : « Soldats ! La grande bataille de Marmarique a eu pour couronnement votre conquête de la forteresse de Tobrouk. Nous avons fait plus de 45 000 prisonniers et détruit ou capturé 1 000 véhicules blindés et environ 400 canons. Au cours de l'âpre lutte des dernières semaines, votre vaillance et votre endurance nous ont alors permis de porter de terribles coups aux forces alliées. Grâce à vous, l'adversaire a perdu le noyau de son armée, qui s'apprêtait à passer à l'offensive, et, surtout, ses forces blindées ont été détruites. Au cours des prochains jours, je vous demanderai le grand effort final. »

Les défenses britanniques n'ont pas résisté plus de vingt-quatre heures.

Rommel raconte la chute de la forteresse

Tobrouk, 22 juin

« Vers 5 heures, le 21 juin, j'entrai dans la ville de Tobrouk. Elle offrait un spectacle lugubre. Presque toutes les habitations étaient rasées ou ne formaient plus qu'un monceau de gravats. La plupart des destructions remontaient au siège de l'an dernier. Par la Via Balbia, je me dirigeai à l'ouest. Toute la 32e brigade blindée déposa les armes, et trente chars en état de marche nous furent remis. Des deux côtés de la Via Balbia, de nombreux véhicules continuaient à se consumer et, partout, ce n'étaient que des scènes de destruction et de chaos. A 9 h 40, à six kilomètres à l'ouest de Tobrouk, je rencontrai, sur la Via Balbia, le général Klopper qui m'annonça la capitulation de la forteresse de Tobrouk. Il n'avait pu enrayer la défaite. »

Tobrouk, 22 juin

Le 20 juin, après un bombardement aérien qui a commencé à 5 h 30, la 15e Panzer et les divisions *Ariete*, *Trieste* et *Littorio* partent à l'assaut de Tobrouk. A 7 heures, les chars pénètrent d'environ 2 kilomètres à l'intérieur du périmètre défensif. Le jeune général britannique Klopper dispose, pour défendre Tobrouk, de trois brigades et d'une division. La 21e Panzer, également engagée, est entrée dans la ville à 19 heures avec des unités de *bersaglieri*. Près de 35 000 soldats britanniques, dont le général Klopper, étaient contraints de se rendre ce matin. Le général Rommel triomphe. Il s'approprie ainsi plus de 2 000 véhicules en état de marche, 2 000 tonnes d'essence ainsi que 5 000 tonnes de vivres. Les troupes germano-italiennes peuvent désormais envahir l'Egypte. Mais l'héroïque résistance des Français à Bir-Hakeim a permis l'arrivée de nombreux renforts alliés en Egypte. Rommel devra faire vite s'il veut s'en tenir à ses plans.

La récompense : un bâton de maréchal

Berlin-Tobrouk, 22 juin

Dans la soirée, Hitler a téléphoné à Rommel pour l'informer qu'il allait recevoir son bâton de maréchal du Reich. Mais cette nouvelle ne l'a pas enthousiasmé, et il a déclaré à ses officiers : « Ce serait bien mieux de m'envoyer une division. » Ses forces ont en effet subi de lourdes pertes, certaines divisions n'ont plus qu'une vingtaine de chars. Il redoute que les Britanniques puissent se renforcer en Egypte et soient ainsi en mesure de résister. Il ne cesse de réclamer des chars et des avions à Hitler, mais ce dernier concentre ses efforts sur le front russe. Il peste d'avoir perdu tant de temps à réduire la forteresse de Bir-Hakeim.

Près de 40 000 soldats britanniques remplissent les camps de prisonniers. Des milliers de véhicules sont aussi capturés.

il enlève facilement Tobrouk et Mersa Matruh

Un nouveau succès : Mersa Matruh

Mersa Matruh, 30 juin

Une victoire de plus pour Rommel. Hier, le 7ᵉ régiment de *bersaglieri* et des éléments blindés allemands ont enfoncé les défenses britanniques de Mersa Matruh et capturé plus de 6 000 hommes, ainsi que tout leur matériel. Les forces de l'Axe ont pénétré de plus de 150 kilomètres en Egypte. Le même jour, Mussolini volait vers la Libye, aux commandes de son avion personnel. Selon lui, l'entrée des premières divisions de l'Axe au Caire ne serait plus qu'une question de jours. Rommel est tout aussi euphorique, et il ne veut pas tenir compte des recommandations de ses officiers, qui lui suggèrent d'un peu ralentir sa progression.

Churchill consterné par les échecs

Londres, 2 juillet

« Nos forces, a déclaré Churchill, étaient supérieures à celles de l'Axe. Nous avions 100 000 hommes, eux 90 000. Notre artillerie était plus forte dans une proportion de trois contre un, ainsi que pour les chars, et nous avions en ligne de nouveaux obusiers. Malgré cela, Tobrouk est tombé au bout d'une petite journée de combat. C'est un désastre. Nous nous sommes ensuite repliés jusqu'à Mersa Matruh, mettant 190 km de désert entre notre 8ᵉ armée et les forces ennemies. A peine cinq jours plus tard, Rommel arrivait devant notre nouvelle position, et il nous fallait décrocher, pénétrer toujours plus en Egypte, reculer encore. »

Les Alliés sont en pleine déroute

Afrique du Nord, 3 juillet

Depuis le 26 mai, les forces de l'Axe de Rommel ont fait plus de 60 000 prisonniers et détruit ou capturé plus de 2 000 blindés divers. L'Axe n'a perdu que 6 360 soldats d'élite dont 3 360 Allemands pour la même période. Le succès de Rommel est d'autant plus surprenant que tous ses moyens blindés étaient modestes comparés à ceux des Alliés. Mais son audace légendaire a rapidement désorienté les officiers alliés les plus subtils. Rommel est un homme rusé. Pour stopper les attaques adverses, il utilise un vaste rideau de canons antichars montés sur des véhicules. Derrière ce rideau, tous ses blindés avancent sans grande difficulté.

Remarquable bilan pour l'Afrikakorps

Afrique du Nord, 3 juillet

Les troupes germano-italiennes se trouvent à moins de 160 kilomètres d'Alexandrie. Ce bilan est d'autant plus exceptionnel pour Rommel que les forces britanniques étaient deux à trois fois supérieures à celles de l'Axe, en mai, et qu'elles occupaient alors la moitié de la Libye italienne. En moins de trois mois, le chef de l'Afrikakorps a réussi à renverser une situation qui semblait fortement compromise. Mais cet homme aime défier ce qui paraît impossible. Il écrit : « L'effort exigé de nos unités, en ces moments, a atteint les limites de l'endurance, et notre tactique fut payante : nous voici à 480 kilomètres à l'est de Tobrouk ! »

1942

Tracé du portrait d'un grand soldat

Afrique du Nord, juillet 1942

Rommel se montre très fier d'être inaccessible à l'inconfort et même à la fatigue. Il s'éveille en une seconde et ne dort jamais que d'un œil. Il est d'un caractère très égal. Rommel ne se préoccupe jamais de la qualité de la nourriture. Il part pour toute une journée d'inspection dans le désert, muni seulement d'un petit paquet de sandwiches ou d'une simple boîte de sardines et d'un morceau de pain. Il est debout dès six heures du matin. Il est inflexible pour la tenue dite de parade, mais, dans le désert, il laisse les soldats s'habiller librement. Ils portent des souliers, des shorts et leur casquette à visière. Mais lui-même est toujours rasé et dans une tenue très correcte. Il porte parfois un short, mais le plus souvent une culotte de cavalier. Rommel a vite abandonné le casque colonial, il ne se coiffe jamais du casque d'acier. Sa seule excentricité est un foulard noué autour du cou, l'hiver. Sous ce foulard, il porte sa Croix de fer. A 6 h 30, Erwin Rommel part pour sa tournée quotidienne. Il peut prendre place dans un avion. Bien qu'il n'ait pas de brevet, c'est un pilote sûr et un excellent navigateur. Au combat, il utilise généralement sa voiture de commandement et ne perd pas son chemin dans le désert. S'il lui arrive de surprendre un de ses officiers au lit après 7 heures, sa colère gronde. Ses visites aux premières lignes ne sont jamais de négligentes tournées. Avec son œil toujours attentif au paysage et sa grande maîtrise de la tactique, rien ne lui échappe : une mitrailleuse mal placée, des mines trop visibles, un poste mal camouflé. Lorsqu'il n'est pas satisfait d'une position, il s'avance d'un kilomètre ou deux et la contemple alors avec les yeux de l'ennemi. Son attention se concentre sur les moindres détails et sa fabuleuse fécondité en idées tactiques, sa facilité pour se déplacer dans le désert, impressionnent ses jeunes officiers et ses soldats. C'est un homme de première ligne qui sait parler aux jeunes et qui les connaît. Toujours de belle humeur avec eux, avec une petite anecdote ou autre plaisanterie à raconter à celui qui semble bien accomplir sa tâche, il a beaucoup de cœur. Ce soldat est un chef, un authentique conducteur d'hommes.

Le même homme vu par les Anglais

Afrique du Nord, juillet 1942

Le général anglais Desmond Young dresse un portrait flatteur de son adversaire Rommel : « L'attitude de Rommel envers ses ennemis est celle d'une hostilité soupçonneuse. Cet homme de guerre nous reproche de lui opposer des divisions indiennes. Mais, lorsqu'il découvre enfin que les soldats de l'Inde sont aussi bien disciplinés et corrects que les divers soldats européens dans le désert, son opinion change vite. Dans un but de propagande, il ne dissimule pas une douce moue de mépris pour tous les soldats de couleur. Il trouve aussi les Australiens durs, en particulier avec les soldats italiens, mais cette dureté l'amuse et selon lui ne trahit aucune méchanceté de cœur. Pour préjuger d'une situation militaire, Rommel a un cerveau et un œil d'une rapidité exceptionnelle. Il est partout à la fois pour tout voir de lui-même : dans son avion, dans son char, sa voiture ou à pied. Sans avoir besoin d'un délai appréciable pour établir ses plans, il peut ainsi transformer en offensive victorieuse une reconnaissance. Ce grand chef possède toujours le don d'apparaître à l'endroit vital pour y lancer une action toute décisive au moment crucial. Au lieu de déléguer son commandement à des officiers, il prend en personne la tête de ses divisions blindées. Les Australiens sont, selon lui, les meilleurs soldats de l'armée de Sa Majesté et, juste après, viennent les Néo-Zélandais. Il considère les Sud-Africains comme des soldats de valeur mais pas assez entraînés. Les Anglais sont encore des amateurs, mais ils promettent. Rommel les estime supérieurs aux Allemands pour mener de petites opérations. Les militaires sous ses ordres ne malmènent jamais leurs prisonniers. Malgré les ordres reçus d'Hitler de passer par les armes les Français libres, Rommel s'y opposa, ainsi que pour les commandos alliés, malgré un autre ordre d'Hitler de les fusiller. Rommel refusa même de faire fusiller un soldat anglais qui s'était déguisé en Allemand. Le fait que ce diable soit devenu pour nos hommes une espèce de magicien présente un réel danger. Ils parlent bien trop de lui. Certains officiers pensent qu'il est invincible. Ils ne croient plus du tout que la victoire soit possible face à un tel homme. »

Le « renard du désert » est stoppé à El-Alamein

Les soldats allemands, éprouvés par les combats, sont désormais en difficulté.

Bien que décimées, les troupes italiennes s'accrochent au terrain.

Les chasseurs de chars M40 de l'Afrikakorps forment la réserve de l'Axe.

El-Alamein, 31 août

Dès le 4 juillet, les Britanniques ont pu établir une solide position sur le front d'El-Alamein. Les renforts se sont multipliés, notamment en chars lourds Grant et Sherman, alors que Rommel devait attaquer avec des forces limitées, certaines divisions se trouvant réduites à une dizaine de chars. Le 10 juillet, une puissante offensive britannique va malmener quelques unités italiennes au nord d'El-Alamein. La division *Sabratha* perd 1 500 hommes dans la journée. Il faut alors l'intervention de deux divisions blindées (la 15e Panzer et la *Littorio*) pour parvenir à arrêter les Australiens. Renforcé en chars, le maréchal Rommel attaque à son tour le 13 juillet mais se heurte à un sérieux barrage de mines devant des canons antichars. Le 22 juillet, le général anglais Auchinleck, malgré sa supériorité de trois contre un en hommes, en chars et canons, essuie un cuisant échec. Partout, les unités de l'Axe résistent avec héroïsme. Le chef de l'Afrikakorps donne alors des signes de fatigue. Son médecin, le professeur Horster, écrit que le « maréchal Erwin Rommel souffre d'un catarrhe de l'estomac et des intestins, de diphtérie nasale et de troubles circulatoires. Il n'est pas en état d'exercer son commandement au cours de la prochaine offensive ». Malgré les conseils de son médecin, Rommel déclenche le 30 août une attaque sur un large front. Tous les assauts de l'Axe sont repoussés avec de lourdes pertes. Rommel est bel et bien stoppé à El-Alamein.

Des cimetières sont organisés sur place pour enterrer dignement les soldats.

Acclamé à Berlin comme un dieu de la guerre

De retour pour être hospitalisé

Allemagne, 25 septembre
Le 22, le maréchal a dû transmettre le commandement de l'Afrikakorps au général Stumme, arrivé pour le remplacer. Le lendemain, Rommel décollait de Derna à destination de Rome. Hier, il s'entretenait avec le *Duce*. Puis, après avoir fait son compte rendu au *Führer*, à Berlin, il est allé s'installer au Semmering, pour une période de convalescence, tout près de Wienner-Neustadt. En ce moment, le *Führer* n'envisage pas de le renvoyer en Afrique, il songe plus à lui confier un poste capital sur le front russe. Le maréchal n'a pas dissimulé à Hitler que ses troupes souffrent énormément d'un manque de ravitaillement.

Au Palais des sports de Berlin, Hitler accueille Rommel avant son discours. Robert Ley (au milieu) est de la fête.

Discours devant des milliers de fidèles

Berlin, 3 octobre
Rommel, encore convalescent, s'est rendu à Berlin pour répondre aux questions des journalistes. Il a alors prédit que les Allemands atteindront bientôt Alexandrie. Il n'a pas caché que les difficultés de ravitaillement ont ralenti l'avancée de ses troupes mais a fait preuve d'optimisme. Le chef du Reich lui a aussi remonté le moral, lors d'une récente entrevue, en lui présentant le prototype du char lourd Tigre I, véritable monstre de 52 tonnes, armé d'un puissant canon de 88 mm et protégé par un blindage de 110 mm. Le *Führer* lui a assuré que le front d'Afrique aura la priorité des livraisons. Rommel a ensuite été acclamé par des milliers de fidèles au Palais des sports de Berlin. Tous les chefs nazis et les officiers des forces armées les plus insignes étaient là pour féliciter ce Rommel, considéré comme un dieu de la guerre. Appelé à la tribune, le maréchal a prononcé un discours très encourageant sur la poursuite des combats. Il a annoncé que les forces de l'Axe, grâce à un nouveau matériel de guerre, allaient être en mesure d'écraser les Britanniques en Afrique. Puis il a raconté certains faits d'armes de l'Afrikakorps.

Le maréchal pose officiellement pour la première fois avec son bâton.

La lutte à El-Alamein se poursuit sans lui

El-Alamein, 25 octobre
Avant-hier à 20 h 30, c'est par un feu roulant continu, craché par plus de 1 500 canons contre les positions de l'Axe, qu'a débuté la vaste offensive du général Bernard Montgomery. Cette initiative a surpris le général allemand Georg Stumme. Cette fois, la situation est très favorable aux Alliés, qui alignent 220 000 hommes contre 54 000 soldats allemands et 62 000 Italiens ; 2 300 chars (dont 1 100 en réserve) contre 522 chars pour l'Axe, 800 avions contre moins de 400 appareils usés pour l'Axe. La convalescence de Rommel a donc été brève. Dans l'après-midi d'hier, il a reçu un coup de téléphone du maréchal Keitel, l'informant que le général Stumme est en ce moment considéré comme disparu. Rommel se doit de retourner sur le front d'Afrique pour stopper les attaques alliées qui ont débuté peu après le déluge de feu, la matin même. Dès son arrivée, le maréchal constate que la situation est particulièrement délicate. Il a en face de lui un chef de guerre énergique, qui a décidé d'enfoncer les positions de l'Axe, sans tenir compte des pertes, et les réserves de munitions de l'ennemi semblent inépuisables.

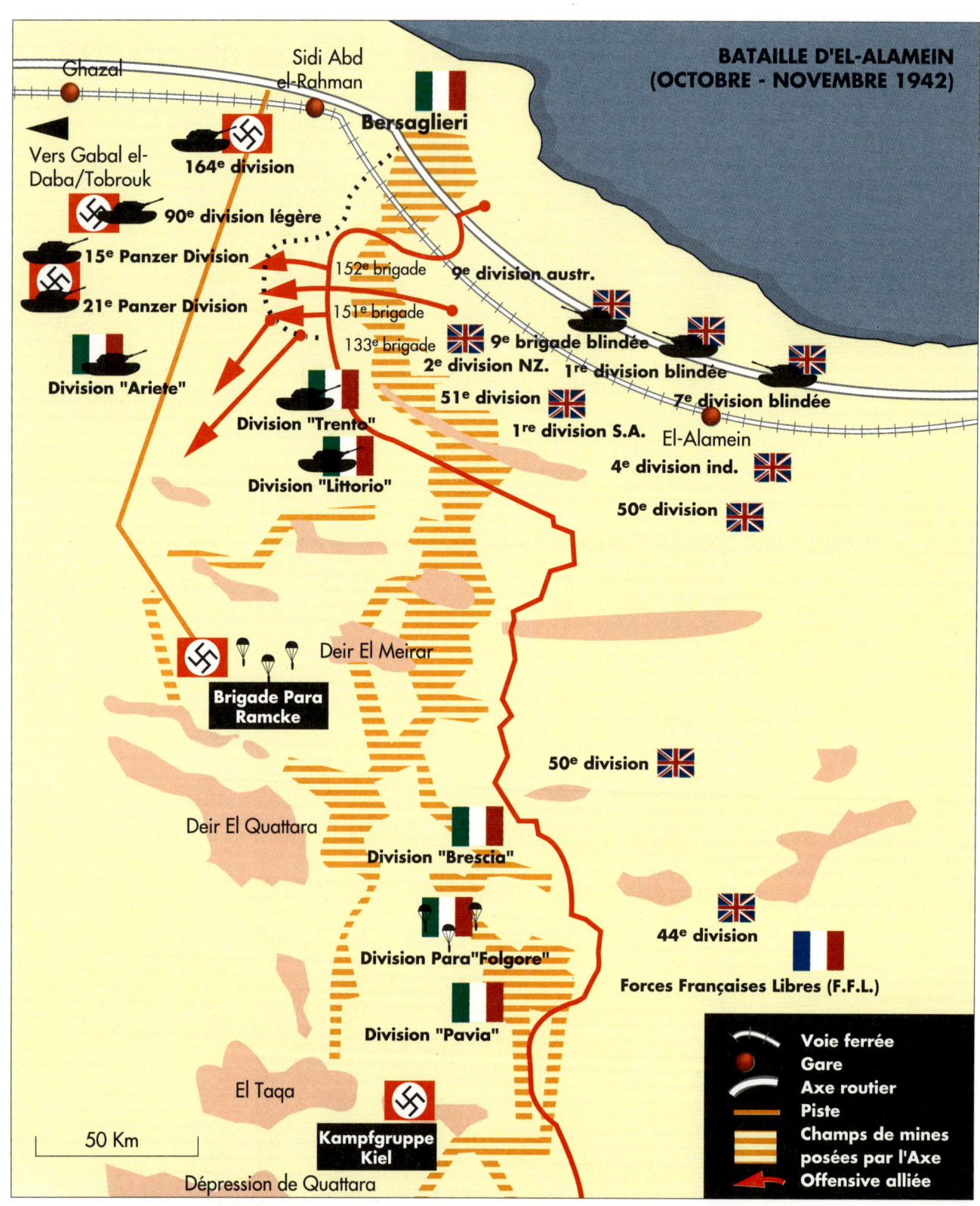

Montgomery a réussi à le mettre échec et mat

Après un déluge de feu, les hommes dirigés depuis peu par Montgomery franchissent les lignes ennemies. Les mines causent d'énormes pertes humaines.

L'efficace rouleau compresseur britannique

El-Alamein, 3 novembre
Les unités de l'Axe résistent partout avec une folle bravoure aux assauts des Britanniques, qui disposent à ce moment d'une supériorité humaine et matérielle écrasante. Les soldats allemands et italiens préfèrent se faire massacrer sur place plutôt que de reculer. Les batteries antichars de l'Axe font des ravages, comme celles de la division *Trento*, détruisant plus de la moitié des chars britanniques engagés. En certains endroits, des parachutistes italiens de la division d'élite *Folgore* stoppent les blindés adverses avec de simples grenades ou des bouteilles enflammées. Les paras allemands de la solide brigade *Ramcke* font de même, ainsi que les unités de *bersaglieri* italiens et les grenadiers de Rommel. Les maigres forces blindées germano-italiennes tentent de repousser les puissantes divisions mécaniques alliées qui sont parvenues à enfoncer certaines des positions. C'est une lutte à mort.

Les forces de l'Axe sont forcées de se retirer

El-Alamein, 4 novembre
Malgré l'ordre formel du chef du Reich de résister jusqu'au bout et de mourir sur place, Rommel, qui ne veut pas sacrifier inutilement la vie de ses hommes, a décidé de rompre le combat. Il n'a plus que 32 chars en état de combattre alors que les Alliés peuvent encore en mettre en ligne un bon millier. « La bataille, écrit-il, tourne mal. Nous sommes tout simplement écrasés par le poids de l'ennemi. J'ai fait une tentative pour sauver au moins une partie de l'armée, et je me demande même si elle réussira. Je cherche nuit et jour un moyen de tirer de là nos troupes. Nous allons vers des jours difficiles, les plus difficiles, peut-être, qu'un homme puisse traverser. Les morts sont heureux, pour eux tout est fini. L'ordre du *Führer* exige l'impossible car une bombe peut tuer même le soldat le plus résolu. Il est évident qu'Hitler n'a rien compris de notre situation en Egypte. »

Ordre de bataille de la Panzerarmee Afrika en Octobre 1942
Panzerarmee Afrika (General der Kavallerie Georg Stumme)
Deutsches Afrikakorps
(Generalleutnant Ritter von Thoma)

- 15. Panzerdivision
  Panzer-Regiment 8
  Panzergrenadier Regiment 115
  Panzerjäger Abteilung 33
  MG-Batallion 8
  Aufklärungsabteilung 33
  Artillerie-Regiment 33

- 21. Panzerdivision
  Panzer-Regiment 5
  Panzergrenadier Regiment 104
  Panzerjäger Abteilung 39
  Aufklärungsabteilung 3
  Artillerie-Regiment 155

- 90. Leitche Division
  Infanterie-Regiment 155
  Infanterie-Regiment 200
  Infanterie-Regiment Afrika 361
  Panzergrenadier Regiment Afrika
  Panzerjäger Abteilung 190
  Aufklärungsabteilung 580

  Artillerie-Regiment 190

- 164. Infanterie Division
  Panzergrenadier Regiment 125
  Panzergrenadier Regiment 382
  Panzergrenadier Regiment 433
  Aufklärungsabteilung 220
  Artillerie-Regiment 220

- 22. Fallschirmjäger Brigade

- Corpo d'Armata X
  Brescia Division
  Pavia Division

- Corpo d'Armata XX
  Ariete Division (blindée)
  Littorio Division (blindée)
  Trieste Division (motorisée)
  Folgore Division (parachutiste)

- Corpo d'Armata XXI
  Trento Division
  Bologna Division

Tout se ligue contre lui : après ses problèmes de santé, le froid et l'humidité de la saison en Egypte, les forces alliées lui infligent un terrible revers.

Rommel doit se résoudre à abandonner la Libye

Les Italiens couvrent la retraite de l'Axe

El-Alamein, 7 novembre

Les troupes italiennes, chargées de couvrir la retraite allemande, se font massacrer sur place. « Au sud-est et au sud du PC, écrit Erwin Rommel, on apercevait d'immenses nuages de poussière. Ils marquaient l'endroit où se déroulait une lutte désespérée des petits chars italiens du 20e corps contre une centaine de chars lourds britanniques, qui avaient réussi à déborder le flanc droit des unités italiennes. Ces troupes formaient à ce moment le gros de nos réserves. Elles déployèrent une remarquable bravoure. Après une lutte héroïque, le 20e corps italien, dont la division *Ariete*, fut anéanti. Si le soldat du Reich a étonné le monde, le soldat italien a étonné le soldat allemand. » La division d'élite *Folgore*, partie du sud de l'Italie avec quelque 6 000 parachutistes, ne compte plus que 294 survivants : elle aura tenu tête à 60 000 ennemis et à 550 blindés.

Le repli des blindés de l'Axe se fait en bon ordre. Le maréchal Rommel évite ainsi la capture de toute son armée.

Débarquement allié en Afrique du Nord

Afrique du Nord, 8 novembre

L'opération *Torch* est lancée. Ce matin, 100 000 soldats américains et britanniques ont débarqué sur les plages algériennes et marocaines. Préparé dans le plus grand secret, l'envoi de troupes alliées en Afrique du Nord a surpris les autorités de Vichy, qui ne s'attendaient pas à une action alliée avant 1943. Seulement certains chefs, favorables alors aux Alliés, étaient au courant. Ainsi le général Mast, commandant toute la division d'Alger, et son adjoint le colonel Jousse, major de la solide garnison, en liaison avec le résistant Henri d'Astier de La Vigerie et le docteur Henri Aboulker, ont très vite organisé l'occupation des divers centres vitaux d'Alger. Un groupe commandé par l'aspirant de réserve Bernard Pauphilet a réussi à isoler dans sa résidence le chef des forces françaises en Afrique du Nord, le général Alphonse Juin. A Blida, le général de Monsabert est parvenu à neutraliser la base aérienne.

Le maréchal fait preuve d'une grande habileté tactique lors de la retraite.

Les combats freinent Montgomery

Libye, 15 novembre

Du fait des lourdes pertes subies à El-Alamein, le général britannique Montgomery a bien du mal à suivre les forces de l'Axe en pleine retraite. Rommel dispose sur ses arrières des barrages antichars qui repoussent facilement les détachements avancés alliés. Plus mobiles, les unités de Rommel abandonnent facilement la lutte sans craindre la capture. La forteresse de Tobrouk a été évacuée le 12 novembre sans combat. « Lors de cette retraite, raconte Rommel, nous faisons alors appel aux ultimes ressources de notre imagination afin de présenter aux Britanniques les attrape-nigauds les plus originaux, pour inciter les avant-gardes à la circonspection. Notre commandant du génie, le général Buelowius, un des meilleurs sapeurs de l'armée, accomplit de véritables merveilles dans ce domaine. Il devient évident que l'ennemi tente de nous déborder par tous les moyens. Je suis hélas persuadé que la Libye est perdue. »

La Tunisie devient le nouveau champ de bataille

Vichy a ordonné de tirer sur les Alliés

Afrique du Nord, 17 novembre
Dans la journée du 9 novembre, la situation, alors favorable aux Alliés, changea brusquement. Revenues de leur surprise, les troupes françaises ripostèrent. Dans le port d'Alger, le contre-torpilleur *Broke* fut coulé, des soldats américains ont même été capturés. Le maréchal Pétain avait donné l'ordre de rejeter les Alliés à la mer. A Casablanca, les troupes du général américain Patton devaient rencontrer une résistance acharnée. Le 11, le général Noguès ordonnait la cessation des hostilités au Maroc et en Oranie. Finalement, c'est avec l'amiral Darlan que le commandant en chef américain, le général Clark, a négocié un armistice général.

Rommel dispose ses hommes et ses chars

Libye-Tunisie, 19 novembre
« Il est bien évident, écrit Rommel, qu'on va vite procéder dans les deux camps à une forte concentration de forces à Mersa el-Brega. Les Alliés sont dans la nécessité d'organiser leur ravitaillement. L'issue de cette prochaine bataille dépend encore de l'approvisionnement suffisant. Les divisions italiennes *Giovani Fascisti*, *Pistoia* et *Spezia* ont été incorporées dans la ligne de défense, et elles ont commencé à la construire, sous la direction du maréchal Bastico. Des éléments de la division *Centauro*, récemment arrivés, ont été déployés en arrière de la ligne de front. On a également groupé des parachutistes, notre 164e division motorisée et ce qui reste du 20e corps italien. Les unités de l'Axe non motorisées sont alors une proie facile pour les chars des divisions alliées. » Pendant que Rommel tente de retarder les Alliés en Libye, d'autres forces de l'Axe occupent la Tunisie. Un puissant groupement mixte, italo-allemand, composé d'éléments motorisés, est entré en contact avec l'ennemi hier. Le bataillon de parachutistes italiens *Adra* a opposé une forte résistance dans le djebel Abiod. Les efficaces chars lourds Tigre I sont attendus.

L'envoi d'importants renforts est capital suite aux pertes subies à El-Alamein.

La roue tourne : des soldats anglais sont faits prisonniers à Tebourba.

Entrevue orageuse avec le « Führer »

Rastenburg, 29 novembre
Rommel, de retour en Allemagne, a eu hier une entrevue avec Hitler. Les entretiens avaient débuté avec Keitel et Jodl, qui se sont montrés très réservés. Rommel est ensuite conduit chez Hitler vers 17 heures. La conversation s'est ouverte dans une atmosphère nettement froide. Rommel ne cache pas les immenses difficultés de son armée en Afrique, il tente de faire accepter la nécessité de l'évacuation du théâtre africain. Hitler a alors un véritable accès de rage, et un flot de reproches s'abat sur le maréchal et ses hommes. Le *Führer* refuse de voir la situation telle qu'elle est et se persuade que la guerre n'est pas perdue.

Le soleil brille à nouveau pour l'Axe

Afrique du Nord, 31 décembre
Dans la nuit du 11-12, les nageurs de combat du prince Borghese ont forcé les défenses du port d'Alger et coulé quatre gros paquebots alliés. Dans la matinée du 15, les Italiens ont été assaillis par une force très importante à l'est d'El-Agheila, en Libye. Pendant près de dix heures, 80 chars lourds alliés ont essayé de percer les positions. « La résistance des Italiens, écrit Erwin Rommel, fut magnifique, et elle mérite les plus grands éloges. Au soir, une contre-attaque du régiment blindé d'élite *Centauro* a enfin réussi à refouler les Anglais, qui laissèrent sur le terrain 22 tanks et 2 voitures blindées. » En Tunisie, l'Axe repousse les attaques de la 1re armée britannique. Dans le secteur de Tebourba, les prisonniers anglais sont nombreux. Les pluies torrentielles paralysent l'offensive britannique en direction de Tunis. Un régiment américain subit de très lourdes pertes lors d'une importante contre-attaque italo-allemande. Les troupes françaises, engagées sur le front tunisien, se comportent avec bravoure malgré leur manque de matériel lourd moderne. Rommel semble retrouver un peu d'espoir suite à ces divers succès.

L'alliance du Croissant et de la croix gammée

Rommel et l'Islam

Afrique du Nord, 31 décembre
Si Rommel admire la colonisation italienne de Mussolini et de Balbo en Cyrénaïque pour tous ses aspects matériels, dont la culture intensive du blé dans des zones désertiques, il s'intéresse de près à la culture des musulmans peuplant la Libye et la Tunisie. Il établit des contacts étroits avec des confréries musulmanes, car il respecte leur croyance religieuse. Mais il fait cela avec des arrière-pensées plus politiques. Il envisage de soulever les musulmans contre les colonialistes français et anglais. Il visite les mosquées et certains sites archéologiques datant des Romains. Mais il reconnaît que le cours de ses pensées va plus à Montgomery qu'à tous ces vestiges du passé. Durant la même période, le grand mufti de Jérusalem, Sayed Amin el-Hussein, chef politique et religieux de tous les Arabes de Palestine, réfugié à Berlin depuis 1941, se déclare désireux de rencontrer Rommel, qui se prétend le défenseur de la cause de tous les musulmans opprimés.

L'Islam et Rommel

Afrique du nord, 31 décembre
De nombreux musulmans admirent le maréchal, et ils croient voir en lui un Européen hostile au colonialisme français et anglais. Des volontaires maghrébins viennent de former une phalange africaine. Elle se compose de 300 hommes, dont la moitié de Tunisiens. Leur fanion proclame : « Dieu est avec les croyants et avec ceux qui résistent. » Il est question de les engager contre les Anglais sur le front défensif de Medjez El-Bab, en Tunisie. Cette légion arabe porte généralement l'uniforme français et le casque allemand. Des musulmans acclament les troupes allemandes et brandissent même des portraits du maréchal Rommel. La propagande intensive du IIIe Reich en faveur de la cause anticolonialiste semble vite porter ses fruits. Mais toute l'élite métaphysique de l'Islam, à savoir le soufisme, rejette le racisme hitlérien. « J'ai bu la coupe de l'amour et j'en ai eu la possession, elle est devenue mon bien universel pour toujours », proclament les sages du soufisme.

Une légion de volontaires maghrébins combat au côté de l'Afrikakorps. Leur fanion proclame : « Dieu est avec les croyants et avec ceux qui résistent. »

1942

1943

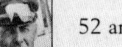

51 ans   52 ans

Caucase, 5 janvier
Les Soviétiques reconquièrent des villes clés, comme Mozdok et Naltchik.

Berlin, 13 janvier
Hitler prépare la mobilisation totale, avec la réquisition de femmes et d'enfants pour la défense du Reich.

Libye, 23 janvier
Les Britanniques prennent Tripoli.

Stalingrad, 31 janvier
L'armée allemande capitule.

Pologne, 19 avril
Chute du ghetto juif de Varsovie.

Syracuse, 10 juillet
Les Alliés débarquent en Sicile.

Front russe, 14 juillet
Importante défaite allemande à Koursk.

Rome, 25 juillet
Mussolini, renvoyé par le roi, est arrêté.

Allemagne, 31 juillet
La RAF déclenche un déluge de feu sur Hambourg.

Italie, 3 septembre
Les Alliés débarquent en Calabre.

Rome, 8 septembre
Annonce de la reddition de l'Italie.

Gran Sasso, 12 septembre
Mussolini est libéré par un commando du capitaine SS Otto Skorzeny.

Italie, 1er octobre
Les Alliés entrent dans Naples.

Bastia, 4 octobre
L'armée française libère la Corse.

Front russe, 6 novembre
Défaite allemande à Kiev.

En désaccord avec les Italiens

Afrique du Nord, 20 janvier
« Le maréchal Ugo Cavallero, écrit Rommel, m'a fait parvenir un long télégramme rédigé sur l'ordre du *Duce*, dans lequel il est dit que ma décision de faire évacuer la ligne de Tarhouna et d'installer l'armée dans le secteur d'Azizia, pour y attendre l'attaque principale, est contraire à ses instructions. L'arrivée d'un tel message me fait bondir de rage. Une position débordée ou enfoncée n'a de valeur que si l'on dispose d'assez de forces mobiles pour repousser les forces enveloppantes ennemies. Le meilleur des plans stratégiques n'a plus aucun sens s'il ne correspond plus à nos possibilités tactiques. » Rommel n'ignore pas que les Alliés disposent d'une supériorité de dix contre un pour les blindés et de trois contre un pour l'artillerie. Mais il compte beaucoup sur l'arrivée des chars lourds Tigre I de 52 tonnes.

Lettre à sa femme

Afrique du Nord, 28 janvier
« Dans quelques jours, je dois donc remettre le commandement de toute l'armée au brillant général italien Giovani Messe, pour la seule raison que mon "présent état de santé ne me permet plus de continuer à bien l'exercer". Bien entendu, il y en a d'autres, notamment des questions de prestige. J'ai fait tout ce que j'ai pu pour tenir sur un aussi difficile théâtre d'opérations, où nous avons manqué de blindés, d'artillerie, de carburant, d'avions et surtout de munitions. J'en suis profondément désolé pour mes hommes. Ils vont beaucoup me manquer. Sur le plan physique, je ne vais pas très bien : de violents maux de tête et les nerfs à bout, sans parler de troubles de la circulation. Cela ne me laisse alors aucun repos. Le professeur Horster m'a donné quelques somnifères et me soigne de son mieux. Peut-être aurai-je quelques semaines pour me remettre. A vrai dire, avec une telle situation à l'Est, tout ce qu'on peut souhaiter c'est de rester au front. Le maréchal Ettore Bastico doit bientôt retourner en Italie. Des divergences n'avaient pas manqué entre nous, mais elles étaient la conséquence des directives de Mussolini. Bastico est un excellent officier. »

Les Américains surpris

Rommel, au côté de Nehring, dirige les opérations d'une main de maître.

Rommel fait trembler le général Patton

Kasserine, 14 février
Le maréchal Rommel, toujours en poste, n'a pas dit son dernier mot. En très étroite collaboration avec le général von Arnim, il vient de lancer une puissante offensive en direction de Kasserine et Tebessa, en Tunisie. Les Américains du général Patton, peu expérimentés, ont été enfoncés par les soldats d'élite allemands et italiens. L'excellent 5e régiment de *bersaglieri* a capturé à lui seul plus de 3 000 Américains, tandis que la 21e Panzer détruisait une centaine de chars adverses pour des pertes légères. C'est la débandade générale au sein du 2e corps américain et de la 1re division blindée US. Rommel envisage de concrétiser cet avantage et de chasser les Alliés de Tunisie et d'Algérie. Patton, humilié, se rend compte que ses hommes sont trop peu combatifs, conséquence d'un manque évident d'expérience.

Les chars lourds allemands Tigre I surpassent les Sherman américains.

par la combativité de l'Afrikakorps à Kasserine

Les nouveaux venus en pleine déroute

Kasserine, 20 février

L'armée américaine vient de subir un grave revers en Tunisie, au col de Kasserine. Il y a une semaine, Rommel et von Arnim, rassemblant leurs blindés, décidaient de nouveau de passer à l'attaque. Le plan prévu par Rommel était particulièrement audacieux. Profitant de sa position centrale entre les forces alliées, il comptait bien détruire les divisions américaines avant de se retourner contre les Britanniques, puis foncer sur Tebessa et atteindre Bône dans la foulée. Pour éviter l'écrasement, la 1re armée anglaise et le 19e corps français auraient été obligés alors d'abandonner la Tunisie. Mais von Arnim, très inquiet pour ses propres positions, décide de retirer, au cours des opérations, la moitié de la 10e Panzer et le bataillon de chars Tigre, rendant impossible une pénétration plus profonde dans les lignes alliées. La bataille de Kasserine a coûté aux Alliés plus de 10 000 tués.

Le maréchal Rommel passe en revue le matériel américain capturé, dont un half-track qui fait son admiration.

Français et Anglais résistent mieux

Tunisie, 20 février

Alors que les soldats américains ne font pas le poids devant les soldats italiens et allemands, qui ont une solide expérience de quatre années de guerre, les soldats français du 19e corps et les Anglais de la 1re armée résistent mieux. Il est vrai que les Allemands ont voulu concentrer les meilleures unités contre les troupes américaines. En raison de la grande faiblesse de ses moyens antichars, le 19e corps français doit se replier sur une seconde position. Les canons de 75 mm modèle 1897 ne peuvent rien contre le blindage de 110 mm des chars Tigre I engagés contre eux. Les véhicules français sont écrasés par les mastodontes de 52 tonnes. La division de marche du Maroc a perdu près de 2 600 soldats. Alors que les Britanniques, mieux équipés en moyens antichars et appuyés par la 6e division blindée, ont résisté avec nettement plus de facilité aux troupes germano-italiennes.

Les chars italiens de la division Centauro n'ont pas peur des Américains.

Rommel retrouve enfin le moral

Tunisie, 23 février

Rommel vient de se voir confier le commandement de tout le groupe d'armées *Afrika*. « J'accueille cette nouvelle, écrit-il, avec un sentiment mitigé. D'un côté, je ne suis pas du tout fâché de penser que j'aurai une plus grande influence sur le sort de mes soldats. Le général von Arnim n'aura qu'à suivre mes directives. De l'autre, la perspective de jouer le bouc émissaire d'une éventuelle et possible défaite en Afrique ne me plaît guère. Je suis cependant ravi de notre éclatant succès à Kasserine et j'espère d'être vite en mesure de porter des coups aussi sévères aux Alliés. Mais tout dépend, comme à chaque fois, du ravitaillement. Ma santé s'est maintenue jusqu'ici. Mais le cœur, le système nerveux et les rhumatismes me causent toujours une foule d'ennuis. Malgré cela, j'ai retrouvé le moral. Notre victoire de Kasserine y est pour beaucoup. Les pertes alliées sont très lourdes. »

1943

Il confie ses craintes à sa femme

Tunisie, 26 février

« Les conditions ne semblent pas du tout réunies pour une victoire rapide sur le front tunisien. Nos moyens fondent à vue d'œil. Nos réserves sont insuffisantes. Comme toujours, le ravitaillement n'arrive qu'en trop petites quantités. La *Regia Marina* fait tout ce qu'elle peut pour nous fournir le matériel nécessaire, mais l'absence de radar et de porte-avions se fait durement sentir. Je me creuse nuit et jour le cerveau pour essayer de trouver une bonne solution, mais je bute toujours sur des problèmes identiques. Malgré les très lourdes pertes qui ont été causées aux unités alliées, le rapport de force n'est pas modifié. La supériorité matérielle des Alliés est toujours écrasante : vingt contre un pour les blindés. Je pense bien à toi et à Manfred. »

Echec à la bataille de Medenine

Tunisie, 6 mars

Erwin Rommel tente aujourd'hui une grande offensive contre la 8e armée britannique dans les environs de Medenine. Voulant dégager la ligne Mareth, en contournant les forces de Montgomery, il a lancé la 10e Panzer vers le sud-ouest, avec ordre de reprendre Medenine et de se rabattre ensuite sur le golfe de Gabès. Mais Montgomery a eu le temps de rassembler ses unités, et Rommel se retrouve avec 160 chars contre 600 pour les Britanniques et les Français libres de la 1re DFL du général Leclerc. Les Alliés disposent en plus de la suprématie aérienne, avec trois escadrilles de chasse, qui opèrent depuis des bases avancées. Il ne restait même plus à Rommel l'effet de surprise : les Alliés avaient réussi à décoder ses messages et à repérer la concentration de chars. Quand, ce matin, les Allemands ont attaqué, Montgomery les attendait sur de solides positions. Les blindés de Rommel se sont heurtés à des champs de mines et à un puissant barrage antichars. Les pertes sont très lourdes, avec 52 chars détruits. Le maréchal n'a eu d'autre recours que de donner rapidement l'ordre de faire retraite. L'échec allemand est cette fois total.

Halte à Rome à son retour d'Afrique

Rommel doit quitter le désert à la demande d'Hitler. Malade, il prévoit de suivre un traitement en Allemagne.

Italie, 9 mars

Le maréchal Rommel a quitté le sol africain pour l'Allemagne. Il s'est arrêté à Rome. « Dès mon arrivée, raconte Rommel, je me rendis au commandement suprême des forces armées italiennes, où j'eus alors un entretien avec le général Ambrosio. Je compris bientôt que les Italiens ne s'attendaient nullement à me voir revenir en Afrique et qu'ils étaient convaincus que le *Führer* allait vite m'envoyer en convalescence. C'était loin d'être mon intention. J'espérais encore faire accepter mes plans et conserver quelque temps le poste de commandant de tout le groupe d'armées. Puis je me rendis chez le *Duce*, en compagnie d'Ambrosio et de Westphal. L'entretien dura près d'une demi-heure. Je dis à Mussolini rapidement et nettement tout ce que je pensais de la situation, puis je lui exposai les conclusions à tirer. Mais lui aussi semblait manquer de tout sens réel dans l'adversité. L'un de ses principaux soucis était la crainte du choc considérable que la perte de la Tunisie produirait alors en Italie. Il refusait de voir la réalité. »

Mussolini est surtout un grand comédien

Rome, 9 mars

« En définitive, écrit Rommel, je conserve une certaine considération pour Benito Mussolini. C'était un grand comédien, comme la plupart de ses compatriotes. Ce n'était pas un Romain, comme il cherchait à s'en donner l'apparence. En dépit de ses belles qualités intellectuelles, il était trop facilement influencé par ses sentiments pour être en mesure de faire aboutir ses plans ambitieux. Mais il ne fait aucun doute que tout le peuple italien lui doit beaucoup. L'assèchement des marais pontins, la colonisation de la Libye et aussi de l'Abyssinie, rien de tout cela ne se serait fait sans lui. Mais, dans son entourage, on ne considérait pas les choses sous la même lumière idéale. Beaucoup se livraient alors à une conclusion organisée. En fait, je sais qu'il avait l'intention de me conférer la plus haute distinction militaire italienne, mais que finalement il se retint en raison de mon attitude dite « défaitiste » et surtout réaliste. Il me remercia quand même pour tous les exploits réalisés au cours de la campagne d'Afrique et m'assura de son indéfectible confiance. Il parlait bien notre langue mais était plus doué pour le français, qu'il manie sans aucune pointe d'accent. »

Devenu inquiet pour son avenir

Allemagne, 10 mars

Dans l'avion qui survole le Reich, le maréchal Rommel se demande ce qu'il va devenir. Cet homme réaliste estime que la guerre est perdue en Afrique et ne se fait également guère d'illusions sur la poursuite du conflit en Europe. Malade et découragé, il redoute les colères du *Führer*, dont il a déjà été témoin. Il se rend aussi compte qu'Hitler risque de conduire l'Allemagne à la ruine. Il faut tenter de convaincre le maître du Reich d'abandonner la Tunisie et de vite renforcer l'Europe du Sud.

Seul à seul avec un Hitler déprimé par la chute de Stalingrad

Sourires forcés des deux protagonistes, qui se méfient en réalité l'un de l'autre depuis les revers en Afrique.

Rastenburg, 10 mars
Rommel vient de prendre le thé avec Hitler, à son QG de Rastenburg en Prusse-Orientale. Le *Führer* est alors apparu fatigué et déprimé, toujours sous le choc de la grave défaite de Stalingrad. « Il me dit, rapporte le maréchal Rommel, qu'on était bien souvent sujet à considérer le plus mauvais côté des choses après une défaite, tendance qui peut conduire à des conclusions fausses. Le *Führer* se montra totalement fermé à tous mes arguments, qu'il élimina les uns après les autres, persuadé alors que je m'étais laissé envahir par le doute et le pessimisme. Je déclarai avec fermeté qu'il était indispensable de rééquiper les divisions d'Afrique en Italie et de les placer en défense des frontières du sud de l'Europe. »

Rommel s'informe des combats qui se poursuivent en Tunisie

Allemagne-Tunisie, fin mars
Rommel est tenu au courant tous les jours de la suite des durs combats en Tunisie. Il apprend ainsi que la ligne Mareth, défendant une partie du Sud tunisien, a été tournée par Montgomery, après une résistance héroïque des troupes de l'Axe, dont la division *Giovani Fascisti*. Une nouvelle position de résistance est établie sur la ligne Hel Hamma, puis sur Akarit. L'opération dirigée par le général Giovani Messe est un réel succès défensif, compte tenu de la grande disproportion des forces en présence. Les Alliés ont vingt fois plus de chars en ligne que les forces italo-allemandes. Rommel ne se fait plus aucune illusion sur la fin de cette lutte désespérée en Afrique.

Bernard Montgomery a estimé la valeur de son adversaire allemand.

Hermann Goering indispose Rommel

Rastenburg, 11 mars
« Le maréchal Hermann Goering a fait son apparition au QG du chef du IIIe Reich, traînant toujours dans son sillage une vague d'optimisme absolument irraisonné, ce qui a vite indisposé le maréchal Rommel. Les deux hommes se détestent depuis bien longtemps. Rommel est plein de ressentiment et de mépris pour le manque total de compréhension de Goering et pour sa tendance à rejeter sur les troupes du front les conséquences de ses propres fautes. Mais la colère du maréchal Rommel a redoublé quand il a vu comment Goering se comportait. « Pour ce gros lard, la situation tragique de nos armées ne semblait pas du tout le troubler. Il faisait alors la roue et se rengorgeait sous les grossières flatteries de tous les imbéciles qui composent sa cour, ne parlant que de bijoux et de tableaux. Une telle attitude m'aurait peut-être amusé à un autre moment, mais alors elle ne cessa de m'exaspérer. Goering était possédé d'une ambition absolument démesurée. Sa vanité et son orgueil ne connaissaient aucune limite. »

Une Italie en pleine décomposition

Italie, 12 mars
Pour la toute première fois depuis l'instauration du régime fasciste, des grèves ont éclaté à Gênes, Milan et Turin. Les manifestants exigent une hausse des salaires et de meilleures conditions de travail. Le fascisme et la poursuite de la guerre sont aussi mis en cause. Le peuple supporte de plus en plus mal les privations et les bombardements aériens. Mussolini est très déprimé et voudrait même convaincre Hitler de mettre fin à la guerre sur le front russe. Depuis son entrée en guerre, en juin 1940, son armée a perdu 37 divisions, et son aviation accuse 22 693 pilotes tués et 6 483 avions abattus. La marine de guerre royale a perdu 161 navires et 35 000 marins. La flotte du *Duce* oppose seulement 5 cuirassés aux 14 cuirassés alliés en Méditerranée. La population de la péninsule aspire de plus en plus à une paix durable, ainsi qu'une bonne partie de l'armée et des dignitaires fascistes.

Rommel se compare à un vieux guerrier déchu

Sa santé le ramène à l'hôpital

Semmering, 17 mars
Après avoir revu son fils Manfred et sa femme, Rommel s'est rendu à l'hôpital de Semmering, où il doit suivre un long traitement. Outre la fatigue, il souffre de divers troubles abdominaux, circulatoires et aussi de rhumatisme. La défaite prévisible en Afrique est un coup terrible pour lui. Il ne peut accepter le fait que ses soldats soient sacrifiés inutilement en Tunisie. Il poursuit la rédaction de son journal et ne cache pas alors sa grande amertume et son dégoût de certains chefs du IIIe Reich, dont Goering et Himmler. Tout comme Mussolini, il pense que la guerre sur deux fronts conduit à la défaite.

Avant d'entrer à l'hôpital pour plusieurs semaines de traitement, Rommel retrouve sa famille bien-aimée à Herrlingen.

Comme le maréchal, Hitler doute

Rastenburg, 10 mai
Peu après son traitement médical, le maréchal Rommel a rencontré le chef du IIIe Reich à son QG. Il a trouvé Hitler pâle et inquiet, ayant perdu toute sa confiance. « J'aurais dû, sans aucun doute, vous écouter plus tôt, lui a déclaré le *Führer*, mais je présume qu'il est désormais trop tard. Tout sera bientôt terminé en Tunisie. » Rommel a aussi remarqué que Hitler supporte de plus en plus mal les mauvaises nouvelles venant du front. Il paraît plus âgé que son âge, et ses tics se sont aggravés. Le Dr Morell lui prescrit des cachets pour tenter de contrôler les divers tremblements de ses membres, dont notamment le bras gauche. Rommel pense qu'il pourrait être atteint de la maladie de Parkinson. D'ailleurs, le médecin ne lui donne pas que des cachets. Chaque jour, il lui fait des piqûres qui sont en fait un véritable cocktail de vingt-huit médicaments. Hitler prend souvent les « pilules antiflatulences du Dr Koestler », à base de strychnine et de belladone ! Rommel note que Hitler ne prend jamais l'air et ne se détend que très rarement. Le chef du Reich passe la plus grande partie de son temps à se tracasser dans son bunker. Il est à la recherche de solutions miracles.

La fin du grand rêve africain en Tunisie

Tunisie, 13 mai
La vaste offensive des forces alliées, déclenchée au début du mois, s'est heurtée à une résistance acharnée des troupes germano-italiennes. La puissante division *Hermann Goering* a dû se replier sous un déluge de feu, découvrant ainsi l'armée italienne du général Messe. Le 11, la division italienne *Superga*, ayant épuisé ses munitions, se rendait à la division française d'Oran dans la région de Sainte-Marie-du-Zid, près de Tunis. Hier, le général Jürgen von Arnim, commandant des troupes du Reich en Afrique du Nord, a déposé les armes, avec ses 125 000 Allemands, devant un peloton de chars français Somua. C'est une sacrée revanche pour les Français. Et, aujourd'hui, Messe et ses 130 000 Italiens se sont aussi rendus.

Les derniers bastions de l'Axe ont résisté jusqu'au bout pour l'honneur.

Mission écourtée au pays des dieux

Salonique, 25 juillet
Avant-hier, le *Führer*, qui craint un débarquement des Alliés dans les Balkans, a convoqué le maréchal Rommel et lui a donné l'ordre de se rendre en Grèce pour prendre le commandement de ce vaste théâtre de guerre du Sud-Est. Rommel doit avoir une division blindée et trois divisions d'infanterie placées sous ses ordres. Il y a également toute la XIe armée italienne, forte de sept divisions. Rommel a autorité sur les forces allemandes et italiennes, soit un total de onze divisions. « Quitté Wiener-Neustadt à 8 heures, écrit Rommel. Arrivé à Salonique en fin de matinée, à 11 heures. La chaleur est effroyable. A 17 heures, j'ai une conférence avec le général Loehr. Celui-ci déclare que la situation va dépendre du ravitaillement. Il reste beaucoup à faire avant que ce pays puisse être considéré comme une forteresse. J'effectuerai une tournée en avion demain avant de prendre mon commandement, afin de mieux connaître le pays. Le général Gause ne se fait pas non plus une opinion bien rose de la situation ici. » Mais à 23 h 25, tout est modifié par un coup de téléphone du QG d'Hitler, qui ordonne à Rommel de revenir en Allemagne au plus vite.

Vers où va se tourner l'Italie de Mussolini ?

Allemagne-Italie, 11 septembre

De retour en Allemagne le 26 juillet, Rommel s'est rendu au QG d'Hitler peu après. Il a été ainsi informé de la chute de Mussolini. Rommel est alors persuadé que les Italiens vont demander l'armistice aux Alliés. Il doit préparer en conséquence un plan pour désarmer toutes les forces italiennes. Le 4 août, il est informé par le baron von Neurath, consul en Italie, que le maréchal Badoglio, successeur du *Duce*, a l'intention de cesser les hostilités début septembre. Le 8 septembre, dès l'annonce à la radio de la signature de l'armistice de l'Italie avec les puissances alliées, le maréchal Rommel a reçu l'ordre d'Hitler de déclencher le plan *Asche*, qui vise à immédiatement désarmer l'armée italienne. A Milan même, où la garnison compte un total de 40 000 soldats, le maréchal Rommel imagine de déclencher une fausse alerte aérienne qui précipite tout le monde dans les abris. A la fin de l'alerte, chaque issue est gardée par des unités allemandes qui désarment les soldats italiens à mesure qu'ils sortent des abris !

Après la chute du « Duce », l'Italie aspire à la paix mais va peut-être devoir lutter contre l'ex-« allié » détesté.

Opéré d'urgence de l'appendicite

Allemagne-Italie, 24 septembre

Rommel a été victime d'une crise d'appendicite aiguë avant la fin de l'occupation de l'Italie, et il vient de l'écrire dans une lettre adressée à son fils, Manfred. « Je suis horrifié d'apprendre que tu es toujours en vacances. J'espère que tu n'auras pas oublié tout ce que tu as appris. Mon opération de l'appendice s'est parfaitement passée. C'est arrivé très brusquement. J'étais fort bien à huit heures du soir. Une heure et demie après, j'éprouvais une très vive douleur au côté droit du ventre et j'étais malade. Cela ne diminua pas et je souffris énormément toute la nuit, jusqu'au moment où je pus dormir un peu, grâce à l'aide d'un médecin. Je fus opéré le lendemain matin. Tout va bien jusqu'ici. Les traîtres ont été désarmés et un très grand nombre sont déjà en route vers les camps de prisonniers. » En plusieurs endroits, certaines unités italiennes refusent de se rendre et opposent une farouche résistance.

Convaincu que la guerre est perdue

Rome, 7 novembre

Rommel commence à sérieusement douter de la possibilité d'une réelle victoire finale, au lendemain de la perte de l'Ukraine, de la défaite des sous-marins dans l'Atlantique et de l'intensification des bombardements aériens sur toute l'Allemagne. Il est alors de plus en plus convaincu de la lourde responsabilité d'Hitler et de Goering dans la possible défaite du Reich. Il est également persuadé que l'entêtement du *Führer* à vouloir lutter sur plusieurs fronts à la fois conduit le pays à la ruine. Rommel voit en lui un obstacle à un accord avec les démocraties occidentales, une négociation qui permettrait de contenir la menace soviétique. Il a rencontré le maréchal Graziani, qui lui a fait une forte impression. « Ce grand militaire, écrit Rommel, a une personnalité impressionnante, bien différente de celle de tous les autres officiers italiens que j'ai connus. Mais il ne dispose, naturellement, d'aucune autorité pour le moment. »

Hitler opte pour Albert Kesserling

Villafranca, 21 novembre

Hitler, après avoir très longuement hésité, a fini par trancher en faveur du maréchal Kesserling, qui garde le commandement en Italie sans le maréchal Rommel, appelé à prendre d'autres responsabilités. Rommel proposait de quitter l'Italie centrale et méridionale, et tenter d'établir une ligne de résistance principale dans les monts Appenins, au sud de la vallée du Pô. Ainsi, la longueur des côtes à défendre est raccourcie, ce qui permet d'étoffer cette ligne plus profondément. Kesserling, en revanche, estimait qu'il était alors possible de se maintenir au sud de Rome pendant assez longtemps. La solution de Kesserling a finalement été retenue. Dès aujourd'hui, Erwin Rommel est monté dans l'avion qui, de l'aérodrome de Villafranca, va le mener à sa nouvelle destination. Il a emmené avec lui le général Alfred Gause et le vice-amiral Friedrich Ruge, deux excellents officiers qu'il aime garder à ses côtés.

Son fils voulait entrer dans les SS

Wurtemberg, 1er décembre

Lors d'une visite éclair auprès des siens, Rommel vient d'avoir une longue discussion avec son unique fils, Manfred. Ce dernier, croyant faire plaisir à son père, songeait à s'engager dans les *Waffen SS*, pour lutter en première ligne. Mais son père s'y est vivement opposé. Il ne veut pas que son fils serve sous les ordres d'officiers responsables de nombreux massacres. Son fils, alors âgé seulement de quinze ans, ignore que les unités de *Waffen SS* ont perpétré de nombreux massacres en Europe. Dans l'île de Céphalonie, la division d'infanterie italienne *Acqui* avait alors refusé, en septembre, de poursuivre les combats au côté de la solide division de *Waffen SS Prinz Eugen*. Pendant une quinzaine de jours, la division *Acqui* opposa une héroïque résistance aux Allemands. Les munitions épuisées, les Italiens ont été forcés de se rendre. Ils furent exterminés par les *Waffen SS* du général Phleps.

Le plus important commandement de sa carrière

Inspecteur des côtes d'Europe occidentale

Europe occidentale, 1er décembre
Adolf Hitler, qui a conservé toute sa confiance en Rommel, vient de lui donner le commandement le plus important de toute sa carrière. A un moment où l'on ne peut plus mettre en doute la perspective d'un grand débarquement en France, le *Führer* lui attribue l'inspection de toutes les côtes de l'Europe occidentale depuis le Danemark jusqu'à la frontière de l'Espagne. Cette mission comporte deux points absolument essentiels : l'étude et le renforcement de toutes les défenses des côtes occupées ; la préparation d'opérations offensives contre un ennemi ayant débarqué. Le maréchal se devra de parcourir les côtes de l'Europe occidentale, de la pointe de Saken au Danemark à la frontière franco-espagnole. Il est épaulé par le général Alfred Gause, son chef d'état-major, et l'amiral Ruge, son conseiller naval.

C'est un Rommel fatigué qui entreprend sa nouvelle mission : la défense des côtes de l'Europe occidentale.

Première inspection au Danemark

Danemark, 11 décembre
C'est par la côte danoise que vient de commencer l'inspection confiée au maréchal Rommel. Cette tournée a été rapide. Rommel se trouvait à Sikelborg le 2 décembre, se rendait à Esbjerg le 4, puis consacrait les journées suivantes à l'exploration minutieuse des plages de la côte du Jutland jusqu'à la pointe de Saken. Puis, le 9, Rommel a pris l'avion à Aalborg, pour Copenhague. Après avoir consacré la journée d'hier à l'île de Seeland, Rommel quitte le Danemark, où, en réalité, ni lui ni personne dans son état-major ne croit sérieusement à une menace de débarquement de l'ennemi. Il écrit : « Au Danemark, on trouve encore à acheter tout ce que l'on veut, mais, bien entendu, les Danois préfèrent ne vendre qu'à leurs compatriotes. J'ai appris qu'à l'avenir l'ordre de mobilisation s'étendra aux jeunes Allemands âgés de quatorze ans ; ils seront théoriquement versés dans le service du travail ou affectés à la défense du territoire. »

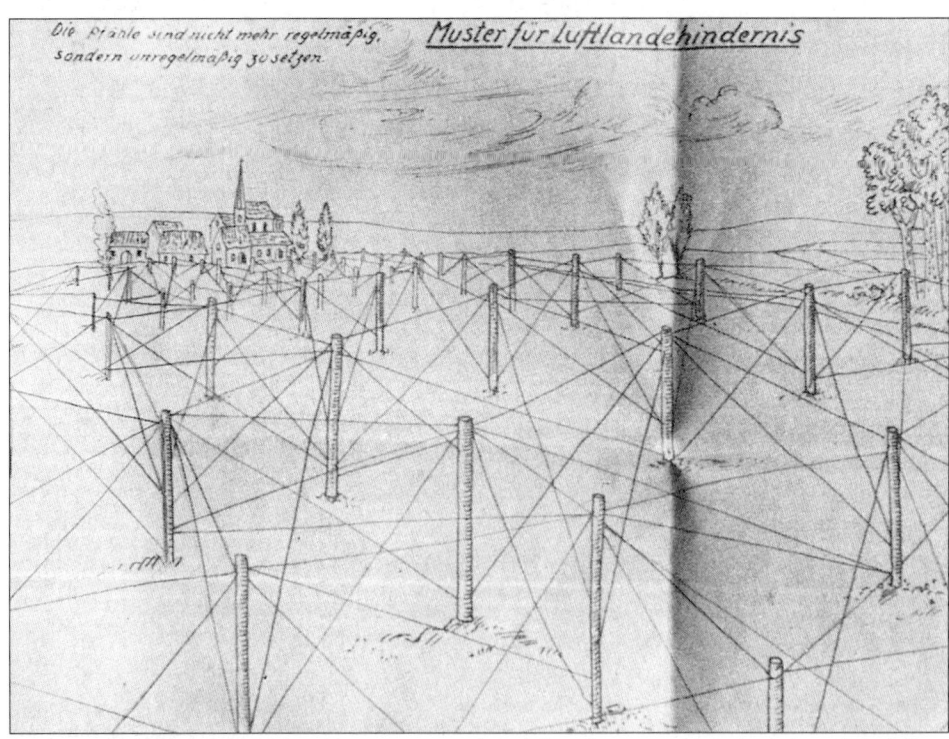

Tenant sa tâche à cœur, il dessine lui-même sa conception de la défense des côtes, qui prévoit un réseau de barbelés.

Son QG est au château de Fontainebleau

Le choix du petit château de Fontainebleau allie sécurité et proximité.

Fontainebleau, 15 décembre
Le maréchal Erwin Rommel a pris pour résidence un petit château qui fut jadis habité par la marquise de Pompadour, la maîtresse du roi de France Louis XV. « Ce château est absolument ravissant, écrit Erwin Rommel. Les Français d'il y a deux siècles voyaient très grand lorsqu'ils bâtissaient pour la classe dirigeante. En comparaison, nous sommes des provinciaux. Malheureusement, je ne resterai pas longtemps ici. Je dois repartir en tournée, comme vient de l'annoncer la radio. Ces imbéciles sont vraiment impatients d'informer les Anglais et les Américains de ma présence à Fontainebleau. »

En inspection, du Danemark à l'Aquitaine

Il doit aussi passer en revue les troupes chargées de défendre les côtes.

France, 30 décembre
Rommel a un calendrier très chargé. Il doit multiplier les inspections sur toute la côte occidentale. Il a prévu de se rendre, en janvier, en Belgique et en Picardie, en Normandie et en Bretagne. En février, il visitera les côtes de la Manche et celles de la Méditerranée, sans oublier la région Aquitaine. Le maréchal veut passer une journée à Bordeaux, dont il a gardé un heureux souvenir. Rommel s'est fait remettre les plans détaillés du mur de l'Atlantique, qui avec ses blockhaus, ses batteries, ses fossés antichars, ses obstructions de toutes sortes doit être en mesure de faire échec à un débarquement allié.

Manfred a suivi les conseils de son père

France, 25 décembre
Le maréchal du Reich est heureux d'apprendre que son fils, Manfred, a tenu compte de ses conseils quant au choix de son incorporation dans l'armée. Il vient alors de lui écrire une lettre pour le féliciter : « Mon cher Manfred, tu vas quitter notre chère maison dans un mois afin de t'engager comme soldat auxiliaire de la *Luftwaffe* ; une vie tout à fait nouvelle va donc s'ouvrir pour toi. Il faudra t'habituer à obéir vite et sans jamais hésiter aux ordres de tes supérieurs. Souvent ces ordres ne te plairont pas, très souvent tu ne les comprendras pas. Obéis alors sans discussion. Un chef ne peut entrer dans de longues discussions avec ses subordonnés, car il n'a pas le temps d'indiquer les raisons. La discipline est la force d'une armée. Le courage et la ténacité sont également très importants. Je suis persuadé que tu feras honneur au nom que tu portes. Je pense que, tout comme moi, ta mère est déjà fière de toi. »

Il intensifie l'installation des mines sur les côtes de Normandie.

Des failles dans le système de défense

France, 31 décembre
Rommel a déjà détecté les failles du système de défense. Il a noté que, de la Norvège à la Bretagne, on ne compte que quatre grands secteurs puissamment défendus : la région de Narvik-Harstad, les passes dites de Bergen, le Pas-de-Calais et les îles Anglo-Normandes. Partout ailleurs, de l'importante embouchure de la Somme à celle de la Loire, on ne trouve que 37 canons lourds. Tout le long du littoral, les batteries de côte sont généralement à ciel ouvert et les blockhaus sont souvent assez mal placés. La défense des ports est insuffisante. Rien n'a été prévu pour repousser un assaut de parachutistes à l'arrière des défenses. Quant aux troupes en garnison sur les côtes, elles ne sont pas en état de première fraîcheur et ne rappellent que de très loin les jeunes « dieux » de l'invasion de 1940. S'y retrouvent les généraux fatigués ou blessés, les unités venues se refaire une santé, après les dures épreuves de l'Union soviétique.

1944

 52 ans 53 ans

Kiev, 6 janvier
Les Soviétiques pénètrent en Pologne.

Vérone, 11 janvier
Le comte Ciano est exécuté pour trahison.

Italie, 22 janvier
Les Alliés établissent une tête de pont à Anzio.

Haute-Savoie, 27 mars
Chute du plateau des Glières.

Berlin, 30 mars
Hitler, furieux des succès de l'Armée rouge, limoge les maréchaux von Manstein et von Kleist.

Italie, 13 mai
Les troupes françaises du général Juin s'illustrent sur le Garigliano.

Italie, 4 juin
Les Alliés entrent dans Rome.

France, 6 juin
Début du débarquement allié en Normandie.

France, 27 juin
Les Américains prennent Cherbourg.

Obersalzber, 6 juillet
Le maréchal Gerd von Rundstedt est démis de ses fonctions.

Rastenburg, 20 juillet
Echec d'un attentat contre Hitler.

Cannes, 15 août
Les Alliés débarquent en Provence.

France, 25 août
La division Leclerc et les FFI libèrent Paris.

Hollande, 27 septembre
Défaite des Alliés à Arnhem.

Ardennes, 16 décembre
Contre-offensive allemande.

A la tête du groupe d'armées B

A la tête de la XVe et de la VIIe armée, le maréchal Rommel dirige maintenant la totalité des opérations à l'ouest.

France, 15 janvier
Outre sa mission d'inspection des côtes, le maréchal Rommel vient de se voir attribuer le commandement du groupe d'armées B, comprenant les VIIe et XVe armées, tenant alors un front qui s'étend de la Bretagne à la Hollande. Il a sous ses ordres un total de sept divisions blindées et trente-deux divisions d'infanterie. Une énorme responsabilité repose sur cet homme qui n'a commandé jusque-là qu'une seule armée sur un théâtre limité et spécifique, celui de l'Afrique du Nord. Rommel ne peut cependant décider seul. Il est sous les ordres d'un officier de la vieille école, le maréchal von Rundstedt, le commandant en chef à l'ouest. Ce dernier apprécie la grande bravoure et l'audace de Rommel mais juge qu'il lui manque, pour le nécessaire exercice d'un haut commandement, la formation rigoureuse du grand état-major. Les deux hommes ont cependant de bonnes relations, mais leurs conceptions s'opposent parfois sur la meilleure stratégie à adopter face au débarquement attendu. La discussion reste toujours courtoise du fait d'une estime réciproque.

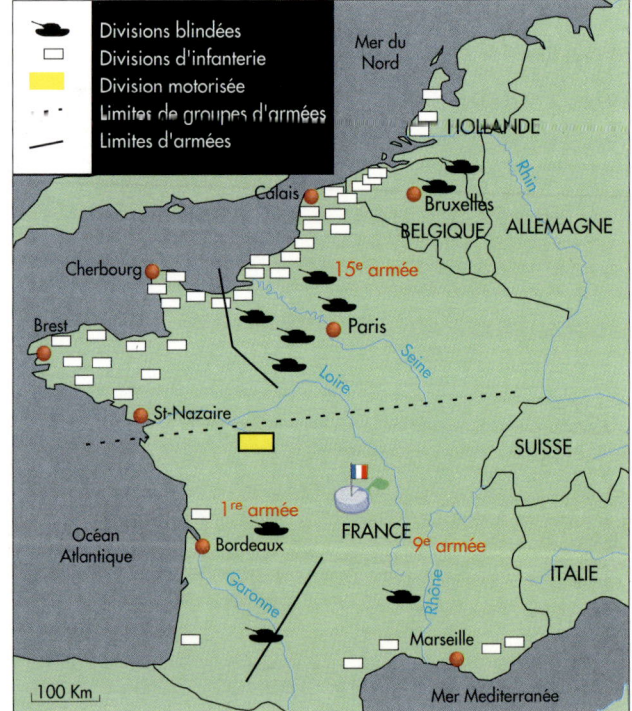

En désaccord avec von Rundstedt sur la stratégie

Convaincu de ce que l'ennemi prévoit

France, 17 janvier

Le maréchal Rommel est convaincu que le débarquement interviendra de nuit et à marée haute. Les Alliés ne prendront pas le risque d'exposer leur infanterie au tir meurtrier des armes automatiques sur des plages découvertes. Cette conviction dicte la mise en place de toute une gamme d'obstacles. Rommel est également convaincu que cette opération doit intervenir dans le Pas-de-Calais ou, à la rigueur, de part et d'autre de l'estuaire de la Somme. C'est alors la route la plus directe pour Paris et pour atteindre l'Allemagne. C'est là aussi que s'édifient les rampes de lancement les plus nombreuses des armes de représailles, les fusées V1. Dans l'esprit de Rommel, le passage de la Manche, à son endroit le plus étroit, ressemble au franchissement d'un fleuve. Rommel ne rejette pas les possibilités d'un débarquement en Normandie mais considère cette hypothèse comme peu probable. En vertu de sa conviction, identique à celle de von Rundstedt, les unités les plus puissantes sont attribuées à la XVe armée au nord de la Seine. Les travaux de défense sont poussés plus activement dans ce secteur que sur les faibles positions de la VIIe armée (Normandie-Bretagne). De la Loire aux Pays-Bas, le mur de l'Atlantique compte 9 300 ouvrages bétonnés.

Gerd von Rundstedt est son supérieur hiérarchique dans sa nouvelle mission.

En conflit avec son supérieur direct

France, 18 janvier

Le désaccord entre Rommel et le maréchal von Rundstedt porte sur l'utilisation des divisions blindées. Le maréchal Rommel, en fonction de son système de défense, tient non seulement à porter au plus près de la côte les unités d'infanterie mais également ses divisions blindées. Celles-ci doivent pouvoir intervenir dès les premières heures de l'assaut des Alliés. « Dans le très bref laps de temps, écrit Rommel, qui nous sépare encore de la grande offensive alliée, il faut parvenir à porter nos multiples défenses à un niveau tel qu'elles résistent aux plus puissantes attaques. Il faut anéantir l'ennemi avant qu'il soit en mesure de faire débarquer son matériel lourd et de pénétrer profondément à l'intérieur des terres. C'est dans l'eau qu'il faut l'arrêter, non seulement pour le retarder mais pour détruire tout son matériel pendant qu'il est encore à la mer. » Pour justifier sa conversion à un système de défense linéaire, à une guerre défensive, Rommel se retranche derrière les carences de la *Kriegsmarine* et de la *Luftwaffe*. Le maréchal von Rundstedt estime que les divisions blindées doivent être regroupées en dehors de la portée de l'artillerie de marine des navires alliés et dissimulées aux vues de l'aviation, pour contre-attaquer.

Le mur de l'Atlantique comprend 9 300 ouvrages bétonnés sur 1 400 km.

Les « pieux de Rommel » sont destinés à stopper le débarquement allié.

Rommel a retrouvé quelques raisons d'espérer

France, 19 janvier

Amené à trancher, Hitler a décidé de placer trois divisions blindées sous les ordres de Rommel, quatre autres restant en réserve. La rapidité avec laquelle les travaux de défense côtière ont été réalisés en France a fait renaître un peu d'espoir en la victoire au maréchal. « Rentré d'une longue tournée, écrit-il, je suis très satisfait des progrès réalisés. Je suis persuadé que nous gagnerons cette bataille défensive sur le front ouest, à la condition qu'il nous reste un peu de temps pour nous y préparer. » Il s'est attaché à analyser chaque point avec une égale attention, s'efforçant de convaincre ses subordonnés de la nécessité d'installer un système de défense infranchissable dans chaque zone, jusque loin derrière les côtes. Au large, il fait mouiller des mines, et sur les plages, des obstacles munis de charges explosives, immergés à marée haute, doivent constituer des pièges mortels pour les chalands de débarquement. Les digues ont été transformées en barrages antichars. Rommel insiste pour que les pièces légères et les mitrailleuses soient mises sous abri. En principe, chaque point d'appui doit aligner plusieurs blockhaus. Les rues sont coupées par des barricades et, partout, des mines et autres pièges sont répandus à profusion, sans oublier des lignes de barbelés. Plusieurs secteurs sont inondés, pour enliser les éventuels parachutages, et des petits poteaux minés, surnommés les « asperges de Rommel », ont été plantés dans les prairies.

Rommel se montre satisfait des progrès réalisés au niveau du système de défense côtier, dont il est l'instigateur.

Il a procédé sur son secteur à la multiplication des champs de mines.

De redoutables obstacles antichars ont été dressés à même la plage.

1944

Deux mascottes pour égayer sa vie

Fontainebleau, 26 janvier
Rommel vient de faire l'heureuse acquisition de deux jeunes chiens. « Me voici devenu propriétaire de deux bassets, dont l'organisation Todt m'a fait cadeau. L'un deux, le mâle, a un an ; il a de longs poils et une véritable moustache. La femelle n'a que trois mois ; elle s'est montrée très caressante, contrairement à son compagnon, qui reste sur la réserve. En ce moment, mes deux chiens se trouvent couchés sous mon bureau ; l'aîné aboie dès que quelqu'un entre ou s'approche de moi. Tous deux hurlent continuellement pendant la nuit. Je suppose qu'ils s'ennuient de leur précédent propriétaire. Je fais tout mon possible pour les rendre moins tristes. Mais je dois souvent m'absenter pour mes inspections. »

Son fils est entré dans la Luftwaffe

Fontainebleau, 29 janvier
Rommel écrit à son fils, qui vient d'être incorporé dans une unité de DCA de la *Luftwaffe*. « Mon cher Manfred, ta première lettre écrite sous l'uniforme d'auxiliaire de notre *Luftwaffe* m'a fait grand plaisir ; je constate que tu t'habitues bien à ton nouveau style de vie. Il n'est pas si facile pour un fils unique de quitter son foyer. Peut-être auras-tu d'ici quelques jours une permission, et il faudra alors nous raconter tout cela en détail. Ici, il y a énormément à faire avant que nous soyons prêts à livrer bataille. Quand tout est calme, les gens se montrent contents et en prennent à leur aise. Mais, entre le calme actuel et le combat à venir, le contraste sera rude, et j'estime donc indispensable de nous préparer à affronter un moment qui s'annonce difficile. Je suis toujours par monts et par vaux, et partout où je vais je lève un nuage de poussière. Nous nous trouvons aujourd'hui dans une situation qui peut nous conduire au pire. Goering tient une large part de responsabilité dans les désastres de Stalingrad et de Tunis. Il est trop soucieux de son propre confort pour consacrer ses efforts à la réalisation de ses plans. Il n'a cessé de faire des promesses jamais tenues. C'est un vaniteux de la pire espèce. »

De Bayonne à La Rochelle en passant par Bordeaux et Le Verdon

Les troupes de l'Axe sont gonflées d'un régiment indien constitué récemment.

Le nouveau châtelain de La Roche-Guyon

La Roche-Guyon, 15 mars
Le maréchal vient de s'installer au château de La Roche-Guyon. Lors d'une de ses nombreuses visites à l'arrière des défenses, il est passé près de cette fière demeure, au bord de la Seine, à 68 kilomètres de Paris. Ce château des La Rochefoucauld se dresse sur la falaise crayeuse que domine un vieux donjon. Rommel a eu le coup de foudre. Ce château est à coup sûr beaucoup plus proche de la côte que celui de Fontainebleau. La route sera aussi plus courte pour rejoindre le QG du maréchal Gerd von Rundstedt, à Saint-Germain-en-Laye. Plusieurs personnalités aussi célèbres que Victor Hugo ou encore Lamartine ont habité ce somptueux château.

Sur le perron de sa nouvelle demeure, avec une partie de l'état-major.

Aquitaine, 11 février
Rommel a inspecté la longue côte du Sud-Ouest. Avant-hier, il était à Bayonne, à Biarritz et à Hendaye. Il est passé ensuite par Bordeaux pour visiter les spectaculaires défenses du Verdon, de Royan et celles de La Rochelle. Il a également inspecté les unités de la Iʳᵉ armée allemande, qui sont chargées de défendre toute la région Aquitaine. Les maquis y sont nombreux et souvent bien armés. Le front de La Rochelle-La Pallice, les îles de Ré et d'Oléron alignent 150 canons et plus de 200 ouvrages bétonnés. Le secteur de Royan peut compter sur 200 pièces d'artillerie et 218 casemates. La poche de la pointe de Grave, dans le Médoc, est défendue par plus d'une centaine de canons et 110 blockhaus. Ces trois forteresses doivent être en mesure de résister de tous les côtés.

Plus de blindés et nous gagnerons

La Roche-Guyon, 23 avril
Rommel tente d'imposer son point de vue sur l'utilisation des divisions blindées. A ce titre, il a rédigé une longue lettre au général Alfred Jodl : « Malgré la supériorité aérienne des Alliés, si nous réussissons à jeter, au cours des premières heures qui vont suivre le débarquement, une grande partie de nos forces blindées contre l'ennemi dans les secteurs côtiers menacés, je suis persuadé que nous gagnerons la bataille dès le premier jour. Jusqu'ici, les dommages qui ont été infligés par les divers raids aériens à nos blockhaus restent très négligeables ; en revanche, nos abris de campagne, nos tranchées et nos boyaux de communication ont été entièrement détruits ou gravement endommagés en plusieurs endroits. Voilà qui prouve la nécessité à bien bétonner les positions. Mais mon seul souci véritable est le problème des divisions blindées. Certaines de ces formations restent, hélas ! encore dispersées sur un vaste territoire, trop loin à l'intérieur des terres ; elles arriveront certainement trop tard pour jouer leur rôle dans la future bataille du littoral. Etant donné la supériorité aérienne écrasante des Alliés, tout déplacement important des unités blindées en direction des côtes sera bloqué par les avions. »

1944

Rencontre culturelle avec Ernst Jünger

La Roche-Guyon, 2 mai
Ernst Jünger, écrivain allemand de grande réputation, combattant de la Grande Guerre, alors capitaine de la *Wehrmacht*, vient de présenter à Erwin Rommel un mémorandum en faveur de la paix, fondé sur l'idée d'une Europe unifiée sur les bases du christianisme. Rommel a trouvé son projet aussi passionnant que convaincant. Les deux hommes sont attachés à des valeurs communes, celles de la chevalerie. Le courage, l'amitié, la fidélité, l'honneur et la justice doivent triompher de toutes les barbaries. Dans son livre *Sur les falaises de marbre*, Jünger a élevé le dur combat du mal et du bien au niveau du mythe, grâce à un langage d'une poésie hallucinante de beauté.

Hitler l'a félicité au téléphone

La Roche-Guyon, 17 mai
Pour sonder les intentions du chef du IIIe Reich, Rommel a téléphoné au *Führer*. « D'excellente humeur, écrit Rommel, il n'a pas ménagé ses louanges pour le travail que nous avons accompli à l'ouest. J'espère continuer à un rythme encore plus rapide que précédemment. Il fait toujours aussi froid et il pleut. Voilà qui va forcer les Britanniques à se montrer patients. J'attends encore pour savoir si je pourrai m'absenter quelques jours dans le courant du mois de juin. Pour le moment, il ne peut en être question. La situation en Italie est inquiétante : l'énorme supériorité ennemie en artillerie, et surtout en aviation, lui a permis de remporter un important succès sur le Garigliano. » Erwin Rommel est convaincu que, pour traiter dans de bonnes conditions avec les Anglais et les Américains, il est impératif de repousser leur débarquement dès la première journée de combat. « Les divisions d'infanterie, écrit-il, seront probablement incapables de stopper des attaques lancées simultanément par les assaillants venus de la mer et par les unités parachutées assez loin à l'intérieur des terres. Il faut donc disposer toutes nos unités blindées près des côtes, pour contre-attaquer avec vigueur dans les délais les plus rapides. C'est la clé du succès. »

Un premier contact avec les conjurés

Rommel et d'autres officiers de l'état-major doutent des capacités d'Hitler à mener son pays à la victoire finale.

France, 15 mai
Rommel, persuadé que Hitler est un fou, qui mène l'Allemagne et toute l'Europe à la ruine, a pris contact avec un petit groupe d'officiers qui souhaitent renverser le *Führer*. Il a aussi rencontré le général Wagner et un compatriote wurtembergeois, le Dr Strölin, bourgmestre de la ville de Stuttgart, devenu désormais un opposant actif au régime nazi. Le général Hans Speidel, son nouveau chef d'état-major depuis février, l'a mis en rapport avec un des chefs de cette conjuration, commandant de Paris, le général allemand Karl Heinrich von Stülpnagel. Rommel reste encore hésitant sur la conduite à suivre. Il est hostile à un attentat, qui risque de conférer à Adolf Hitler une auréole de martyr. Il préfère le faire arrêter pour ensuite le juger. Il pense qu'une paix est possible avec les Anglo-Américains à condition de vite évacuer le territoire français. L'URSS resterait le seul ennemi de l'Allemagne.

Speidel partage le même pessimisme que son chef Rommel

Une profonde amitié lie le général Speidel au maréchal depuis des années.

Allemagne-France, 27 mai
Le très discret général Hans Speidel, chef d'état-major d'Erwin Rommel, agissant au nom de celui-ci, vient de rencontrer, à Freudenstadt, le baron von Neurath, l'ancien ministre des Affaires étrangères du Reich, et le Dr Strölin. Ces derniers l'ont chargé de transmettre à son supérieur une invitation à se tenir prêt pour sauver l'Allemagne, dont il deviendrait le chef ou le responsable des armées. Rommel approuve la teneur de cet entretien. Il a informé von Neurath et Strölin qu'il est prêt à s'engager mais ne souhaite pas précipiter les choses. Le maréchal veut surtout se trouver en position de force pour agir avec efficacité.

Rien n'indique l'imminence du débarquement...

France-Allemagne, 5 juin

Depuis six mois qu'il commande en France, le principal souci d'Erwin Rommel, en dehors de la défense du littoral, a été la bonne répartition des divisions blindées. Au cours de l'hiver, à deux reprises, Rommel est allé en Allemagne pour essayer de régler la question selon ses vues. Il n'y est pas parvenu. Aujourd'hui, il pleut, il souffle un fort vent d'ouest, les conditions de marée paraissent défavorables à un débarquement, et les reconnaissances de la chasse ne donnent pas à penser qu'il peut être imminent. Le maréchal a donc fait savoir que, dans ces conditions, il n'a aucun scrupule à s'absenter. Il a d'ailleurs arrêté avec Hans Speidel les dispositions nécessaires pour une mise en alerte éventuelle. Il a ainsi pris la route pour l'Allemagne, afin d'arracher à Adolf Hitler la décision de rapprocher les divisions blindées de la côte et d'en disposer sans avoir à « tirer dix cordons de sonnettes ». Et puis, cette visite a pour lui une autre importance : le 6 juin, c'est en effet l'anniversaire de sa femme, qui doit célébrer ses 50 ans.

Tout est prêt pour faire échec à un éventuel débarquement. Rommel contrôle en permanence ses défenses côtières.

Les blockhaus, construits par l'organisation Todt, sont tous inspectés.

Pour gagner Herrlingen, il parcourt 600 km à bord de sa Horsch de fonction.

1944

La fête pour les 50 ans de Lucie est contrariée :

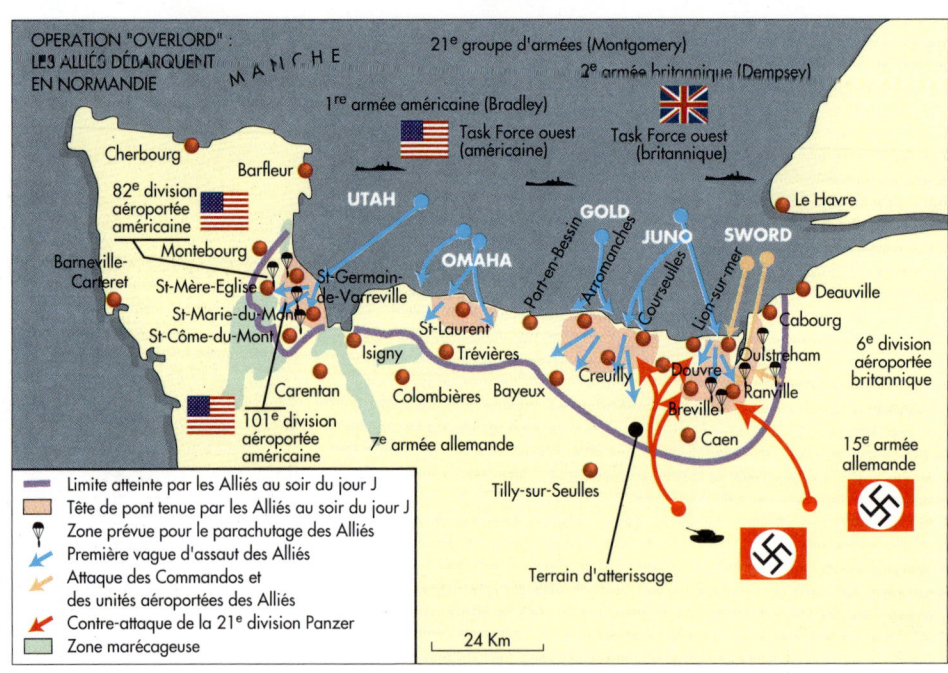

La nouvelle vient de lui être confirmée

Allemagne-France, 6 juin
Rommel, qui se préparait à célébrer le cinquantième anniversaire de sa femme, chez lui, à Herrlingen, vient d'être informé qu'une forte armada de navires alliées avait débarqué d'importantes troupes sur les plages de Normandie. Rommel a attendu la confirmation de cette incroyable nouvelle qui déjoue ses pronostics. Il a dû parcourir en voiture plus de 600 km pour rejoindre son poste de commandement, pestant contre le sort qui l'a conduit en Allemagne le jour du débarquement et contre cette maudite *Luftwaffe* qui ne lui permet pas de rallier le château de La Roche-Guyon plus vite que par la route. Dans la soirée, Rommel a pu constater que la situation n'est pas encourageante : « Les Alliés se sont déjà assuré une tête de pont large de 25 km et ils tiennent bon. »

l'opération *Overlord* est déclenchée en Normandie

Un carnage sur les plages françaises

Normandie, 6 juin

L'opération *Overlord*, nom de code donné au débarquement des Alliés en Normandie, est déjà un succès. Plus de 6 000 navires ont traversé la Manche par une nuit de grand vent et sous une pluie battante. Ils ont navigué sur un front large de 80 km, transportant 185 000 hommes et quelque 20 000 véhicules. Le plus grand débarquement de l'Histoire débutait. A l'aube, trois divisions aéroportées ont été parachutées ou sont arrivées à bord de planeurs. A 6 h 31, alors que la flotte tirait sur les positions allemandes tout au long de la côte, les premiers soldats ont débarqué sur les plages où ils se sont heurtés à une forte résistance. Les combats les plus acharnés se sont déroulés à Omaha Beach, non loin de Saint-Laurent. Les troupes US ont réussi à créer une tête de pont au prix de lourdes pertes. A l'est, les Britanniques et les Français libres ont pu s'emparer de Ouistreham et d'Arromanches. Les pertes alliées sont lourdes : 10 793 hommes hors de combat contre 6 500 Allemands.

Les pièges de Rommel tuent des milliers de fantassins et de parachutistes.

Rommel avait bel et bien raison

Normandie, 6 juin

Ce soir, le maréchal est obligé de constater que les faibles réserves de son armée ont déjà été jetées dans la bataille. Les généraux des unités d'infanterie attendent l'arrivée des divisions blindées ; ils espèrent que leur intervention permettra alors de rejeter l'ennemi à la mer. Mais rien ne vient, les stocks s'amenuisent et, d'un bout à l'autre du front, ordre est donné de réduire la cadence des tirs. Un découragement général a commencé à gagner les états-majors, et il risque d'influencer les combats qui vont suivre. La tournure de la bataille donne en partie raison au maréchal Rommel, qui désirait que les divisions blindées soient plus près des côtes, afin d'être en mesure de contre-attaquer le jour même du débarquement. Mais cette opération amphibie constitue pour l'ensemble du commandement du Reich une cascade de surprises. Elle intervient d'abord en Normandie et non dans le Pas-de-Calais. Elle se produit à l'aube, à mi-marée et à la fin d'une période de mauvais temps.

Le plus grand déploiement naval de l'Histoire atteint facilement les côtes.

Les LST (« Landing Ship Transport ») transportent le matériel lourd.

1944

Un rapport explosif adressé à Hitler

L'occasion d'arrêter Hitler était belle

La Roche-Guyon, 10 juin
Un rapport, rédigé par le maréchal Rommel, présente explicitement ses vues sur le déroulement de l'actuelle bataille de Normandie : « L'ennemi tente d'assurer, entre l'Orne et la Vire, une tête de pont, qui servira de tremplin idéal pour lancer une puissante attaque en direction du centre de la France, vers la capitale probablement. L'ennemi cherche à isoler toute la presqu'île du Cotentin et à s'emparer le plus rapidement possible de Cherbourg, de manière à disposer d'un grand port, offrant des possibilités de déchargement. Au vu de l'évolution de la situation, il est possible que l'ennemi renonce à se concentrer sur le Cotentin si la résistance est trop opiniâtre. Dans ce cas, il effectuera une poussée vers l'intérieur du territoire français en rassemblant la totalité de ses forces disponibles. Plusieurs facteurs ont contribué à réduire notre liberté de mouvements en Normandie. Ils ont rendu impossible, sur beaucoup de points, le déroulement normal des opérations. D'abord, une écrasante supériorité de l'aviation ennemie. Même les déplacements de petites unités sont immédiatement attaqués par les chasseurs-bombardiers alliés. Vient ensuite l'effet terrible des pièces lourdes de la marine alliée : 640 canons sont entrés en action. Les effets de ces tirs de barrage sont tels que toute opération entreprise par l'infanterie, ou par les chars, est nécessairement vouée à l'échec. Et pourtant, malgré ce bombardement, les divisions bien retranchées sur la côte normande, et celles passées à la contre-attaque, se sont maintenues opiniâtrement sur leurs positions. Les soldats alliés sont dotés d'armes nouvelles et d'un matériel lourd très imposant. La supériorité des Alliés en armement et en ravitaillement semble écrasante. Enfin, l'ennemi a favorisé les soldats parachutistes. La mobilité de ces soldats d'élite est telle que nos troupes, qui doivent les engager, ont d'immenses difficultés à les repousser. Nos soldats luttent avec un acharnement et un courage extraordinaires, malgré l'incroyable dépense de matériel de l'ennemi. Je demande que le *Führer* soit informé de cette situation. » Pour Rommel, l'Allemagne a déjà perdu la bataille de Normandie.

Persuadé que Hitler est fou, il ne voit pas d'autre issue que de l'écarter.

Margival, 17 juin
Une importante conférence vient de se dérouler à Margival, en présence du *Führer*. Depuis plusieurs jours, le maréchal Rommel voulait profiter de cette visite du chef du Reich pour lui tendre un piège et le faire arrêter. Lors de la conférence, Rommel n'a pas cherché à dissimuler la gravité de la situation. A deux reprises, il a abordé la solution d'un règlement politique. Hitler a été une fois de plus déconcertant. Il a rejeté toute solution négociée et a même déclaré sèchement à Rommel : « C'est une question qui ne vous regarde pas. » Il a également rejeté toute idée de retraite sur la Seine. Il a accepté à la rigueur un rapide repli tactique sur la « Suisse normande ». Mais il a surtout insisté sur la nécessité d'une résistance sur place à tout prix. « Il faut, a-t-il déclaré, bloquer l'ennemi sur sa tête de pont jusqu'à l'arrivée des escadrilles d'avions à réaction. » Adolf Hitler se réfugie dans une attitude bien étrange, où se mêlent une fausse intuition et le cynisme. A la fin de la réunion, le *Führer* a fait semblant d'accepter de visiter le front de Normandie pour le lendemain. En fait, il a regagné directement l'Allemagne en début de soirée. Il a été impressionné par la chute d'une fusée V1 à proximité de son abri. Son instinct l'a averti du danger qui le menaçait. Hitler ne semble pas ignorer que des officiers veulent l'arrêter ou le tuer. Rommel est très abattu. Il estime qu'une aussi belle occasion de s'emparer du chef du Reich ne se répétera pas de sitôt. Il décide de redoubler de prudence, car il craint que les SS et le SD ne se doutent de quelque chose. Il reste cependant en contact étroit avec la conjuration des officiers.

Les Allemands sont contraints de reculer sur tous les fronts

France-Italie-Russie, 18 juin
Le 7, la 50e division britannique a pu s'emparer de Bayeux. Le 8, à la prise de Port-en-Bessin par les unités britanniques, les têtes de pont de Gold et Omaha parvenaient à faire leur jonction. Le même jour sur le front italien, les troupes allemandes se repliaient le long de l'Adriatique. Le 10, les Canadiens repoussaient une violente contre-attaque d'une division blindée SS, la *Hitlerjugend*, dans le secteur de Caen, sur le front de Normandie. Un bombardement du QG du groupe de Panzer ouest de La Caine a tué dix-sept officiers. Les soldats américains, quant à eux, se sont trouvés face à une résistance inégale. Souvent, ils se sont heurtés, en Normandie, à des régiments de la *Wehrmacht* dans lesquels il n'y avait pas un seul Allemand. Ainsi, entre Omaha et Gold, une unité US a été encerclée par des Polonais, des Serbes et autres Russes, abandonnés par leurs officiers allemands. C'est à Cherbourg que la résistance des Allemands a été la plus forte. Sur les arrières de l'ennemi, la Résistance française a multiplié les sabotages et a même livré de véritables batailles, comme à Saint-Marcel, en Bretagne, où 2 400 FFI et FFL ont tenu tête à 13 000 ennemis. Et sur le front de l'est, l'Armée rouge menace déjà la région de Minsk.

Le découragement l'emporte sur sa combativité

Normandie, 19 juin

Beaucoup d'officiers s'étonnent de la surprenante passivité de Rommel, converti à une bataille défensive. Ce n'est plus ce maître aux initiatives audacieuses. Du style inimitable de commandant de l'Afrikakorps ne subsiste plus que les visites qu'il doit effectuer tous les jours sur le front à bord de sa voiture, malgré la nette supériorité aérienne des Alliés. Il ne peut s'accorder un vrai moment de détente que très tard le soir, quand il effectue une promenade avec Rue et Speidel. Un état de santé assez médiocre semble expliquer l'étrange passivité de Rommel. L'homme est nerveux, anxieux, pessimiste, mal remis de sa maladie contractée en Egypte. Cette passivité tient aussi à une énorme erreur stratégique. Le maréchal Rommel croit toujours à l'imminence d'un débarquement au nord de la Seine. Cette erreur tient à une grave défaillance des services de renseignement, qui ont attribué aux Alliés des réserves supérieures à la réalité.

Même ses soldats se rendent compte qu'il est au plus bas. Sa maladie et sa déception le rendent anxieux et passif.

Le bocage est favorable aux Allemands

Normandie, 20 juin

Les soldats de Rommel s'adaptent beaucoup mieux que les Alliés au caractère si particulier de la lutte dans le bocage normand. Rommel s'étonne de l'extrême circonspection des soldats alliés, qui manquent de mordant, laissent alors passer des occasions d'exploitation. A la plus petite résistance, l'infanterie alliée s'arrête, fait un repli, et un nouveau bombardement se déclenche. Dans la défense, l'Allemand se montre un combattant solide. Jusqu'à présent, les tankistes alliés n'ont pas montré beaucoup d'enthousiasme, lors des batailles de chars. Il est vrai que les chars allemands sont plus puissants.

Rommel admire la résistance dont ses soldats font encore preuve.

Une étape de plus dans la conjuration

Berchtesgaden, 28 juin

Le 26 juin, le maréchal Rommel a été averti par le colonel Finckl des préparatifs d'un attentat contre le *Führer*. Mais Rommel est toujours partisan d'une arrestation. Il confie à Finckl la mission de préparer et de coordonner minutieusement un soulèvement pour renverser Hitler. De nombreux officiers donnent leur accord, dont von Rundstedt. Mais, avant de faire arrêter le *Führer*, le maréchal Rommel veut avoir une dernière entrevue avec lui. Les deux hommes se sont rencontrés dans les Alpes bavaroises, à Berchtesgaden. Mais Hitler a fait preuve de la même fermeté. Il a refusé net l'éventualité d'une paix avec les Américains et les Britanniques. Adolf Hitler n'a fait que répéter ce qu'il venait juste de dire à l'amiral Dönitz : « Il ne faut surtout pas permettre aux Alliés de poursuivre une guerre rapide, car ils nous dépassent en mobilité. Tout se ramène donc à les maintenir dans leur tête de pont actuelle, afin de les épuiser et les contraindre même à reculer. » La VIIe armée allemande ne peut compter que sur elle-même sur le front de Normandie, d'autant que l'Armée rouge vient de lancer une grande offensive en Russie. Le seul résultat de la rencontre est le remplacement, décidé par le *Führer*, du maréchal von Rundstest par von Kluge, plus fidèle au régime nazi. Hitler espère que Kluge surveillera étroitement Rommel, jugé de plus en plus pessimiste.

Hans Speidel fait partie du complot.

1944

Von Rundstedt est écarté par Hitler

Front Ouest, 6 juillet
La décision, qu'Adolf Hitler avait déjà prise le 28 juin, vient d'entrer en application, à savoir le limogeage du maréchal Gerd von Rundstedt, qui avait eu le courage d'adresser au chef du Reich un rapport bien peu glorieux sur la situation militaire. Son entretien avec Hitler fut suivi d'une conversation par téléphone des plus tendues avec le maréchal Wilhelm Keitel : « Que devons-nous faire ? » lui demanda alors Keitel. « Faites la paix, tas d'imbéciles ! » lui rétorqua von Rundstedt. Le jour suivant, ce dernier était limogé. Il sera remplacé, comme prévu, par le maréchal Hans Günther von Kluge.

D'abord distant, von Kluge se rallie aux opinions de Rommel

Les rencontres officielles ont généralement lieu à La Roche-Guyon.

Front Ouest, 10 juillet
La rencontre entre Rommel et von Kluge, le 6, à La Roche-Guyon, fut glaciale. Mais, au bout de quelques jours, von Kluge a lui-même très vite constaté que la situation sur le plan militaire est sans issue. L'échec de la rencontre à Berchtesgaden a eu des conséquences décisives sur la conduite de la bataille en France. Rommel est totalement acquis à la conjuration. Il n'a plus qu'une seule préoccupation : empêcher les Alliés de percer en direction de Paris. Il concentre ses réserves aux abords de Caen. Il a même refusé de donner au général von Schweppenberg une autorisation de lancer une puissante contre-offensive en direction de la côte normande avec des blindés.

Comment renverser le maître du Reich ?

La Roche-Guyon, 11 juillet
Rommel prépare très activement le renversement d'Hitler. A ce titre, il a gardé la 116e Panzer en réserve au nord de Paris, et il a retiré du front la 2e Panzer. Pour des raisons aisées à comprendre, il tient à avoir entre les mains les deux grandes unités blindées qui relèvent de son autorité sans avoir à passer par Hitler. Son dispositif est purement politique. Il n'a pas cherché à profiter du grand désordre provoqué dans la tête de pont alliée par la tempête inopinée du 18 au 26 juin, qui avait paralysé l'action de l'aviation et retardé les arrivées de renforts. Il ne cherche pas davantage à se replier sur les hauteurs de la « Suisse normande », en dehors de la portée de l'artillerie de marine. Il se bat avant tout pour gagner du temps, afin de recourir à la solution politique que la situation exige. Il veut faire arrêter Hitler.

Les conjurés envisagent déjà un armistice

La Roche-Guyon, 12 juillet
Très hostile à une capitulation sans conditions, Rommel envisage alors la conclusion d'un armistice avec les Alliés anglo-américains. En échange de l'arrêt de l'attaque des fusées V1 sur Londres, de l'évacuation de tous les territoires occupés à l'Ouest et du repli de l'armée allemande sur la ligne fortifiée Siegfried, le Reich pourrait poursuivre la lutte contre l'Union soviétique. D'autre part, la fin des bombardements stratégiques sur le Reich permettrait de rallier la population. Rommel se dit prêt à devenir le commandant en chef des armées. A l'Est, le front pourrait être ramené sur une ligne solide qui irait de Memel à la Vistule. De suite après l'arrestation d'Adolf Hitler, un gouvernement centriste serait mis en place. Tous les généraux du front de Normandie pensent que la situation est désespérée.

Les Alliés déversent leurs bombes sur les défenses allemandes

Normandie, 15 juillet
Pour limiter leurs pertes humaines, les Alliés écrasent les défenses de l'ennemi en les bombardant. Grâce à leur écrasante supériorité dans tous les domaines de l'armement lourd, les Alliés multiplient alors les attaques aériennes massives et les pilonnages de l'artillerie de marine. Les unités allemandes ne peuvent se déplacer le jour sans être assaillies par des centaines d'avions adverses. A ce rythme, les pertes allemandes ne cessent de grimper. Le soldat du Reich continue toutefois à opposer une résistance héroïque aux Alliés. Les chars allemands détruisent de nombreux blindés adverses, lors de contre-attaques. Dans le secteur de Caen, les Allemands semblent être invincibles. Le secteur de Saint-Lô est également âprement disputé. Les haies touffues du bocage se prêtent à merveille à la défense.

La tête de pont s'élargit de jour en jour en Normandie, malgré l'opposition.

Une nouvelle mise en garde au *Führer*

Front Ouest, 17 juillet
Avant d'aller faire sa visite du front, Rommel vient d'adresser à Hitler un rapport accablant sur la situation militaire : « En Normandie, la fin est proche. Etant donné l'acharnement des combats, la dépense colossale de matériel à laquelle se livre l'ennemi, surtout pour l'artillerie et les chars, et les effets de la maîtrise aérienne adverse, nos pertes sont telles que la puissance combative de nos unités décroît rapidement. Non seulement les renforts qui nous parviennent sont réduits, mais, vu les difficultés d'acheminement, il leur faut plus d'une semaine pour arriver au front. Les pertes en blindés ne sont pas compensées. Nous n'avons reçu que 17 chars pour remplacer les 225 qui ont été détruits. Et nos hommes se conduisent en héros. »

Grièvement blessé lors d'une attaque de la RAF

Bernay, 17 juillet

L'événement n'a rien d'étonnant. La voiture du maréchal Rommel est une parmi les milliers mitraillées par les avions alliés depuis la bataille de Normandie. Le capitaine Helmuth Lang, assis à côté du maréchal, en rapporte les faits : « Comme chaque jour, le maréchal Rommel fait son tour au front. Après avoir visité les secteurs des 276e et 277e divisions d'infanterie, où une contre-attaque ennemie a été repoussée, nous avons poursuivi vers le QG du 2e corps blindé SS où le maréchal a eu un entretien avec les généraux Bittrich et Sepp Dietrich. Ceux-ci conseillent de nous méfier de l'aviation alliée, qui survole en permanence le champ des opérations. Vers 16 heures, le maréchal décide de rejoindre son QG, car l'ennemi vient de percer dans une autre partie du front. Le long des routes, nous ne cessons de croiser des convois en feu ; de temps en temps, l'aviation ennemie nous force à emprunter des petites routes secondaires. A 18 heures, la voiture arrive dans les environs de Livarot.

La rafale de mitrailleuse est partie du Typhon piloté par J. J. Le Roux.

Soudain, le long de la route allant de Livarot à Vimoutiers, le sergent Holke nous avertit que deux avions ennemis survolent le secteur dans notre direction. Le chauffeur décide d'accélérer pour prendre un chemin qui part à droite, à moins de trois cents mètres. L'endroit peut nous abriter. Avant que nous ayons pu l'atteindre, les chasseurs, volant en rase-mottes à grande vitesse, sont sur nous. Le premier ouvre le feu. Le maréchal détourne la tête à ce moment-là. La première des rafales déchire le flanc gauche de la voiture. Un projectile perce le bras gauche et l'épaule du conducteur. Rommel est blessé au visage par les éclats de vitre. Le montant du pare-brise le frappe violemment à la mâchoire et à la tempe gauche, occasionnant une triple fracture du crâne. Il a déjà perdu connaissance et est projeté hors du véhicule quand celui-ci se retourne. Les secours sont arrivés et nous avons emmené le maréchal Rommel à l'hôpital de Bernay. Les médecins ont diagnostiqué un état de choc et plusieurs fractures. »

Adolf Hitler sort vivant de l'attentat

Rastenburg, 20 juillet

Adolf Hitler a échappé de justesse à un attentat perpétré dans la salle des cartes de la « Tanière du loup », son camp retranché situé au fond d'une forêt de Prusse-Orientale. Le chef du Reich écoutait un rapport sur la situation sur le front russe quand une violente déflagration a dévasté la petite salle. A quelques centaines de mètres de là, le colonel Claus von Stauffenberg a jeté un coup d'œil à sa montre : 12 h 42. Il repartait pour Berlin, après avoir quitté le *Führer*. Il pensait pouvoir se féliciter d'une mission bien remplie. La mort du dictateur ne pouvait laisser aucun doute. Mais le jeune colonel, officier de 37 ans, revenu avec un œil et une main en moins de ses campagnes en Afrique du Nord, a dû déchanter. Hitler était vivant. C'est à Berlin, où les comploteurs s'étaient retrouvés après l'explosion, qu'ils ont appris que l'attentat avait échoué. La table en chêne, sous laquelle la bombe a été posée, a protégé Adolf Hitler. Les conspirateurs s'apprêtaient à remplacer le *Führer* par un général hostile au nazisme, Ludwig Beck.

Le maréchal faisait partie du complot

Berlin, 21 juillet

Le général Heinrich von Stülpnagel, qui a participé à l'attentat contre Hitler, est convoqué à Berlin pour y faire un rapport. Craignant le pire, il vient de tenter de se suicider près de Verdun, lieu où il avait participé aux sanglants combats de la Grande Guerre. Il s'est tiré une balle dans la tête avec son pistolet mais il n'a réussi qu'à s'aveugler. Inconscient, le général a été conduit à l'hôpital de Verdun où une opération lui a sauvé l'œil blessé. Dans son délire, il a répété le nom d'Erwin Rommel. Transporté à Berlin, encadré par la Gestapo, il a parlé sous la torture. C'est ainsi que le *Führer* apprend que le maréchal est bien impliqué dans la conspiration. Hitler a décidé de prendre le temps de la réflexion avant de décider d'une sanction à l'encontre du maréchal qu'il préfère. Le *Führer* a promis une vengeance impitoyable contre ceux qui ont osé tenter de le tuer. Il a exigé que les coupables soient abattus comme du bétail. Le colonel von Stauffenberg, le poseur de la bombe, a déjà été exécuté. De nombreux officiers ont été arrêtés. A ce jour, beaucoup de conspirateurs ont préféré le suicide à la torture.

Certains des conspirateurs veulent la mort du « Führer ». L'attentat de la « Tanière du loup » n'a pas réussi.

Après une longue hospitalisation en France,

Rommel a été terriblement éprouvé par son accident. Le réconfort que lui apporte sa famille l'aide à se rétablir plus vite. Il prend enfin le temps d'en profiter.

Soigné en France à Bernay et au Vésinet

Le Vésinet, 23 juillet
Les médecins de l'hôpital de Bernay ont diagnostiqué plusieurs blessures graves au crâne : une fracture à la base, deux fractures à la tempe, la mâchoire broyée, une grave blessure à l'œil gauche, des coupures par des éclats de vitre, diverses contusions. Après avoir été soigné à l'hôpital de la *Luftwaffe* de Bernay, Rommel a été évacué sur l'hôpital militaire du Vésinet. Une fois encore, il va faire preuve d'une vitalité remarquable et se rétablir rapidement. Le général von Esenbeck est venu lui rendre visite dans l'après-midi. Assis sur le bord de son lit, Rommel lui déclare : « Je suis heureux que ce soit vous, je craignais que ce ne soit le docteur, qui refuse toujours de m'autoriser à m'asseoir. » Ils ont très longuement parlé de l'avenir de l'Allemagne et de la situation militaire.

La correspondance d'un blessé grave

Le Vésinet, 24 juillet
De l'hôpital, Rommel a dicté une longue lettre pour sa femme : « Je suis à l'hôpital et très bien soigné. Il va de soi que je dois encore attendre avant de pouvoir être transporté ; je compte l'être d'ici à une quinzaine de jours. Mon œil gauche est encore enflé et je ne vois rien ; cependant, les médecins m'assurent que tout ira en s'améliorant. J'ai des migraines la nuit, mais, dans la journée, je me sens mieux. L'accident dont j'ai été victime m'a vivement impressionné. Remercions Dieu que je sois encore en vie. Peu avant l'attentat contre le *Führer*, je lui ai fait parvenir un long rapport dans lequel j'exprimais mon opinion sur la situation. La mort de Daniel me fait une peine infinie, car c'était un excellent chauffeur et un soldat loyal et courageux. J'espère revenir bientôt à Herrlingen. »

Echange de vue avec Speidel et Ruge

Le Vésinet, 25 juillet
Le général Speidel et l'amiral Ruge ont aussi rendu visite à Rommel. Ils ont remarqué qu'il avait réussi à se raser lui-même. Rommel leur parle franchement de l'attentat manqué contre Hitler : « C'est une mauvaise façon de s'en sortir. Cet homme est le démon incarné, mais pourquoi le transformer en héros et martyr ? Il est préférable de l'arrêter et de le passer en jugement. On ne détruira pas la légende du dictateur tant que le peuple allemand ne connaîtra pas la vérité. Il faut qu'il réponde de ses crimes devant la justice et que les journaux informent la population. Pour cela, il faut mettre un terme à ce régime barbare. L'armée reste seule capable d'arrêter ce Hitler. Je sais que les représailles des nazis ont déjà frappé le haut commandement de l'armée. »

Le maréchal prévoit son après-guerre

Le Vésinet, 27 juillet
L'amiral Ruge rend visite tous les jours à Rommel pour lui faire une longue lecture du *Tunnel*, une œuvre de Kellermann. Il s'agit de l'histoire de la construction d'un tunnel, qui doit relier l'Europe aux Etats-Unis. C'est exactement le genre de lecture qu'il apprécie. Rommel parle même de l'après-guerre à l'amiral Ruge. Les différences de hauteur entre le flux et le reflux de la mer des côtes de Bretagne ont frappé Rommel. Il dit à Ruge combien il serait intéressé par un projet qui viserait à utiliser la puissance motrice des marées. De toute façon, il veut, après la guerre, s'occuper de questions techniques et pratiques. Il envisage de participer activement à la reconstruction de son pays, mais aussi de la France qu'il aime profondément. Il estime que la guerre mène à la folie.

Rommel revient se reposer auprès de sa famille

Que la vie est douce à Herrlingen

Herrlingen, 8 août
En dépit des objurgations répétées du professeur Esch, le médecin-chef de l'hôpital du Vésinet, et celles du Dr Schenning, médecin du groupe d'armées B, Rommel a insisté pour être transféré chez lui, à Herrlingen. Il ne veut surtout pas tomber entre les mains de l'ennemi. Il a obtenu satisfaction. Les deux médecins ont cependant décidé de l'accompagner pour le confier aux bons soins des professeurs Albrecht et Stock, de l'université de Tübingen. Albrecht est un spécialiste de la chirurgie du cerveau. « Il faut que je révise mes cours, dit-il, après avoir examiné le maréchal. Personne n'aurait pu être capable de survivre à des blessures aussi terribles. » Et il a ajouté qu'il aurait préféré soigner ce blessé dans sa clinique de Tübingen. Quant à Rommel, il est heureux de retrouver les siens, de se lever et de pouvoir aller se reposer dans le jardin. Il a même entrepris des promenades. La vie est douce et simple à Herrlingen. Si sa femme ne le quitte plus, son fils est loin, dans son unité.

Fin horrible pour les conspirateurs

Allemagne, 8 août
La vengeance du *Führer* contre les conspirateurs continue à s'exercer sans pitié. Aujourd'hui, huit autres officiers, dont le célèbre maréchal von Witzleben, ont été pendus après un procès humiliant à Berlin, où les sarcasmes et les injures les plus grossières leur ont été déversés. Le tribunal était présidé par Roland Freisler. Tous les condamnés, vêtus de vêtements usagés et trop larges, sans ceinture ni bretelles, ont été pendus à des crochets de boucherie avec des cordes à piano. Goebbels avait mis au point les détails de cette cérémonie macabre.

Pas de mensonges à son fils Manfred

Herrlingen, 15 août
Manfred Rommel, jeune servant d'une batterie de DCA installée aux environs d'Ulm, vient d'être muté à Herrlingen, afin de tenir compagnie à son père, convalescent. Le fils ne cesse d'écouter le père. « Tout le courage dépensé, dit le maréchal, a été sans effet : nos pertes ont été énormes. Il nous arriva de perdre en Normandie, en une seule journée, autant d'hommes que lors de toute la campagne d'été 1942, en Afrique du Nord. J'ai des nerfs très solides, mais ils menaçaient souvent de me faire défaut. Partout où je me suis rendu à la fin, ce n'était que pour recevoir des rapports énumérant les pertes. Jamais je n'ai combattu avec une armée aussi éprouvée. Je devais chaque jour rayer un régiment de la liste des effectifs disponibles. Le pire était l'inutilité de ces sacrifices. Nous ne pouvions plus rien faire ; chaque coup de fusil retombait sur nous, et l'ennemi nous le rendra au centuple. Plus tôt cela finira, mieux cela vaudra pour l'Allemagne. Nous devrions aider nos ennemis actuels, anglais, américains et français, pour qu'ils occupent l'Europe centrale et tiennent les Soviétiques à l'écart de nos frontières. Pour moi, c'est la seule solution pour sauver l'Europe du communisme. »

Le 15 août, les Américains et l'armée B du général de Lattre de Tassigny débarquent sur les plages de Provence.

Hitler accepte de ne pas épargner son maréchal

La Gestapo rôde autour de sa maison

Herrlingen, 4 septembre
Cet après-midi, des amis ont averti Lucie Rommel par téléphone que deux hommes d'allure suspecte ont été vus rôdant autour de la maison et essayant de s'introduire dans la propriété. Le maréchal Rommel est persuadé que sa maison est sous la surveillance de la Gestapo. Il y a trois jours, un inconnu masqué, a aussi tenté d'entrer par un passage souterrain. Le gardien a ouvert le feu pour le faire fuir. « Je ne crains pas les Anglais ou les Américains, a déclaré Rommel à sa femme, mais les Soviétiques et les Allemands, surtout les nazis, me font peur. » Le général Speidel, qui a été suspendu de ses fonctions de chef d'état-major du groupe d'armées B, est une fois de plus venu rendre visite à son ami Rommel. Speidel lui a dit que Keitel et Jodl parlent de lui comme d'un défaitiste. Rommel pense que Keitel et Jodl doivent chercher un bouc émissaire pour expliquer la situation militaire à l'Ouest. « C'est la raison, dit-il, pour laquelle la presse et la radio nazies ont parlé de mon état en mentionnant un accident au lieu d'une attaque aérienne alliée. »

L'admiration qu'il éprouve pour Rommel l'incite à choisir la clémence. Ses proches, dont Goebbels, décident pour lui.

Mauvaise nouvelle : Speidel est arrêté

Herrlingen, 7 septembre
Apprenant l'arrestation du général Speidel, Rommel comprend alors que sa fin est proche. Il sait que la Gestapo rôde autour de sa maison. Il ne reçoit plus d'amis qu'avec les plus grandes précautions. Rommel s'inquiète aussi de la présence d'un microphone dans ses murs. Mais il se refuse à baisser les bras. D'ici à quelques semaines, il compte se jeter dans l'action. Il n'a pas renoncé à mettre fin aux combats à l'Ouest et désire le dire au général Guderian, nouveau chef d'état-major général, avec qui ses relations ont toujours été bonnes. Rommel le considère comme le théoricien de la guerre éclair, et les deux hommes partagent les mêmes valeurs militaires. Ecarter Hitler devient la priorité.

L'entourage d'Hitler tranche pour lui

Berlin, 8 septembre
Hitler semblait opter pour l'oubli au sujet de la participation de Rommel à la conspiration, mais Keitel, Jodl et Josef Goebbels l'ont fait changer de décision. Jaloux des nombreux succès militaires remportés par le maréchal, les trois hommes ont fait ce qu'il fallait pour que Rommel soit condamné à mort : le personnage est un danger pour le régime nazi. Sa popularité est trop grande dans le Reich. Son opposition ouverte et déclarée au nazisme et à la poursuite de la guerre porterait un coup fatal à l'indispensable mobilisation du peuple allemand dans la lutte contre les Alliés. Le maréchal Goering, un autre grand jaloux de Rommel, a approuvé les thèses de ses sinistres compères, et Hitler a fléchi.

Promenade dans les bois avec son 9 mm

Herrlingen, 2 octobre
Rommel a prévenu son fils que la Gestapo surveillait la maison : « Il est possible que l'on veuille me faire disparaître discrètement et vite en organisant un guet-apens dans les bois, par exemple. Mais ce n'est pas une raison suffisante pour me faire renoncer à nos promenades. Prends mon pistolet 9 mm. Ces gens-là sont incapables d'atteindre leur cible du premier coup. S'ils se mettent à tirer sur nous, vise dans la direction d'où partent les coups de feu. Tu verras, ils chercheront immédiatement à se mettre à couvert, comme ils le font toujours, ou bien ils tireront mal. Les nazis ne veulent surtout pas que je parle. Ils sont tout à fait capables de m'assassiner en maquillant leur crime en accident ou en suicide. »

Cette convocation sentait le soufre

Herrlingen, 7 octobre
Sans doute Hitler se méfie-t-il des initiatives possibles de Rommel, car c'est lui qui a décidé de prendre les devants. Keitel a appelé Rommel en lui demandant de se rendre à Berlin, le 10, pour rencontrer Adolf Hitler, qui désire lui confier une importante mission. Un train spécial sera mis à la disposition du maréchal dans la soirée du 9. Rommel téléphone au professeur Albrecht de suspendre le traitement, lui expliquant qu'il est appelé à Berlin. Albrecht et Stock l'adjurent de ne pas entreprendre le voyage. Rommel, qui a aussi flairé le piège, rappelle pour décliner cette invitation, se retranchant derrière le conseil des deux médecins. Il ne se rendra pas à Berlin et espère ainsi gagner un peu de temps.

Le « renard du désert » choisit de se suicider

Le piège se referme sur le maréchal

Herrlingen, 14 octobre
Hier, Rommel a été informé par un coup de téléphone que le général Burgdorf arriverait à Herrlingen le lendemain à midi, accompagné du général Maisel. Ce dernier avait été chargé d'étudier les dossiers de tous les officiers supérieurs soupçonnés de complicité dans le putsch armé du 20 juillet contre Hitler. Rommel dit peu de chose lorsque le message lui est transmis. Ce matin, Manfred est arrivé en permission par le train de six heures. Il trouve son père déjà debout. Ils prennent ensemble leur petit déjeuner et partent faire une promenade. Rommel parle à son fils de la visite attendue. « Viennent-ils vous proposer un nouveau poste ? » demande Manfred. « C'est ce qu'ils ont dit », réplique Rommel, avec un air tracassé. Néanmoins, il reprend rapidement ses esprits et suggère à Manfred de se faire passer pour son médecin. A midi précis, le général Burgdorf se présente, accompagné par le général Maisel et le major Ehrenberger. Ils sont arrivés dans une voiture verte dont le chauffeur, Heinrich Doose, porte l'uniforme des SS. Le piège s'est refermé.

Les généraux Burgdorf et Maisel viennent le chercher à son domicile.

Ainsi, l'hommeur de sa famille sera sauf

Herrlingen, 14 octobre
Les deux généraux serrent la main de Rommel ; Lucie et Manfred sont présentés. Au bout d'un moment, le général Burgdorf exprime le désir de s'entretenir seul avec le maréchal. Pendant que sa femme monte dans sa chambre, Rommel conduit les deux généraux, Burgdorf et Maisel, dans une pièce du rez-de-chaussée. Une heure plus tard, Maisel sort, suivi quelques instants après par Burgdorf. Rommel rejoint alors sa femme et lui dit. « Je suis venu vous dire adieu. Je serai mort dans un quart d'heure. Je suis accusé d'avoir participé à l'attentat contre Hitler. J'ai été dénoncé. Hitler me laisse choisir entre le poison et le jugement par un tribunal. Si je me suicide, il ne vous sera fait aucun mal, et vous recevrez une pension. Dans le cas contraire, cela serait terrible pour vous. » Rommel monte à l'arrière de la voiture avec les deux généraux, et le véhicule s'arrête 200 mètres plus loin pour en laisser sortir Maisel et Doose. Le chauffeur remarque alors que le maréchal est affaissé sur le siège, sans connaissance et qu'il est apparemment mourant.

Un luxe d'hypocrisie après sa mort

Herrlingen, 17 octobre
Les marques hypocrites ne cessent de se multiplier par de nombreuses condoléances convenues. Elles sont envoyées par les nazis Bormann, Goebbels, Ribbentrop, Himmler, qui tous ont clairement souhaité la mort du maréchal. Mais le comble du cynisme sera atteint par Hitler, qui a adressé un télégramme à sa veuve : « Acceptez, je vous prie, ma profonde sympathie pour la perte de votre époux. Le nom du maréchal Rommel restera toujours associé aux héroïques combats d'Afrique du Nord. » Profondément écœurée, elle décide de s'enfermer dans son deuil et dans les souvenirs de son mari. Elle sait qu'elle et son fils ne seront pas menacés tant qu'ils garderont le silence.

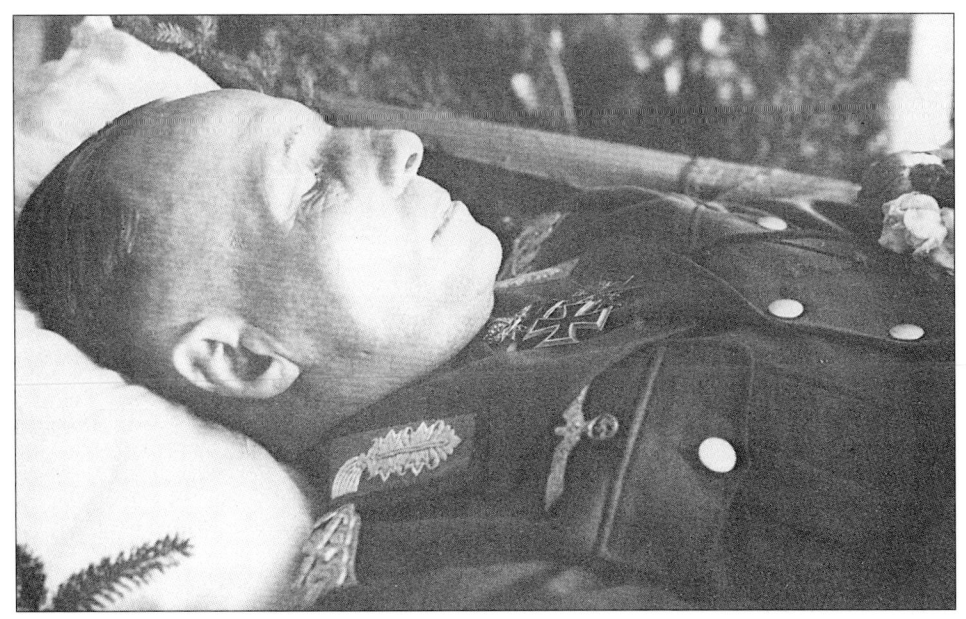

Des funérailles nationales masquent la vérité

Ulm, 18 octobre

De grandioses funérailles se sont déroulées aujourd'hui, jour de deuil national, dans la petite ville d'Ulm. Recouvert d'un immense drapeau nazi, le cercueil de Rommel était exposé au milieu de la salle voûtée de l'hôtel de ville. Le casque, l'épée et le bâton de maréchal du Reich étaient posés sur la bière. Arborant le brassard de l'*Afrikakorps*, deux officiers montaient la garde, avant d'être relevés par plusieurs généraux de l'armée. Devant l'hôtel de ville, la veuve du maréchal et son fils ont dû supporter cette mascarade. Une compagnie d'infanterie, une de la *Luftwaffe* et une de la *Waffen SS* ont alors pris position pour former le cortège. Paraissant vieilli et très fatigué, avec une voix hésitante, le maréchal von Rundstedt a prononcé l'oraison funèbre. La conclusion du discours du vieux soldat rappelait que « ce combattant infatigable de la cause du *Führer* et du Reich était imbu des principes du nazisme, qu'il en avait tiré toute sa force et qu'ils avaient été le moteur principal de ses actions. Son cœur appartenait au *Führer* ». Le comble du cynisme et du mensonge fut ainsi atteint avec ces funérailles nationales. Le corps du maréchal a ensuite été incinéré et les cendres déposées dans le petit cimetière d'Herrlingen. Ainsi, rien ne pourra venir contredire la thèse officielle d'une mort naturelle.

Un impressionnant cortège, composé de trois compagnies et de nombreux officiers, se rend à l'hôtel de ville d'Ulm.

La veuve du maréchal et son fils supportent mal l'hypocrisie des funérailles.

Ce sont deux anciens de l'Afrikakorps qui veillent la dépouille du maréchal.

Bibliographie

Sources principales:

- Archives Rommel. Herrlingen-Blaustein.
- Archives militaires allemandes. Koblentz.
- Archives du Service Historique de l'Armée de Terre. Vincennes.
- Archives de l'Impérial War Museum. Londres.
- Archives militaires italiennes. Rome.

Principaux ouvrages consultés:

- Corelli Barnett: *Les généraux du désert (5 généraux anglais contre Rommel)*. Paris 1960.
- Serge Berstein et Pierre Milza: *L'Allemagne de 1870 à nos jours*. Paris 1997.
- Yves Buffetaut: *Rommel, France 1940*. Bayeux 1990.
- Yves Buffetaut : *La guerre du désert (3 tomes)*. Paris 1990-1995.
- Yves Buffetaut : *La guerre en Tunisie (Tome I)*. Paris 1997.
- Jacques Benoist-Méchin: *Histoire de l'armée allemande (2 tomes)*. Paris 1984.
- Erwan Bergot: *L'Afrika Korps*. Paris 1972.
- Erwan Bergot: *Bir-Hakeim*. Paris 1992.
- Paul Carell: *Afrika Korps*. Paris 1969.
- *Chroniques de la Seconde Guerre mondiale*. Editions Chronique 1997.
- Christopher Dobson. *Chroniques de l'Histoire Hitler*. Editions Chronique 1997.
- Jean-Marie Fitère: *Panzers en Afrique (Rommel et l'Afrikorps)*. Paris 1980.
- David Irving : *Rommel*. Londres 1990.
- Lutz Koch: *Rommel*. Paris 1950.
- Dominique Lormier: *Les guerres de Mussolini*. Paris 1989.
- Dominique Lormier: *Chroniques de l'histoire Mussolini*. Editions Chroniques 1997.
- Philippe Masson: *Rommel*. Paris 1986.
- Didier Maurès: *Erwin Rommel*. Paris 1968.
- Bernard Michal: *Rommel*. Genève 1972.
- Jacques Mordal: *Le destin fabuleux du maréchal Rommel (2 tomes)*. Paris 1973.
- Maréchal Rommel: *La guerre sans haine (2 tomes)*. Paris 1953.
- Desmond Young: *Rommel*. Paris 1962.

Index général

A

Aboulker, docteur Henri
– Organise l'occupation des centres vitaux d'Alger, 8 novembre 1942, p. 80

Abrial, amiral Jean Marie Charles
– Capturé par Rommel lors de la chute de Cherbourg, 19 juin 1940, p. 55

Afrikakorps
– Ensemble des forces allemandes envoyées en Libye et commandées par Rommel
– Voir aussi Libye (campagne de)
– Débarquement de l'avant-garde à Tripoli, 14 février 1941, p. 59
– Embuscade réussie à El-Agheila, 24 février 1941, p. 59
– Prise d'El-Agheila, 24 mars 1941, p. 60
– Prise de Mersa el-Brega, 31 mars 1941, p. 60
– Prise d'Agebadia, 2 avril 1941, p. 60
– Entrée à Benghazi, 4 avril 1941, p. 60
– Siège de Tobrouk, 11 avril 1941, p. 61
– Résistance des Britanniques, 17 avril 1941, p. 61
– Fait échec à un débarquement britannique, 19 avril 1941, p. 61
– Echoue dans de nouveaux assauts sur Tobrouk, 20 avril 1941, p. 61
– Attaque du col d'Halfaya, 25 avril 1941, p. 61
– Inflige de lourdes pertes aux Britanniques, 27 avril 1941, p. 61
– Les défenses anglaises sont atteintes, 30 avril 1941, p. 61
– Tient en échec l'opération britannique *Brevity* à Halfaya, 27 mai 1941, p. 62
– Perte du fort Capuzzo et de la crête Hafid, 15 juin 1941, p. 62
– Destruction des chars britanniques, 16 juin 1941, p. 62
– Attaque de la 15e Panzer, 17 juin 1941, p. 62
– Force les Britanniques à se replier, 18 juin 1941, p. 62
– Rommel "échappe" à un commando-assassin, 18 novembre 1941, p. 63
– Echec à l'opération *Crusader* à Bir-el-Gobi, 20 novembre 1941, p. 64
– Combats de chars dans le secteur de Sidi Rezegh, 21 novembre 1941, p. 65
– Nouveau siège de la forteresse de Tobrouk, 28 novembre 1941, p. 65
– Entrevue entre Rommel et le général italien Bastico, 9 décembre 1941, p. 65
– Retraite tactique, 16 décembre 1941, p. 66
– Repli jusqu'à Agedabia, 25 décembre 1941, p. 66
– Combats de chars autour d'Agedabia, 27 décembre 1941, p. 67
– Dernier succès de l'année, 30 décembre 1941, p. 67
– Perte de Bardia, 2 janvier 1942, p. 68
– Perte de Sollourn, 11 janvier 1942, p. 68
– Prise d'Agedabia, 22 janvier 1942, p. 68
– Prise de Msous, 22 janvier 1942, p. 68
– Prise de Benghazi, 29 janvier 1942, p. 68
– Prise de Derna, 4 février 1942, p. 68
– Stationnement dans le secteur de Gazala, 7 février 1942, p. 70
– Rommel prépare la suite des opérations en Libye, 10 avril 1942, p. 70
– Offensive au sud de Bir-Hakeim, 26 mai 1942, p. 70
– Attaque sur Bir-Hakeim, 27 mai 1942, p. 70
– Résistance acharnée des FFL à Bir-Hakeim, 11 juin 1942, p. 70

– Rommel est admiratif du courage des FFL, 11 juin 1942, p. 71
– Bilan de la bataille de Bir-Hakeim, 16 juin 1942, p. 71
– Bombardement aérien de Tobrouk, 20 juin 1942, p. 72
– Rommel demande à ses soldats "le grand effort final", 21 juin 1942, p. 72
– Prise de Tobrouk, 21 juin 1942, p. 72
– Prise de Mersa Matruh, 29 juin 1942, p. 73
– Entrée en Egypte, 30 juin 1942, p. 73
– Déroute des Alliés en Afrique du Nord, 3 juillet 1942, p. 73
– Offensive sur le front égyptien d'El-Alamein, 13 juillet 1942, p. 76
– Résistance face à Auchinleck à El-Alamein, 22 juillet 1942, p. 76
– Lourdes pertes à El-Alamein, 30 août 1942, p. 76
– Echec de l'attaque sur El-Alamein, 31 août 1942, p. 76
– Rommel montre des signes de fatigue, août 1942, p. 76
– Stumme remplace Rommel, malade, 22 septembre 1942, p. 77
– Attaque-surprise de Montgomery à El-Alamein, 23 octobre 1942, p. 77
– Stumme, mort d'une crise cardiaque, est porté disparu, 24 octobre 1942, p. 77
– Retour de Rommel, 25 octobre 1942, p. 77
– Les Britanniques écrasent les Allemands à El-Alamein, 3 novembre 1942, p. 79
– Fin de la bataille d'El-Alamein, 4 novembre 1942, p. 79
– Retraite en Libye, 7 novembre 1942, p. 80
– Evacuation de Tobrouk, 12 novembre 1942, p. 80
– Poursuite du repli en bon ordre, 15 novembre 1942, p. 80
– A la frontière entre la Libye et la Tunisie, 19 novembre 1942, p. 81
– Echec aux offensives britanniques autour de Tebourba, décembre 1942, p. 81
– Arrivée de renforts de volontaires maghrébins, 31 décembre 1942, p. 82
– Désaccord avec l'Italie sur la stratégie en Tunisie, 20 janvier 1943, p. 84
– Perte de Tripoli, 23 janvier 1943, p. 84
– Rommel pourrait être remplacé pour raisons de santé, 28 janvier 1943, p. 84
– Offensive en Tunisie sur Kasserine et Tebessa, 14 février 1943, p. 84
– Victoire à Kasserine, 20 février 1943, p. 85
– Rommel commande tout le groupe d'armée *Afrika*, 23 février 1943, p. 85
– Echec face à Montgomery à Medenine, 6 mars 1943, p. 86
– Messe remplace Rommel, souffrant, 9 mars 1943, p. 86
– Pessimisme de Rommel sur l'issue en Afrique, 10 mars 1943, p. 86
– Disproportion des forces sur le front tunisien, 31 mars 1943, p. 87
– Capitulation en Tunisie, 13 mai 1943, p. 88
– "Suicide" du "renard du désert", 14 octobre 1944, p. 107
– Veillée de la dépouille de Rommel, 18 octobre 1944, p. 108

Afrique
– Droits territoriaux cédés à l'Allemagne, 28 octobre 1890, p. 8

Afrique du Nord
– Italo Balbo est abattu par sa propre DCA en Libye, 26 juin 1940, p. 57
– Graziani succède à Balbo à la tête des forces italiennes, juillet 1940, p. 57

– Reddition de la garnison italienne de Tobrouk, 22 janvier 1941, p. 58
– Les Italiens sont chassés de Cyrénaïque, 7 février 1941, p. 58
– Arrivée de Rommel à Tripoli, 12 février 1941, p. 59
– Débarquement de l'avant-garde de l'Afrikakorps, 14 février 1941, p. 59
– Résistance d'un enclos italien, 23 février 1941, p. 58
– Embuscade allemande à El-Agheila, 24 février 1941, p. 59
– Tempête de sable à Syrte, 13 mars 1941, p. 60
– Repli des Britanniques sur Tobrouk, 4 avril 1941, p. 60
– Méprise des soldats italiens, 8 avril 1941, p. 60
– Siège de Tobrouk par l'Afrikakorps, 11 avril 1941, p. 61
– Echec d'un débarquement britannique à Bardia, 19 avril 1941, p. 61
– Echec des assauts allemands en direction de Tobrouk, 20 avril 1941, p. 61
– Attaque allemande au col d'Halfaya, 25 avril 1941, p. 61
– Lourdes pertes britanniques à Tobrouk, 27 avril 1941, p. 61
– Les Allemands pénètrent dans les lignes anglaises de la place forte de Tobrouk, 30 avril 1941, p. 61
– Echec de l'opération britannique *Brevity*, 27 mai 1941, p. 62
– Opération britannique *Battleaxe*, 15 juin 1941, p. 62
– Echec des Britanniques au col d'Halfaya, 18 juin 1941, p. 62
– Echec d'un commando-assassin contre Rommel, 18 novembre 1941, p. 63
– Violents affrontements autour de Tobrouk, novembre 41 et décembre 1941, p. 64 et 65
– Echec de l'opération britannique *Crusader*, 20 novembre 1941, p. 64
– Retraite tactique de l'Afrikakorps à Tobrouk, 16 décembre 1941, p. 66
– Les Britanniques prennent Benghazi, 25 décembre 1941, p. 66
– Combats de chars autour d'Agedabia, 27 décembre 1941, p. 67
– Capitulation des unités italo-allemandes à Bardia, 2 janvier 1942, p. 68
– Les Britanniques réussissent à prendre Sollourn, 11 janvier 1942, p. 68
– Les divisions blindées allemandes prennent Agedabia, 22 janvier 1942, p. 68
– L'Afrikakorps s'empare de Msous, 25 janvier 1942, p. 68
– Benghazi tombe aux mains des Allemands, 29 janvier 1942, p. 68
– Derna tombe également aux mains des Allemands, 4 février 1942, p. 68
– Offensive allemande au sud de Bir-Hakeim, 26 mai 1942, p. 70
– Rommel se heurte aux FFL du général Kœnig, 27 mai 1942, p. 70
– Bir-Hakeim résiste toujours aux attaques de l'Afrikakorps, 11 juin 1942, p. 70
– Reddition au petit matin de la garnison de Tobrouk, 22 juin 1942, p. 72
– Les Allemands prennent Mersa Matruh, 29 juin 1942, p. 73
– L'Afrikakorps pénètre en Egypte, 30 juin 1942, p. 73
– Déroute des troupes alliées, 3 juillet 1942, p. 73
– Rommel n'est plus qu'à 150 km d'Alexandrie, 3 juillet 1942, p. 73
– Les Britanniques établissent une position devant El-Alamein, 4 juillet 1942, p. 76

Albanie – Allemagne

- Offensive britannique à El-Alamein, 10 juillet 1942, p. 76
- Attaque allemande sur El-Alamein, 13 juillet 1942, p. 76
- Résistance de l'Axe devant les troupes du général britannique Auchinleck, 22 juillet 1942, p. 76
- Rommel est définitivement stoppé à El-Alamein, 30 août 1942, p. 76
- Offensive de Montgomery, 23 octobre 1942, p. 77
- Défaite de l'Axe à El-Alamein, 4 novembre 1942, p. 79
- Rommel abandonne la Libye, 7 novembre 1942, p. 80
- Débarquement allié au Maroc et en Algérie (opération *Torch*), 8 novembre 1942, p. 80
- Riposte des troupes françaises contre le débarquement, 9 novembre 1942, p. 81
- Fin des hostilités au Maroc et en Oranie, 11 novembre 1942, p. 81
- L'Axe évacue Tobrouk, 12 novembre 1942, p. 80
- Armistice général au Maroc et en Algérie, 17 novembre 1942, p. 81
- L'Afrikakorps retarde l'avance des Alliés vers la Tunisie, occupée par l'Axe, 19 novembre 1942, p. 81
- Résistance italienne à l'est d'El-Agheila, 15 décembre 1942, p. 81
- Revers britanniques autour de Tebourba, décembre 1942, p. 81
- Des volontaires maghrébins renforcent les rangs de l'Afrikakorps, 31 décembre 1942, p. 82
- Les Britanniques prennent Tripoli, 23 janvier 1943, p. 84
- Offensive de Rommel sur Kasserine et Tebessa, 14 février 1943, p. 84
- Victoire de l'Afrikakorps à Kasserine, 20 février 1943, p. 85
- Supériorité numérique des Alliés en Tunisie, 31 mars 1943, p. 87
- Reddition des troupes allemandes et italiennes, 12 mai 1943, p. 88

Albanie
- Invasion par les Italiens, 8 avril 1939, p. 40

Albert Ier, roi des Belges
- Entretien avec Guillaume II sur le concept de la guerre, 5 novembre 1913, p. 15

Albrecht, professeur (chirurgien du cerveau)
- Examine les blessures de Rommel, 8 août 1944, p. 105
- Conseille à Rommel de ne pas se rendre à Berlin, 7 octobre 1944, p. 106

Allemagne
• **Avant 1914**
- Guillaume Ier est sacré empereur à Versailles, 18 janvier 1871, p. 8
- L'armée descend les Champs-Élysées, 1er mars 1871, p. 8
- Naissance de l'empire fédéral, 16 avril 1871, p. 8
- Annexion de l'Alsace-Lorraine, 10 mai 1871, p. 8
- Essor de l'industrie lourde dans l'ouest du pays, 1880, p. 8
- Division au coin de la vie politique, 1880, p. 9
- Traité des "Trois empereurs" contre la France, 18 juin 1881, p. 9
- Signature de la Triple Alliance, 20 mai 1882, p. 9
- Décès de Wagner à Venise, 13 février 1883, p. 9
- Guillaume II monte sur le trône, 15 juin 1888, p. 9
- Désaccord sur le règlement d'une grève, mai 1889, p. 8
- Projet de loi sur les retraites et l'assurance maladie, 22 juin 1889, p. 8
- Un vaste mouvement de pangermanisme se développe, 1890, p. 9
- Le pays se tourne vers les marchés extérieurs, 1890, p. 9
- L'empereur force Bismarck à démissionner, 15 mars 1890, p. 9
- Bismarck est remplacé par Caprivi, 19 mars 1890, p. 9
- Première fête du Travail, 1er mai 1890, p. 8
- L'île d'Helgoland devient territoire allemand, 1er juillet 1890, p. 8
- Fondation de la Commission générale des syndicats, 30 septembre 1890, p. 8
- Récupère des droits territoriaux en Afrique, 28 octobre 1890, p. 8
- Le pays devient le 3e producteur mondial de charbon et d'acier, décembre 1890, p. 8
- Fondation de la ligue pangermanique, avril 1891, p. 10
- Friedrich Nietzsche lance l'idée du surhomme, août 1891, p. 10
- Les sociaux-démocrates adoptent la doctrine de Marx, 21 octobre 1891, p. 10
- Naissance d'Erwin Rommel, 15 novembre 1891, p. 10
- Schlieffen prépare l'invasion de la France, août 1892, p. 10
- Le prince Hohenlohe-Schillinsfürst remplace Caprivi, 26 octobre 1894, p. 10
- L'armée s'équipe d'un nouvel havresac, janvier 1895, p. 10
- L'armée s'équipe d'un canon de campagne de 77 mm, janvier 1896, p. 10
- Décès de l'ingénieur Otto Lilienthal, 10 août 1896, p. 10
- L'armée se dote d'un corps de réserve, mars 1897, p. 10
- Occupation de la baie chinoise de Kiachow, 14 novembre 1897, p. 10
- L'armée adopte le fusil Mauser à répétition, février 1898, p. 10
- Loi pour le renforcement de la marine de guerre, 28 mars 1898, p. 10
- Rosa Luxemburg appelle à la révolution, 19 avril 1899, p. 10
- L'artillerie se dote d'obusiers de 105 et 155 mm, juin 1899, p. 10
- L'armée allemande est la plus puissante d'Europe, 1900, p. 12
- Envoi de troupes contre les Boxers chinois, 17 juin 1900, p. 12
- Premier vol du dirigeable *Zeppelin n° 1*, 2 juillet 1900, p. 12
- Décès de Friedrich Nietzsche, 25 août 1900, p. 12
- Von Bulow est nommé chancelier, octobre 1900
- Prix Nobel de physique à Wilhelm Röntgen (rayons X), 10 décembre 1901, p. 12
- Décès de l'industriel Friedrich Krupp, 22 novembre 1902, p. 12
- Guillaume II soutient l'indépendance du Maroc, mars 1905, p. 12
- Les usines Krupp construisent un obusier de 420 mm, janvier 1906, p. 12
- Von Bulow souligne "l'encerclement concerté" du pays, 14 novembre 1906, p. 12
- Entrée en service du premier U-Boot, 14 décembre 1906, p. 12
- Visite officielle du kaiser à Londres, 10 novembre 1907, p. 12
- L'armée adopte la mitrailleuse Maxim MG 08, janvier 1908, p. 12
- Le roi Edouard VII d'Angleterre rencontre l'empereur, 11 août 1908, p. 12
- Tensions franco-allemandes au Maroc, septembre 1908, p. 12
- Scandale à Londres autour d'une interview du kaiser, 31 octobre 1908, p. 12
- Reconnaissance des intérêts politiques français au Maroc, février 1909, p. 12
- Theobald von Bethmann-Hollweg succède à von Bulow, 14 juillet 1909, p. 12
- Décès du bactériologiste Robert Koch, 28 mai 1910, p. 12
- Tentative d'accord de paix avec la Russie, 5 novembre 1910, p. 12
- L'armée se dote d'obusiers de 210 mm, janvier 1911, p. 14
- Les Français occupent Fez, 19 mai 1911, p. 14
- Le Reichstag vote la Constitution de l'Alsace-Lorraine, 26 mai 1911, p. 14
- Envoi de la canonnière *Panther* à Agadir, 1er juillet 1911, p. 14
- Reconnaissance du protectorat français au Maroc, 4 novembre 1911, p. 14
- Accord franco-allemand sur le Maroc, 20 décembre 1911, p. 14
- Compromis pour la neutralité britannique, 5 janvier 1912, p. 14
- Majorité sociale-démocrate au Reichstag, 25 janvier 1912, p. 14
- Construction de quinze nouveaux cuirassés, 8 février 1912, p. 14
- Reconduction de la Triple Alliance, 5 décembre 1912, p. 14
- L'égyptologue Borchardt découvre le buste de Néfertiti, 7 décembre 1912, p. 14
- L'industrie connaît un essor considérable, janvier 1913, p. 15
- Le pays est fin prêt à se battre, juin 1913, p. 15
- Adoption de lois militaires, 1er juillet 1913, p. 14
- Décès du social-démocrate Bebel en Suisse, 13 août 1913, p. 14
- Congrès des sociaux-démocrates à Iéna, 20 septembre 1913, p. 14
- Guillaume II croit aux vertus de la guerre, 5 novembre 1913, p. 15

• **Première Guerre mondiale**
- L'archiduc d'Autriche est assassiné à Sarajevo, 28 juin 1914, p. 16
- Déclaration de guerre à la Russie, 1er août 1914, p. 16
- Début de l'invasion de la Belgique, 2 août 1914, p. 16
- Déclaration de guerre à la France, 3 août 1914, p. 16
- La Grande-Bretagne déclare la guerre, 4 août 1914, p. 16
- Attaque française en Alsace, 8 août 1914, p. 16
- Les Français s'avancent en Lorraine, 14 août 1914, p. 16
- Supériorité du canon français 75 sur les 77 mm allemands, août 1914, p. 16
- L'armée belge est contrainte de se replier, 19 août 1914, p. 16
- Mulhouse tombe aux mains des Allemands, 19 août 1914, p. 16
- L'armée chasse les Français de Lorraine, 20 août 1914, p. 16
- Les Allemands prennent le village de Bleid, 22 août 1914, p. 16
- Victoire sur les Français à Charleroi, 25 août 1914, p. 16
- Erreur stratégique de Moltke sur le front français, 26 août 1914, p. 16
- Défaite à Guise face à l'armée Lanzerac, 29 août 1914, p. 16
- Victoire de Hindenburg sur les Russes à Tannenberg, 31 août 1914, p. 16
- L'armée écrase les Russes aux lacs Mazures, 9 septembre 1914, p. 16
- Retraite des troupes allemandes sur le front de la Marne, 12 septembre 1914, p. 16
- Von Kluck admire l'héroïsme des Français sur la Marne, 15 septembre 1914, p. 16
- L'armée occupe Gand et Lille, 12 octobre 1914, p. 16
- Violents combats dans les Flandres et en Argonne, 15 octobre 1914, p. 16
- L'avancée allemande est stoppée dans les Flandres, 13 novembre 1914, p. 16
- Début de la guerre des tranchées, 14 novembre 1914, p. 16
- Stabilisation du front français, 30 décembre 1914, p. 17
- Réduction des effectifs à l'ouest, janvier 1915, p. 18
- Succès défensif à Soissons, 14 janvier 1915, p. 18
- Destruction de Reims, 22 janvier 1915, p. 18
- Offensive française en Champagne, 16 mars 1915, p. 18
- Perte du sommet du Viel-Armand, 26 mars 1915, p. 18
- Utilisation de gaz toxiques sur le front de l'Yser, 22 avril 1915, p. 18
- Offensive française en Artois, 9 mai 1915, p. 18

Allemagne

- Pression allemande en Argonne, 14 juillet 1915, p. 18
- Von Mackensen prend Brest-Litovsk, 26 août 1915, p. 18
- Echec aux Français en Champagne, 7 octobre 1915, p. 18
- La 12ᵉ division reprend le sommet du Viel-Armand, 15 octobre 1915, p. 18
- Perte à nouveau du Viel-Armand, 21 décembre 1915, p. 18
- La 82ᵉ brigade chasse les Français du Viel-Armand, 22 décembre 1915, p. 18
- Début des combats à Verdun, 21 février 1916, p. 18
- Début des combats dans la Somme, 24 juin 1916, p. 18
- Offensive britannique dans la Somme, 24 juin 1916, p. 19
- Très lourdes pertes à Verdun et dans la Somme, 30 juillet 1916, p. 19
- Le bataillon de Rommel avance en Roumanie, novembre 1916, p. 19
- Guerre sous-marine à outrance, 1ᵉʳ février 1917, p. 20
- Repli sur la ligne Hindenburg, 9 février 1917, p. 20
- L'Amérique déclare la guerre, 6 avril 1917, p. 20
- 687 000 tonnes de navires alliés ont été coulés, juin 1917, p. 20
- Le Reichstag vote une résolution de paix, 1ᵉʳ juillet 1917, p. 20
- Prise de Riga aux Russes, 2 septembre 1917, p. 20
- Intervention en Italie, 2 septembre 1917, p. 21
- Offensive à Caporetto, 24 octobre 1917, p. 21
- Exploit de Rommel à Caporetto, 25 octobre 1917, p. 21
- Bataille de Pasehendaële (Flandres), 30 octobre 1917, p. 20
- Avancée allemande sur la Piave, 2 novembre 1917, p. 21
- Prise de Langarone aux Italiens, 10 novembre 1917, p. 21
- Négociations de paix avec la Russie, 22 décembre 1917, p. 20
- Offensives à outrance à l'ouest, janvier 1918, p. 22
- Grèves et émeutes dans tout le pays, janvier 1918, p. 22
- Première offensive de Ludendorff à l'ouest, 21 mars 1918, p. 22
- L'attaque de Ludendorff s'essouffle, 31 mars 1918, p. 22
- "Le Baron rouge" est abattu au-dessus de la Somme, 22 avril 1918, p. 22
- Prise de Soissons, 29 mai 1918, p. 22
- L'armée atteint la Marne, 4 juin 1918, p. 22
- La "Grosse Bertha" tire sur Paris, 26 juin 1918, p. 22
- Contre-attaque française à Villers-Cotterets, 18 juillet 1918, p. 22
- Recul des troupes allemandes à l'ouest, 8 août 1918, p. 22
- Ludendorff doit démissionner, 26 octobre 1918, p. 22
- Défaites sur tous les fronts, 30 octobre 1918, p. 23
- Abdication de Guillaume II et proclamation de la République, 9 novembre 1918, p. 23
- Capitulation à Compiègne, 11 novembre 1918, p. 23

• **L'entre-deux-guerres**
- Répression de l'insurrection communiste, 16 janvier 1919, p. 24
- Election d'une Assemblée constituante, 19 janvier 1919, p. 24
- Ebert, premier président de la République, 11 février 1919, p. 24
- Fin de la République des conseils de Bavière, 2 mai 1919, p. 24
- Affectation d'Hitler au service de presse de l'armée, 12 juin 1919, p. 24
- Démission de Scheidemann, 20 juin 1919, p. 24
- La flotte allemande se saborde en Ecosse, 20 juin 1919, p. 24
- Acceptation partielle du traité de Versailles, 22 juin 1919, p. 24
- Le traité de Versailles est humiliant pour l'Allemagne, 28 juin 1919, p. 24
- Levée partielle du blocus allié, 12 juillet 1919, p. 24
- Naissance de la République de Weimar, 28 juillet 1919, p. 25
- Entrée en vigueur de la Constitution de Weimar, 14 août 1919, p. 24
- La réforme agraire devrait combattre la misère, 30 août 1919, p. 25
- Discours enflammé d'Hitler à une réunion du Parti ouvrier, 12 septembre 1919, p. 25
- Reflux des corps francs en Prusse-Orientale, 30 novembre 1919, p. 24
- Bilan du conflit mondial, 31 décembre 1919, p. 25
- Refus de remettre des criminels de guerre aux Alliés, 5 février 1920, p. 26
- Le Parti ouvrier allemand devient le NSDAP, 24 février 1920, p. 26
- Répression de grèves communistes, 13 mars 1920, p. 26
- Echec du putsch de Wolfgang Kapp, 17 mars 1920, p. 26
- Formation d'un gouvernement de centre droit, 25 juin 1920, p. 26
- Accord sur le désarmement de l'armée, 9 juillet 1920, p. 26
- Tollé à l'annonce du montant des réparations de guerre, 28 janvier 1921, p. 27
- Les Alliés occupent la Ruhr, 8 mars 1921, p. 27
- Tentative de putsch communiste à Hambourg, 24 mars 1921, p. 26
- Acquittement de Ludendorff, 24 avril 1921, p. 26
- Victoire contre les Polonais en Haute-Silésie, 21 mai 1921, p. 26
- Crise économique et monétaire, 15 juillet 1921, p. 26
- Assassinat du ministre Erzberger, 26 août 1921, p. 26
- Partage de la Haute-Silésie avec la Pologne, 1ᵉʳ septembre 1921, p. 26
- L'Etat est au bord de la faillite, 31 décembre 1921, p. 26
- Adoucissement des réparations, février 1922, p. 27
- Traité de Rapallo avec la Russie soviétique, 16 avril 1922, p. 27
- Assassinat du ministre Rathenau, 24 juin 1922, p. 27
- Les Alliés prélèvent le charbon non livré, 11 janvier 1923, p. 28
- Appel à la résistance passive dans la Ruhr, 12 janvier 1923, p. 28
- Chute dramatique de l'économie, 25 janvier 1923, p. 28
- Indignation après l'exécution de Schlageter, 26 mai 1923, p. 28
- Stresemann succède au chancelier Cuno, 12 août 1923, p. 28
- Les nationalistes fêtent la victoire de Sedan, 2 septembre 1923, p. 28
- Reprise du versement des réparations, 24 septembre 1923, p. 28
- Putsch manqué d'Adolf Hitler à Munich, 9 novembre 1923, p. 28
- Hitler est emprisonné à Landsberg, 12 novembre 1923, p. 28
- Adoption du plan Dawes (règlement des réparations), 16 avril 1924, p. 28
- Elections législatives, 4 mai 1924, p. 28
- Fin de l'occupation de la Ruhr, 1ᵉʳ décembre 1924, p. 28
- Redressement de l'économie, 31 décembre 1924, p. 28
- Renaissance de la droite, janvier 1925, p. 28
- Hindenburg est élu président, 26 avril 1925, p. 28
- Signature du traité de Locarno, 16 octobre 1925, p. 29
- Rapprochement avec Moscou, 24 avril 1926, p. 29
- Entrée du pays à la SDN, 8 septembre 1926, p. 29
- Pour Hindenburg, l'Allemagne n'a pas provoqué la guerre, 16 septembre 1927, p. 30
- Fin du contrôle interallié, 31 décembre 1927, p. 30
- Nomination du général Groener à la Défense, janvier 1928, p. 30
- L'armée s'entraîne secrètement en URSS, août 1928, p. 30
- Signature du pacte Briand-Kellogg, 27 août 1928, p. 30
- Le pays compte deux millions de chômeurs, 30 décembre 1928, p. 30
- Le plan Young remplace le plan Dawes, 30 décembre 1928, p. 30
- Décès de Gustav Stresemann, 3 octobre 1929, p. 30
- Le Parti nazi remporte 107 sièges au Parlement, 14 septembre 1930, p. 30
- Reconstitution clandestine de l'armée, décembre 1930, p. 31
- Réélection du maréchal Hindenburg, 10 avril 1932, p. 30
- Les nazis ont 230 sièges au Parlement, 31 juillet 1932, p. 30
- Rencontre Hitler-Papen à Cologne, 4 janvier 1933, p. 32
- Schleicher doit démissionner, 28 janvier 1933, p. 32
- Violente campagne électorale des nazis, 22 février 1933, p. 32
- Un incendie ravage le Reichstag, 27 février 1933, p. 32
- Suppression des libertés civiques, 28 février 1933, p. 32
- Succès des nazis aux législatives, 5 mars 1933, p. 32
- Le drapeau de la République est interdit, 12 mars 1933, p. 32
- Ouverture du camp de concentration de Dachau, 20 mars 1933, p. 32
- Hitler obtient les pleins pouvoirs, 23 mars 1933, p. 32
- Boycottage des magasins juifs, 28 mars 1933, p. 32
- Juifs et gauchistes sont exclus d'activité dans la fonction publique, 7 avril 1933, p. 32
- Loi de stérilisation, 26 juillet 1933, p. 32
- Suppression de la liberté de la presse, 4 octobre 1933, p. 32
- Le Reich quitte la SDN, 14 octobre 1933, p. 33
- Intensification du programme militaire, 30 décembre 1933, p. 33
- Traité de non-agression avec la Pologne, 26 janvier 1934, p. 34
- Rencontre Hitler-Mussolini à Venise, 14 juin 1934, p. 34
- Commande de sous-marins à l'étranger, 18 juin 1934, p. 34
- La nuit des Longs Couteaux est un bain de sang, 30 juin 1934, p. 34
- Tentative de coup d'Etat nazi en Autriche, 25 juillet 1934, p. 34
- Echec du coup d'Etat nazi en Autriche, 28 juillet 1934, p. 34
- Décès du président Hindenburg, 2 août 1934, p. 34
- Le peuple veut Hitler à la tête du Reich, 20 août 1934, p. 34
- Hitler devient *Führer* et chancelier à vie, 16 octobre 1934, p. 34
- Le Reich récupère la Sarre, 13 janvier 1935, p. 34
- Rétablissement du service militaire obligatoire, 16 mars 1935, p. 34
- Exclusion des écrivains "non aryens", 12 avril 1935, p. 34
- Naissance de la Wehrmacht, 21 mai 1935, p. 35
- Le pape condamne les excès du nazisme, 24 mai 1935, p. 34
- Promulgation des lois raciales, 15 septembre 1935, p. 34
- Production de chars Panzer III et IV, janvier 1936, p. 36
- Réoccupation de la Rhénanie, 7 mars 1936, p. 36
- Référendum sur la Rhénanie, 29 mars 1936, p. 36
- Jeux olympiques de Berlin, 1ᵉʳ août 1936, p. 36
- Le Reich se prépare à la guerre, 4 septembre 1936, p. 36
- Grandes manœuvres militaires, 22 septembre 1936, p. 36
- Pacte anticommuniste avec le Japon, 25 novembre 1936, p. 36
- Déportation des opposants au régime, janvier 1937, p. 37

Allemagne – Armement

- Pie XI dénonce le nazisme, 21 mars 1937, p. 36
- La Légion Condor intervient en Espagne, 26 avril 1937, p. 37
- Ouverture du camp de Buchenwald, 1er août 1937, p. 36
- Rencontre Hitler-Mussolini, 29 septembre 1937, p. 36
- Hitler promet de ne pas envahir la Belgique, 13 octobre 1937, p. 36
- Signature du traité d'amitié avec la Pologne, 5 novembre 1937, p. 36
- Réunion secrète à la chancellerie, 5 novembre 1937, p. 37
- Pacte anti-Komintern avec l'Italie, 6 novembre 1937, p. 36
- Mise en avant de la race "pure", 29 novembre 1937, p. 37
- Funérailles nationales pour Ludendorff, 29 novembre 1937, p. 37
- Bilan économique du Reich, 30 janvier 1938, p. 38
- Scandales à l'état-major de l'armée, 4 février 1938, p. 38
- Invasion de l'Autriche, 12 mars 1938, p. 38
- Rattachement de l'Autriche au Reich, 13 mars 1938, p. 38
- Réunion d'un conseil de guerre, 28 mai 1938, p. 38
- Démission du chef de l'état-major Beck, 18 août 1938, p. 38
- Inspection de la ligne Siegfried, 29 août 1938, p. 38
- Compromis franco-britannique sur les Sudètes, 30 septembre 1938, p. 38
- Invasion des Sudètes, 5 octobre 1938, p. 38
- Nuit de Cristal contre les Juifs, 10 novembre 1938, p. 39
- Accord frontalier avec la France, 6 décembre 1938, p. 38
- Lancement du cuirassé *Bismarck*, 14 janvier 1939, p. 39
- Hitler entre dans Prague, 15 mars 1939, p. 40
- Annexion par le Reich du port de Memel, 23 mars 1939, p. 40
- La Pologne refuse de restituer Danzig, 26 mars 1939, p. 40
- Intérêt pour l'uranium, avril 1939, p. 40
- Signature du pacte d'Acier avec l'Italie, 22 mai 1939, p. 41
- Conseil de guerre à Berchtesgaden, 22 août 1939, p. 40
- Pacte de non-agression avec l'URSS, 23 août 1939, p. 41
- Premier vol d'essai de l'avion à réaction Heinkel HE-178, 27 août 1939, p. 40
- Feu vert pour l'invasion de la Pologne, 31 août 1939, p. 41

• **Seconde Guerre mondiale**
- Invasion de la Pologne, 1er septembre 1939, p. 41
- La France et la Grande-Bretagne lui déclarent la guerre, 3 septembre 1939, p. 42
- Victoire face aux Polonais à Bzura, 18 septembre 1939, p. 40
- La Pologne capitule, 28 septembre 1939, p. 42
- L'aviation endommage deux croiseurs britanniques, 16 octobre 1939, p. 40
- Attentat manqué contre Hitler, 8 novembre 1939, p. 43
- Colère d'Hitler contre son état-major, 23 novembre 1939, p. 43
- Production de matériel plus puissant, février 1940, p. 44
- Plan *Faucille* contre la France, 6 mars 1940, p. 46
- Début de l'occupation de la Scandinavie, 9 avril 1940, p. 44
- Efficacité de l'armement allemand à l'Ouest, 10 mai 1940, p. 46
- Invasion de la Belgique et des Pays-Bas, 10 mai 1940, p. 48
- Ouverture d'une brèche dans les Ardennes, 14 mai 1940, p. 44
- Défaite à Hannut et Gembloux, 15 mai 1940, p. 48
- Les divisions de Guderian sont à 90 km de Sedan, 16 mai 1940, p. 44

- L'armée entre dans Bruxelles, 17 mai 1940, p. 44
- La 7e Panzer de Rommel atteint la Sambre, 19 mai 1940, p. 49
- Encerclement des Alliés dans les Flandres, 20 mai 1940, p. 44
- La 7e Panzer progresse en France, 20 mai 1940, p. 49
- Revers allemand à Arras, 21 mai 1940, p. 51
- Les Allemands sont repoussés dans les Ardennes, 25 mai 1940, p. 44
- Capitulation de la Belgique, 28 mai 1940, p. 44
- Les Français tentent de défendre Lille, 1er juin 1940, p. 44
- Offensive sur la Somme, 5 juin 1940, p. 44
- L'armée perce dans la Somme, 8 juin 1940, p. 53
- Offensive sur l'Aisne, 9 juin 1940, p. 44
- Rommel et sa 7e Panzer prennent Saint-Valéry, 12 juin 1940, p. 54
- Les Allemands entrent dans Paris, 14 juin 1940, p. 44
- Prise de Cherbourg par Rommel, 19 juin 1940, p. 55
- Capitulation de la France, 22 juin 1940, p. 56
- Annulation de l'assaut de Gibraltar, 11 décembre 1940, p. 57
- Pénurie générale de charbon, 11 janvier 1941, p. 58
- Rommel est envoyé en Libye pour secourir les Italiens, 12 février 1941, p. 59
- L'avant-garde de l'Afrikakorps débarque à Tripoli, 14 février 1941, p. 59
- L'Afrikakorps piège les Britanniques à El-Agheila, 24 février 1941, p. 59
- Progression de l'Afrikakorps en Cyrénaïque, 4 avril 1941, p. 60
- L'Axe envahit la Yougoslavie, 6 avril 1941, p. 58
- Siège de Tobrouk, 11 avril 1941, p. 61
- Invasion de la Grèce, 27 avril 1941, p. 58
- Destruction du *Bismarck* par la Royal Navy, 27 mai 1941, p. 58
- Reprise de la passe d'Halfaya, 27 mai 1941, p. 62
- Invasion de la Crète, 1er juin 1941, p. 58
- Echec à l'opération *Battleaxe* à Halfaya, 18 juin 1941, p. 62
- Le Reich attaque l'URSS, 22 juin 1941, p. 58
- Echec à l'opération *Crusader* à Bir-el-Gobi, 20 novembre 1941, p. 64
- Violents affrontements autour de Tobrouk, novembre 41 et décembre 1941, p. 64 et 65
- Destruction d'un cuirassé britannique en Crète, 25 novembre 1941, p. 581
- L'armée subit le froid aux portes de Moscou, 2 décembre 1941, p. 58
- Déclaration de guerre aux Etats-Unis, 11 décembre 1941, p. 58
- Retraite tactique de l'Afrikakorps en Libye, 16 décembre 1941, p. 66
- Limogeage de von Brauchitsch, 19 décembre 1941, p. 58
- Revers des armées en URSS, 10 janvier 1942, p. 68
- Limogeage de 35 généraux, 17 janvier 1942, p. 68
- Avance foudroyante de l'Axe en Cyrénaïque, février 1942, p. 68
- "Solution finale" contre les Juifs, 2 avril 1942, p. 68
- Bombardements sur Malte, mai 1942, p. 70
- Bombardement de Cologne par les Alliés, 31 mai 1942, p. 68
- Combats acharnés contre les FFL à Bir-Hakeim, 11 juin 1942, p. 70
- Bilan de la bataille de Bir-Hakeim, 16 juin 1942, p. 71
- Prise de Tobrouk aux Britanniques, 21 juin 1942, p. 72
- Offensive en Ukraine, 28 juin 1942, p. 68
- Rommel et ses blindés pénètrent en Egypte, 30 juin 1942, p. 73
- Rommel est stoppé à El-Alamein, 30 août 1942, p. 76
- Le maréchal Rommel est accueilli en héros à Berlin, 3 octobre 1942, p. 77
- Attaque-surprise de Montgomery à El-Alamein, 23 octobre 1942, p. 77
- L'armée est bloquée dans le Caucase, 31 octobre 1942, p. 68

- Défaite de Rommel à El-Alamein, 4 novembre 1942, p. 79
- Occupation de la zone "libre" française, 11 novembre 1942, p. 68
- Les divisions de l'Axe occupent la Tunisie, 19 novembre 1942, p. 81
- Les troupes sont encerclées à Stalingrad, 26 novembre 1942, p. 68
- 300 000 ouvriers viennent grossir la Wehrmacht, 15 décembre 1942, p. 68
- Perte de villes clés dans le Caucase, 5 janvier 1943, p. 84
- Réquisition de femme et d'enfants pour les combats, 13 janvier 1943, p. 84
- Capitulation à Stalingrad, 31 janvier 1943, p. 84
- Victoire de Rommel à Kasserine, 20 février 1943, p. 85
- Répression dans le ghetto juif de Varsovie, 19 avril 1943, p. 84
- L'Axe capitule en Tunisie, 13 mai 1943, p. 88
- Les Alliés débarquent en Sicile, 10 juillet 1943, p. 84
- Défaite dans la bataille de Koursk, 14 juillet 1943, p. 84
- Bombardement d'Hambourg par la RAF, 31 juillet 1943, p. 84
- Les Alliés débarquent en Calabre, 3 septembre 1943, p. 84
- L'Italie a capitulé, 8 septembre 1943, p. 84
- Plan *Asche* contre l'armée italienne, 11 septembre 1943, p. 89
- Envoi d'un commando pour libérer Mussolini, 12 septembre 1943, p. 94
- Défaite à Kiev, 6 novembre 1943, p. 84
- Le maréchal Rommel défend les côtes de l'Europe occidentale, décembre 1943, p. 90
- Limogeage de von Manstein et von Kleist, 30 mars 1944, p. 92
- Doutes de l'état-major quant aux capacités d'Hitler, 15 mai 1944, p. 96
- Les Alliés débarquent en Normandie, 6 juin 1944, p. 92
- Recul sur tous les fronts en Europe, 18 juin 1944, p. 100
- Un attentat se prépare contre le *Führer*, 26 juin 1944, p. 101
- Hitler charge von Kluge de surveiller Rommel, 29 juin 1944, p. 101
- Situation sans issue en France, juillet 1944, p. 102
- Limogeage de von Rundstedt, 6 juillet 1944, p. 92
- Hitler échappe à un nouvel attentat, 20 juillet 1944, p. 103
- Huit conspirateurs sont exécutés, 8 août 1944, p. 105
- Les Alliés débarquent en Provence, 15 août 1944, p. 92
- Rommel est poussé au "suicide" à Herrlingen, 14 octobre 1944, p. 107
- Funérailles nationales pour le "renard du désert", 17 octobre 1944, p. 108
- Le Reich contre-attaque dans les Ardennes, 16 décembre 1944, p. 92

Alsace-Lorraine
- Annexée par l'Allemagne (traité de Francfort), 10 mai 1871, p. 8
- Nouvelle Constitution, 26 mai 1911, p. 14
- Attaque française en Alsace, 8 août 1914, p. 16
- Les Français atteignent Sarrebourg et Morhange, 14 août 1914, p. 16
- Les Français abandonnent Mulhouse, 19 août 1914, p. 16
- Retrait des troupes françaises en Lorraine, 20 août 1914, p. 16
- Redevient territoire français (traité de Versailles), 28 juin 1919, p. 24

Armement
• **Côté allemand**
- Canon 77 mm à tir rapide, janvier 1896, p. 10
- Fusil Mauser à répétition (balle S, calibre 7,92 mm, longueur 1,307 mètre), février 1898, p. 10

115

Armement – Bosnie

- Obusiers de 105 et 115 mm, juin 1899, p. 10
- Obusier de 420 mm, janvier 1906, p. 12
- Sous-marin U-1, 14 décembre 1906, p. 12
- Mitrailleuse Maxim MG 1908, janvier 1908, p. 12
- Mise en chantier de 38 cuirassés, 96 destroyers et 50 croiseurs, septembre 1908, p.12
- Obusiers de 210 mm, janvier 1911, p. 14
- Quinze nouveaux cuirassés, 8 février 1912, p. 14
- 5 000 mitrailleuses Maxim, juin 1913, p. 15
- 13 cuirassés, 3 croiseurs de bataille et 50 croiseurs moyens ou légers, 1913, p. 15
- Canon de campagne de 77 mm, modèle 1896, juillet 1914, p. 16
- 6 473 canons sur un front de 50 km (Saint-Quentin), 22 mars 1918, p. 22
- Limitation par le traité de Versailles, 28 juin 1919, p. 24
- Reconstitution de la Reichswehr (55 divisions), décembre 1930, p. 31
- Essai d'un mitrailleuse légère (près de 900 coups à la minute), décembre 1933, p. 33
- Naissance de la Wehrmacht, 21 mai 1935, p. 35
- Production de chars Panzer III et IV, janvier 1936, p. 36
- Entrée en action de la Légion Condor et des chars Panzer I et II, 26 avril 1937, p. 37
- Chantier de la ligne Siegfried, 29 août 1938, p. 38
- Lancement du cuirassé Bismarck (35 000 tonnes), 14 janvier 1939, p. 40
- Le Heinkel HE-178 est le premier avion à réaction au monde, 27 août 1939, p. 40
- Quatre nouvelles divisions blindées pour la Wehrmacht, 15 octobre 1939, p. 43
- Abandon des Panzer Mark I (deux mitrailleuses, blindage de 14 mm) et Mark II (canon de 20 mm, blindage de 15 à 20 mm) au profit des Mark III (canon de 37 mm, blindage de 30 mm) et Mark IV (canon de 75 mm, blindage de 30 mm).
- Adoption des chars tchèques 38(t) (canon de 37 mm, blindage de 25 mm), février 1940, p. 44
- La 7e Panzer de Rommel : 48 chars MK I et 61 MK II, 79 Skoda 38(t) et 30 MK IV, 15 février 1940, p. 44
- Avions d'assaut Stuka, 21 mai 1940, p. 51
- L'Afrikakorps arrive en Libye, 14 février 1941, p. 59
- Panzer III et IV (canon de 50 et 75 mm) à Tobrouk, 27 mai 1941, p. 62
- Chars Tigre I (52 tonnes, blindage de 110 mm) en Tunisie, février 1943, p. 85
- Système de défense construit sur le mur de l'Atlantique, décembre 43 et janvier 1944, p. 91, 93 et 94
• Côté américain
- Chars lourds Sherman et Grant à El-Alamein, juillet 1942, p. 76
- Contre-torpilleur Broke, 9 novembre 1942, p. 81
• Côté britannique
- La RAF face à la Luftwaffe, 5 novembre 1937, p. 37
- Attaque des cuirassés Southhampton et Edinburgh, 16 octobre 1939, p. 40
- Chars lourds Somua (dont des S35) et Matilda (blindage de 80 mm), 21 mai 1940, p. 51
- Perte du cuirassé Barham, 25 novembre 1941, p. 58
- Perte des cuirassés Queen Elizabeth et Valiant, 18 décembre 1941, p. 58
- Chars Matilda (canon de 40 mm) en Libye, 27 mai 1941, p. 62
- Chars Crusader en Libye, 19 novembre 1941, p. 64
• Côté français
- Canon 75 mm, août 1914, p. 16
- Chars légers Renault FT17, juin 1918, p. 23
- Armée de l'air face à la Luftwaffe, 5 novembre 1937, p. 37
- Construction de la ligne Maginot, 29 août 1938, p. 38
- Chars lourds B1 bis (blindage de 60 mm), 16 mai 1940, p. 49
- Perte du patrouilleur Cérons, 12 juin 1940, p. 54
• Côté italien
- Chars M11/39 (canon de 37 mm), septembre 1940, p. 57

- Divisions blindée Ariete en Libye, 13 février 1941, p. 59
- Chars M13/40 à Tobrouk, 20 novembre 1941, p. 64
- Chasseur de char M40 (canon de 75 mm), février 1942, p. 69
• Côté soviétique
- Chars légers T26, 26 avril 1937, p. 37

Arnim, général Jürgen von
- Collabore étroitement avec Rommel en Tunisie, 14 février 1943, p. 84

Astier de La Vigerie, Henri d'
- Organise l'occupation des centres vitaux d'Alger, 8 novembre 1942, p. 80

Auchinleck, général Claude John Eyre
- Réussit à établir une position britannique à El-Alamein, 4 juillet 1942, p. 76
- Malmène les unités italiennes, 10 juillet 1942, p. 76
- Fait front à Rommel, 13 juillet 1942, p. 76
- Se heurte à la résistance de l'Axe, 22 juillet 1942, p. 76
- Stoppe Rommel à El-Alamein, 31 août 1942, p. 76

Autriche
- Vaincue par la Prusse à Sadowa, 3 juillet 1866, p. 8
- Compromis austro-hongrois (Empire d'Autriche-Hongrie), 1867
- Traité des "Trois empereurs" contre la France, 18 juin 1881, p. 9
- Signature de la Triple Alliance, 20 mai 1882, p. 9
- Suicide du prince héritier et de sa maîtresse à Mayerling, 30 janvier 1889, p. 8
- Naissance d'Adolf Hitler à Braunau-sur-Inn, 20 avril 1889, p. 8
- Reconduction de la Triple Alliance, 5 décembre 1912, p. 14
- L'archiduc et son épouse sont assassinés à Sarajevo, 28 juin 1914, p. 16
- Déclaration de guerre à la Serbie, 28 juillet 1914, p. 16
- Engagement sur le front italien, mai 1915, p. 21
- Appel aux renforts allemands en Italie, 2 septembre 1917, p. 21
- Bilan du conflit mondial, 31 décembre 1919, p. 25
- Assassinat du chancelier Dollfuss, 25 juillet 1934, p. 34
- Echec du coup d'Etat nazi, 28 juillet 1934, p. 34
- Invasion par l'armée allemande, 12 mars 1938, p. 38
- Rattachement au Reich, 13 mars 1938, p. 38
- Hitler fait son entrée dans Vienne, 14 mars 1938, p. 38
- Déportation de Juifs vers la Pologne, 12 octobre 1939, p. 40

Axe (l')
- Désigne l'Allemagne, l'Italie et leurs alliés

B

Badoglio, maréchal Pietro
- Veut cesser les combats en Italie, 4 août 1943, p. 89

Balbo, maréchal Italo
- Abattu par méprise par sa DCA en Libye, 26 juin 1940, p. 57

Bastico, général Ettore
- Opposé à une retraite en Libye, 9 décembre 1941, p. 65

Bebel, Auguste
- Décès du fondateur du Parti social-démocrate allemand, 13 août 1913, p. 14

Beck, général Ludwig
- Démissionne de l'état-major allemand, 18 août 1938, p. 38
- Participe à la préparation du complot contre Hitler, 1er septembre 1938, p. 38

Belgique
- Visite du roi Albert Ier à Guillaume II, 5 novembre 1913, p. 15
- Début de l'invasion allemande, 2 août 1914, p. 16
- L'armée belge se replie vers Anvers, 19 août 1914, p. 16
- Violents combats dans les Flandres, 15 octobre 1914, p. 16
- Les Alliés bloquent les Allemands dans les Flandres, 13 novembre 1914, p. 16
- Bataille de Pasehendaële, 30 octobre 1917, p. 20
- Envoi de soldats pour occuper la Ruhr, 8 mars 1921, p. 27
- Prélèvement du charbon dans la Ruhr, 11 janvier 1923, p. 28
- Hitler promet de ne pas envahir le pays, 13 octobre 1937, p. 36
- Les parachutistes allemands sautent sur Eben-Emaël, 10 mai 1940, p. 48
- Violents combats à Hannut et Gembloux, 15 mai 1940, p. 48
- Les Allemands entrent dans Bruxelles, 17 mai 1940, p. 44
- Le pays capitule, 28 mai 1940, p. 44

Below, général Otto von
- Dirige la XIVe armée allemande à Caporetto, 2 septembre 1917, p. 21

Bernhardi, général Friedrich von
- Théoricien du pangermanisme, 1890, p. 9

Bethmann-Hollweg, Théobald von
- Devient chancelier à la suite de von Bulow, 14 juillet 1909, p. 12
- Les Alliés demandent son extradition, février 1920, p. 26

Bir-Hakeim
- Voir aussi Libye (campagne de)
- L'Afrikakorps attaque par surprise au sud, 26 mai 1942, p. 70
- Offensive allemande sur la position, 27 mai 1942, p. 70
- Les unités de FFL résistent aux assauts germano-italiens, 27 mai 42 au 11 juin 1942, p. 70
- Le désastre est évité pour les Britanniques, 16 juin 1942, p. 71

Bismarck, comte Otto von
- Instigateur du traité des "Trois Empereurs", 18 juin 1881, p. 9
- Cherche à isoler la France avec la Triple Alliance, 20 mai 1882, p. 9
- Désaccord avec Guillaume II sur le règlement d'une grève, 18 mai 1889, p. 8
- Mis en demeure de quitter le pouvoir, 15 mars 1890, p. 9
- Démissionne, 19 mars 1890, p. 9

Blaskowitz, général Johannes
- Commande un corps d'armée de la Wehrmacht, 21 mai 1935, p. 35

Blomberg, général Werner von
- Supervise les manœuvres secrètes allemandes en URSS, août 1928, p. 30
- Commandant en chef de la Wehrmacht, 21 mai 1935, p. 34
- Dirige l'opération en Rhénanie, 7 mars 1936, p. 36
- Limogé, 4 février 1938, p. 38

Bock, général Fedor von
- Haut commandant de la Wehrmacht à Dresde, 21 mai 1935, p. 35

Borchardt, Ludwig
- Découvre le buste de Néfertiti à El-Amarna, 7 décembre 1912, p. 14

Borghèse, prince Giurnio
- Force les défenses du port d'Alger, 11 décembre 1942, p. 81

Bormann, Martin
- Adresse ses condoléances à Lucie Rommel, 17 octobre 1944, p. 107

Bosnie
- Assassinat de l'archiduc d'Autriche et son épouse à Sarajevo, 28 juin 1914, p. 16

116

Brauchitsch, maréchal Walther von
- Commande un corps d'armée de la Wehrmacht, 21 mai 1935, p. 35
- Nommé commandant en chef de l'armée de terre, février 1938
- Est élevé au grade de maréchal par Hitler, 19 juillet 1940
- Charge Rommel d'une mission en Libye, 6 février 1941, p. 58
- Limogé par Hitler, 19 décembre 1941, p. 58

Brecker, Arno
- Accompagne Hitler dans Paris, 22 juin 1940, p. 56

Briand, Aristide
- Accepte d'adoucir les réparations allemandes, février 1922, p. 27
- Appuie l'entrée de l'Allemagne à la SDN, 8 septembre 1926, p. 29
- Reçoit avec Stresemann le Nobel de la Paix, 10 décembre 1926, p. 29
- Propose la création d'une fédération européenne, 5 septembre 1929, p. 29

Briand-Kellogg (pacte)
- Pacte par lequel 60 pays déclarent la guerre hors la loi, 27 août 1928, p. 30

Brockdorff-Rantzau, comte Ulrich von
- Point de vue sur l'accord germano-soviétique de Berlin, 24 avril 1926, p. 29

Bulow, prince Bernhard von
- Nommé chancelier du Reich, octobre 1900
- Souligne "l'encerclement concerté de l'Allemagne", 14 novembre 1906, p. 12
- Remplacé par Theobald von Bethmann-Hollweg, 14 juillet 1909, p. 12

Bundesrat
- Chambre chargée d'élaborer le budget et de voter les lois

Burgdorf, général
- Vient arrêter Rommel à Herrlingen, 14 octobre 1944, p. 107

CD

Caprivi (Georg Leo, comte von)
- Devient chef de l'amirauté, 1883
- Succède à Bismarck, 19 mars 1890, p. 9
- Remplacé par le prince Hohenlohe-Schillinsfürst, 26 octobre 1894, p. 10

Cavallero, général Ugo
- Reproche à Rommel d'agir seul, 30 janvier 1942, p. 68

Chamberlain, Neville
- Déclare la guerre à l'Allemagne, 3 septembre 1939, p. 42

Chine
- Les Allemands occupent la baie de Kiachow, 14 novembre 1897, p. 10

Churchill, Winston
- Admiratif de l'action des FFL à Bir-Hakeim, 16 juin 1942, p. 71
- Consterné par les défaites et le recul des Britanniques en Libye, 2 juillet 1942, p. 73

Ciano (Galeazzo, comte de Cortellazzo)
- Signe le pacte d'Acier avec le Reich, 22 mai 1939, p. 41
- Exécuté pour trahison, 11 janvier 1944, p. 92

Clark, général Mark Wayne
- Négocie un armistice en Afrique du Nord, 17 novembre 1942, p. 81

Clemenceau, Georges
- Nommé président du Conseil français, 15 novembre 1917, p. 17

Corse
- L'île est libérée par les Français, 4 octobre 1943, p. 84

Crète (île de)
- Invasion par les Allemands, 1er juin 1941, p. 58
- Les Allemands coulent un cuirassé britannique, 25 novembre 1941, p. 58

Cruewell, général Ludwig
- Stationné dans le secteur de Gazala en Libye, 26 mai 1942, p. 70

Cunningham, général Alan Gordon
- Lance l'opération Crusader en Libye, 19 novembre 1941, p. 64
- Echec de l'opération Crusader, 20 novembre 1941, p. 64
- Réussit la jonction avec les assiégés de Tobrouk, 28 novembre 1941, p. 65

Cuno, Wilhelm
- Appelle à la résistance passive dans la Ruhr, 12 janvier 1923, p. 28
- Démissionne de son poste de chancelier, 12 août 1923, p. 28

Cyrénaïque
- Région orientale de la Libye (Voir Libye)

Daladier, Edouard
- Annonce la déclaration de guerre à l'Allemagne, 3 septembre 1939, p. 42

Danemark
- Début de l'occupation allemande, 9 avril 1940, p. 44
- Rommel est chargé de la défense des côtes, décembre 1943, p. 90
- Premières inspections du maréchal Rommel, du 2 au 10 décembre 43, p. 90
- Menace de débarquement allié, 11 décembre 1943, p. 90

Darlan, amiral François
- Négocie un armistice en Afrique du Nord, 17 novembre 1942, p. 81

Darwin, Charles
- Ses théories inspirent les pangermanistes, août 1891, p. 10

Dawes (plan)
- Fixe les modalités de paiement des réparations allemandes, 16 avril 1924, p. 28

De Gaulle, Charles
- Echec de sa contre-attaque à Montcornet, 19 mai 1940, p. 49
- Attaque Abbeville, 30 mai 1940, p. 52

Dollfuss, Engelbert
- Assassiné par les nazis, 25 juillet 1934, p. 34

Dolmann, général Friedrich
- Commande un corps d'armée de la Wehrmacht, 21 mai 1935, p. 35

Dönitz, Karl
- Naissance à Grunau, 16 septembre 1891, p. 10

Doose, Heinrich
- Conduit Burgdorf et Maisel au domicile de Rommel, 14 octobre 1944, p. 107

E

Ebert, Friedrich
- A la tête des sociaux-démocrates allemands, 12 octobre 1913, p. 14
- Soutient la répression de l'insurrection communiste, 16 janvier 1919, p. 24
- Premier président de la République allemande, 11 février 1919, p. 24
- Refuse de livrer les responsables de guerre aux Alliés, février 1920, p. 26
- Fuit face au putsch de Wolfgang Kapp, mars 1920, p. 26

Edouard VII, roi d'Angleterre
- Rencontre son cousin l'empereur Guillaume II, 11 août 1908, p. 12

Egypte
- Découverte du buste de Néfertiti à El-Amarna, 7 décembre 1912, p. 14
- Prise de Solloum et de Sidi Barrani par les Italiens, 16 septembre 1940, p. 57
- Contre-attaque britannique, 9 décembre 1940, p. 57
- Déroute des Italiens, 31 décembre 1940, p. 57
- Deux cuirassés britanniques sont coulés à Alexandrie, 18 décembre 1941, p. 58
- L'Afrikakorps entre dans le pays (Voir Libye (campagne de)), 30 juin 1942, p. 73

Ehrhardt, Hermann
- Appuie, avec sa brigade, le putsch de Wolfgang Kapp, mars 1920, p. 26
- Echec du putsch, 17 mars 1920, p. 26

El-Alamein
- Voir aussi Libye (campagne de)
- Les Britanniques établissent une position, 4 juillet 1942, p. 76
- Les Italiens sont malmenés au nord, 10 juillet 1942, p. 76
- Contre-offensive infructueuse de Rommel, 13 juillet 1942, p. 76
- Auchinleck se heurte à la résistance de l'Axe, 22 juillet 1942, p. 76
- Attaque de l'Afrikakorps sur l'ensemble du front, 30 juillet 1942, p. 76
- Rommel est stoppé, 31 juillet 1942, p. 76
- Offensive surprise de Montgomery, 23 octobre 1942, p. 77
- Rommel subit le "rouleau compresseur britannique", 3 novembre 1942, p. 79
- L'Axe est contraint de se retirer, 4 novembre 1942, p. 79
- Les Italiens couvrent le repli allemand, 7 novembre 1942, p. 80

Entente cordiale
- Alliance militaire entre la France et l'Angleterre, juillet 1904, p. 12

Epps, colonel Franz von
- Lève un corps franc pour reprendre Munich, 2 mai 1919, p. 24

Ernst, Karl
- Abattu par les SS, 30 juin 1934, p. 34

Erzberger, Matthias
- Dirige la délégation allemande à Compiègne, 11 novembre 1918, p. 23
- Nommé ministre des Finances, juin 19
- Assassiné par des nationalistes, 26 août 1921, p. 26

Esch, professeur (docteur au Vésinet)
- S'oppose à ce que Rommel quitte l'hôpital, 8 août 1944, p. 105

Esenbeck, général
- Rend visite à Rommel, hospitalisé en France, 23 juillet 1944, p. 104

Espagne
- Irritation après l'ingérence de l'Allemagne au Maroc, mars 1905, p. 12
- Le Reich passe commande de sous-marins, 18 juin 1934, p. 34
- Guerre civile, 17 juillet 36
- Intervention de la légion allemande Condor, 26 avril 1937, p. 37
- Franco refuse de laisser passer les nazis, décembre 1940, p. 57

Etats-Unis
- Le pays est le 2e producteur mondial de charbon et d'acier, décembre 1890, p. 8
- Premier vol contrôlé des frères Wright, 17 décembre 1903, p. 12
- Déclaration de guerre à l'Allemagne, 6 avril 1917, p. 20
- Un premier contingent de soldats américains débarque en France, juin 1917, p. 20
- Attaque franco-américaine en Argonne, 26 août 1918, p. 22

Fehrenbach, Konstantin – France

- Les Alliés progressent partout en Europe, 30 octobre 1918, p. 23
- Fin de la guerre en Europe, 11 novembre 1918, p. 23
- Propose le plan Dawes aux Allemands, 16 avril 1924, p. 28
- Déclaration de guerre de l'Allemagne, 11 décembre 1941, p. 58
- Opération *Torch* en Afrique du Nord, 8 novembre 1942, p. 80
- Patton se heurte aux Français à Casablanca, 9 novembre 1942, p. 81
- Armistice général en Afrique du Nord, 17 novembre 1942, p. 81
- Un centre d'essais nucléaires à Los Alamos, 25 novembre 1942, p. 68
- Défaite de Patton à Kasserine, 14 février 1943, p. 84
- Revers au col de Kasserine, 20 février 1943, p. 85
- Opération *Overlord* en Normandie, 6 juin 1944, p. 99
- Recul allemand sur tous les fronts en Europe, 18 juin 1944, p. 100

F

Fehrenbach, Konstantin
- Forme un gouvernement de centre droit, 25 juin 1920, p. 26

FFI (Forces françaises de l'intérieur)
- Résistent aux Allemands en Bretagne, 18 juin 1944, p. 100
- Libèrent Paris, 25 août 1944, p. 92

FFL (Forces françaises libres)
- Engagées dans le secteur de Bir-Hakeim (Libye), 26 mai 1942, p. 70
- Repoussent une attaque de l'Afrikakorps, 27 mai 1942, p. 70
- Résistent toujours à Rommel, 11 juin 1942, p. 70
- Font l'admiration de Rommel, 11 juin 1942, p. 71
- Bilan de la bataille de Bir-Hakeim, 16 juin 1942, p. 71
- Engagement en Tunisie, 31 décembre 1942, p. 81
- Résistance aux assauts allemands en Tunisie, 20 février 1943, p. 85
- Battent Rommel à Medenine, 6 mars 1943, p. 86
- Résistent aux Allemands en Bretagne, 18 juin 1944, p. 100

Finckl, colonel
- nforme Rommel des préparatifs d'un attentat contre Hitler, 26 juin 1944, p. 101

Finlande
- Résistance face aux Soviétiques, 30 décembre 1939, p. 43

Foch, maréchal Ferdinand
- Dirige la délégation alliée à Compiègne, 11 novembre 1918, p. 23

France
- **Avant 1914**
- Napoléon III est défait à Sedan, 2 septembre 1870, p. 8
- Sacre de Guillaume Ier à Versailles, 18 janvier 1871, p. 8
- L'armée allemande descend les Champs-Elysées, 1er mars 1871, p. 8
- Cession de l'Alsace-Lorraine au Reich (traité de Francfort), 10 mai 1871, p. 8
- Entente cordiale avec l'Angleterre, juillet 1904, p. 12
- Irritation après l'ingérence de l'Allemagne au Maroc, mars 1905, p. 12
- Tensions franco-allemandes au Maroc, septembre 1908, p. 12
- Coopération économique avec l'Allemagne au Maroc, février 1909, p. 12
- L'armée occupe Fez, 19 mai 1911, p. 14
- Les Allemands envoient une canonnière à Agadir, 1er juillet 1911, p. 14
- L'Allemagne reconnaît le protectorat français du Maroc, 4 novembre 1911, p. 14
- Accord franco-allemand sur le Maroc, 20 décembre 1911, p. 14
- Le service militaire est porté à trois ans, 7 août 1913, p. 14

• **Première Guerre mondiale**
- L'archiduc d'Autriche est assassiné à Sarajevo, 28 juin 1914, p. 16
- L'Allemagne déclare la guerre, 3 août 1914, p. 16
- Attaque des Français en Alsace, 8 août 1914, p. 16
- Supériorité du canon français de 75, août 1914, p. 16
- Les troupes françaises avancent en Lorraine, 14 août 1914, p. 16
- Abandon de Mulhouse aux Allemands, 19 août 1914, p. 16
- Retrait des troupes en Lorraine, 20 août 1914, p. 16
- Les Allemands contrôlent le village de Bleid, 22 août 1914, p. 17
- Défaite à Charleroi, 25 août 1914, p. 16
- Erreur stratégique de Moltke sur le front ouest, 26 août 1914, p. 16
- Victoire de l'armée Lanzerac à Guise, 29 août 1914, p. 16
- Victoire française à la bataille de la Marne, 12 septembre 1914, p. 16
- Von Kluck admire l'héroïsme des Français sur la Marne, 15 septembre 1914, p. 16
- Gand et Lille sont aux mains des Allemands, 12 octobre 1914, p. 16
- Violents combats dans les Flandres et en Argonne, 15 octobre 1914, p. 16
- Les Alliés bloquent les Allemands dans les Flandres, 13 novembre 1914, p. 16
- Début de la guerre des tranchées, 14 novembre 1914, p. 16
- Stabilisation du front français, 30 décembre 1914, p. 17
- Réduction d'effectifs du côté allemand, janvier 1915, p. 18
- Succès défensif allemand à Soissons, 14 janvier 1915, p. 18
- Les bombardements allemands détruisent Reims, 22 février 1915, p. 18
- Succès mitigé de l'offensive en Champagne, 16 mars 1915, p. 18
- Le 152e RI prend le sommet du Viel-Armand, 26 mars 1915, p. 18
- Attaque allemande aux gaz toxiques sur le front de l'Yser, 22 avril 1915, p. 18
- Offensive de Joffre et Pétain en Artois, 9 mai 1915, p. 18
- Difficultés françaises en Argonne, 15 juillet 1915, p. 18
- Echec d'une nouvelle offensive en Champagne, 7 octobre 1915, p. 18
- Perte du sommet du Viel-Armand, 15 octobre 1915, p. 18
- Reprise du Viel-Armand, 21 décembre 1915, p. 18
- Le 152e RI est chassé du Viel-Armand, 22 décembre 1915, p. 18
- Début de la bataille de Verdun, 21 février 1916, p. 18
- Début de la bataille de la Somme, 24 juin 1916, p. 18
- Offensive britannique dans la Somme, 24 juin 1916, p. 19
- Très lourdes pertes à Verdun et dans la Somme, 30 juillet 1916, p. 19
- Les Allemands se replient sur la ligne Hindenburg, 9 février 1917, p. 20
- Offensive du Chemin des Dames, 16 avril 1917, p. 20
- Echec de l'offensive du Chemin des Dames, 18 avril 1917, p. 20
- Bilan de la bataille du Chemin des Dames, 30 avril 1917, p. 20
- Débarquement de soldats américains, juin 1917, p. 20
- Offensive sur la rive gauche de la Meuse, 20 août 1917, p. 20
- Victoire à La Malmaison, 24 octobre 1917, p. 20
- Bataille de Pasehendaële (Flandres), 30 octobre 1917, p. 20
- Clemenceau devient président du Conseil, 15 novembre 1917, p. 17
- Offensive de Ludendorff à Saint-Quentin, 21 mars 1918, p. 22
- Supériorité numérique de l'artillerie allemande, 22 mars 1918, p. 22
- La progression allemande s'essouffle, 31 mars 1918, p. 22
- ''Le Baron rouge'' est abattu au-dessus de la Somme, 22 avril 1918, p. 22
- Perte de Soissons, 29 mai 1918, p. 22
- Les Allemands atteignent la Marne, 4 juin 1918, p. 22
- Tirs du canon la ''Grosse Bertha'' sur Paris, 26 juin 1918, p. 22
- Contre-offensive française à Villers-Cotterets, 18 juillet 1918, p. 22
- Offensive alliée en Picardie, 8 août 1918, p. 22
- Attaque franco-américaine en Argonne, 26 août 1918, p. 22
- Réduction du saillant de Saint-Mihiel, 9 septembre 1918, p. 22
- Progression massive des Alliés, 30 octobre 1918, p. 23
- Armistice de Compiègne, 11 novembre 1918, p. 23

• **L'entre-deux-guerres**
- Signature du traité de Versailles, 28 juin 1919, p. 24
- Levée partielle du blocus contre le Reich, 12 juillet 1919, p. 24
- Bilan du premier conflit mondial, 31 décembre 1919, p. 25
- Fixation du montant des réparations allemandes, 28 janvier 1921, p. 27
- Envoi de soldats pour occuper la Ruhr, 8 mars 1921, p. 27
- Difficultés de paiement de l'Allemagne, 31 décembre 1921, p. 27
- Accord sur l'adoucissement des réparations allemandes, février 1922, p. 27
- Prélèvement du charbon dans la Ruhr, 11 janvier 1923, p. 28
- Exécution d'un saboteur dans la Ruhr, 26 mai 1923, p. 28
- Evacuation de la Ruhr, décembre 1924, p. 28
- Signature du traité de Locarno, 16 octobre 1925, p. 29
- Fin du contrôle interallié en Allemagne, 31 décembre 1927, p. 30
- Signature du pacte Briand-Kellogg, 27 août 1928, p. 30
- Briand propose la création d'une fédération européenne, 5 septembre 1929, p. 30
- Conférence de Stresa, 11 avril 1935, p. 34
- Aucune riposte aux Allemands en Rhénanie, 7 mars 1936, p. 36
- Compromis sur la Tchécoslovaquie, 30 septembre 1938, p. 38
- Accord frontalier avec l'Allemagne, 6 décembre 1938, p. 38

• **Seconde Guerre mondiale**
- Déclaration de guerre à l'Allemagne, 3 septembre 1939, p. 42
- Le haut commandement allemand hésite à attaquer, 23 novembre 1939, p. 43
- L'armement allemand se montre plus efficace, 10 mai 1940, p. 46
- Plan *Dyle* de défense de la Belgique, 10 mai 1940, p. 48
- Les Allemands traversent la Meuse, 13 mai 1940, p. 48
- Percée allemande dans les Ardennes, 14 mai 1940, p. 48
- Violente batailles de chars à Flavion, 15 mai 1940, p. 49
- Succès défensifs en Belgique, 15 mai 1940, p. 48
- Les Allemands sont à 90 km de Sedan, 16 mai 1940, p. 44
- Perte d'Avesnes et Landrecie, 16 mai 1940, p. 49

- Les Allemands sont sur la Sambre, 19 mai 1940, p. 49
- Les Alliés sont encerclés dans les Flandres, 20 mai 1940, p. 44
- Les Allemands continuent leur progression, 20 mai 1940, p. 49
- Contre-attaque française à Arras, 21 mai 1940, p. 51
- Les Français repoussent les Allemands dans les Ardennes, 25 mai 1940, p. 44
- Le colonel de Gaulle attaque Abbeville, 30 mai 1940, p. 52
- Défense de Lille, 1er juin 1940, p. 44
- Evacuation des soldats alliés, 4 juin 1940, p. 44
- Offensive allemande sur la Somme, 5 juin 1940, p. 44
- Percée allemande dans la Somme, 8 juin 1940, p. 53
- Offensive allemande sur l'Aisne, 9 juin 1940, p. 44
- Perte de Saint-Valéry-en-Caux, 12 juin 1940, p. 54
- Paris est aux mains des Allemands, 14 juin 1940, p. 44
- Perte de Cherbourg, 19 juin 1940, p. 55
- Signature de l'acte de capitulation à Rethondes, 22 juin 1940, p. 56
- Les FFL de Kœnig sont engagées à Bir-Hakeim, 26 mai 1942, p. 70
- Défense de Bir-Hakeim face à l'Afrikakorps de Rommel, 27 mai 1942, p. 70
- Les FFL résistent toujours à Rommel, 11 juin 1942, p. 70
- Bilan de la bataille de Bir-Hakeim, 16 juin 1942, p. 71
- Echec d'un débarquement allié à Dieppe, 19 août 1942, p. 68
- L'opération *Torch* surprend Vichy, 8 novembre 1942, p. 80
- Les soldats de Vichy ripostent aux Alliés en Afrique du Nord, 9 novembre 1942, p. 80
- Les Allemands occupent la zone "libre", 11 novembre 1942, p. 68
- Armistice général en Afrique du Nord, 17 novembre 1942, p. 81
- Les FFL combattent en Tunisie, 31 décembre 1942, p. 81
- Repli en Tunisie après une forte résistance, 20 février 1943, p. 85
- Libération de la Corse, 4 octobre 1943, p. 84
- Rommel établit ses quartiers à Fontainebleau, 15 décembre 1943, p. 91
- Rommel est nommé inspecteur des côtes du Danemark à l'Aquitaine, 30 décembre 1943, p. 91
- Le système de défense des côtes est défaillant, 31 décembre 1943, p. 91
- Rommel inspecte toute la côte du Sud-Ouest, 11 février 1944, p. 95
- Rommel s'installe à La Roche-Guyon, 15 mars 1944, p. 95
- Massacre au plateau des Glières, 27 mars 1944, p. 92
- Débarquement allié en Provence, 15 avril 1944, p. 92
- Libération de Paris par les unités du général Leclerc, 25 avril 1944, p. 92
- Victoires du général Juin en Italie, 13 mai 1944, p. 92
- Débarquement allié en Normandie (opération *Overlord*), 6 juin 1944, p. 98 et 99
- Les Britanniques prennent Bayeux, 7 juin 1944, p. 100
- Jonction des têtes de pont de Gold et Omaha, 8 juin 1944, p. 100
- Conférence de l'état-major allemand en présence d'Hitler, 17 juin 1944, p. 100
- Les Allemands sont contraints de reculer partout, 18 juin 1944, p. 100
- Combats dans le bocage normand, 20 juin 1944, p. 101
- Les Américains prennent Cherbourg, 27 juin 1944, p. 92
- Multiplication des raids aériens alliés, 15 juillet 1944, p. 102
- Contre-offensive allemande dans les Ardennes, 16 décembre 1944, p. 92

Franco Bahamonde, Francisco
- Guerre civile en Espagne, 17 juillet 36
- Reçoit l'aide d'Hitler et celle de Mussolini, 26 avril 1937, p. 37
- Refuse de laisser entrer les nazis en Espagne, décembre 1940, p. 57

François-Ferdinand de Habsbourg
- Est assassiné à Sarajevo, 28 juin 1914, p. 16

Frédéric-Guillaume (dit le Kronprinz)
- Les Alliés demandent son extradition, février 1920, p. 26

Frédéric III, empereur d'Allemagne
- Monte sur le trône, 9 mars 1888
- Décède d'un cancer du larynx, 15 juin 1888, p. 9

Freisler, Roland
- Président de la cour au procès des officiers conspirateurs, 8 août 1944, p. 105

Frick, Wilhelm
- Nommé ministre de l'Intérieur par Hitler, 30 janvier 1933, p. 32

Fritsch, général Werner von
- Commandant en chef de la Wehrmacht, 21 mai 1935, p. 34
- Limogé, 4 février 1938, p. 38

G

Gariboldi, général Italo
- Reçoit Rommel à Tripoli, 12 février 1941, p. 59

Gause, général Alfred
- Accompagne Rommel en Europe, 21 novembre 1943, p. 89

Geyer, général
- Commande un corps d'armée de la Wehrmacht, 21 mai 1935, p. 35

Goebbels, Joseph
- Appelle au boycott des magasins juifs, 28 mars 1933, p. 32
- Accepte la requête de Rommel de ne pas défiler derrière les SS, 30 juillet 1935, p. 35
- Lance la répression contre les Juifs, 10 novembre 1938, p. 39
- Choisit Rethondes pour la capitulation française, 22 juin 1940, p. 56
- Organise la pendaison des officiers conspirateurs, 8 août 1944, p. 105
- Influence Hitler pour que Rommel soit condamné à mort, 8 septembre 1944, p. 106
- Adresse ses condoléances à Lucie Rommel, 17 octobre 1944, p. 107

Goering, maréchal du Reich Hermann
- Naissance à Rosenheim (Bavière), 12 janvier 1893, p. 10
- Blessé lors du putsch manqué d'Hitler, 9 novembre 1923, p. 20
- Ministre dans le gouvernement Hitler-Papen, 30 janvier 1933, p. 32
- Dirige la répression contre les SA, 30 juin 1934, p. 34
- Commandant en chef de la Luftwaffe, 21 mai 1935, p. 34
- Chargé de préparer l'Allemagne à la guerre, 4 septembre 1936, p. 36
- Promu maréchal de la Luftwaffe, 4 février 1938, p. 38
- Commande le bombardement de Varsovie, 27 septembre 1939, p. 42
- Est fait maréchal du Reich par Hitler, 19 juillet 1940
- Indispose Rommel par son optimisme, 11 mars 1943, p. 87
- Influence Hitler pour que Rommel soit condamné à mort, 8 septembre 1944, p. 106

Grande-Bretagne
- Cède l'île d'Helgoland à l'Allemagne, 1er juillet 1890, p. 8
- 1er producteur mondial de charbon et d'acier, décembre 1890, p. 8
- Entente cordial avec la France, juillet 1904, p. 12
- Irritation après l'ingérence de l'Allemagne au Maroc, mars 1905, p. 12
- Visite officielle de Guillaume II, 10 novembre 1907, p. 12
- Scandale autour d'une déclaration du kaiser, 31 octobre 1908, p. 12
- Londres rejette le compromis du Reich, 5 janvier 1912, p. 14
- L'archiduc d'Autriche est assassiné à Sarajevo, 28 juin 1914, p. 16
- Déclaration de guerre à l'Allemagne, 4 août 1914, p. 16
- Les Alliés bloquent les Allemands dans les Flandres, 13 novembre 1914, p. 16
- Offensive dans la Somme, 24 juin 1916, p. 19
- Très lourdes pertes sur la Somme, 30 juillet 1916, p. 19
- Les Alliés progressent partout, 30 octobre 1918, p. 23
- Fin de la guerre en Europe, 11 novembre 1918, p. 23
- Sabordage de la flotte allemande à Scapa Flow, 21 juin 1919, p. 24
- Bilan du conflit mondial, 31 décembre 1919, p. 25
- Envoi de troupes pour occuper la Ruhr, 8 mars 1921, p. 27
- Fin du contrôle interallié en Allemagne, 31 décembre 1927, p. 30
- Conférence de Stresa, 11 avril 1935, p. 34
- Ne réagit pas à l'arrivée de troupes allemandes en Rhénanie, 7 mars 1936, p. 36
- Compromis sur la Tchécoslovaquie, 30 septembre 1938, p. 38
- Déclaration de guerre à l'Allemagne, 3 septembre 1939, p. 42
- Deux croiseurs sont endommagés par l'aviation allemande, 16 octobre 1939, p. 40
- Contre-attaque les Italiens en Egypte, 9 décembre 1940, p. 57
- Victoire sur les Italiens à Tobrouk, 22 janvier 1941, p. 58
- Wavell chasse les Italiens de Cyrénaïque, 7 février 1941, p. 58
- Offensive en Cyrénaïque, 23 février 1941, p. 58
- Embuscade allemande à El-Agheila, 24 février 1941, p. 59
- Repli sur Tobrouk, 4 avril 1941, p. 60
- Les Britanniques résistent aux assauts des Allemands sur Tobrouk, 17 avril 1941, p. 61
- Echec d'un débarquement en Libye, 19 avril 1941, p. 61
- La Royal Navy coule le *Bismarck*, 27 mai 1941, p. 58
- Opération *Brevity* en Cyrénaïque, 27 mai 1941, p. 62
- Opération *Battleaxe* en Libye, 15 juin 1941, p. 62
- Echec au col d'Halfaya, 18 juin 1941, p. 62
- Opération *Crusader* à Bir-el-Gobi, 19 novembre 1941, p. 64
- Le *Barham* est coulé par les Allemands en Crète, 25 novembre 1941, p. 58
- Perte de deux cuirassés à Alexandrie, 18 décembre 1941, p. 58
- Reprise de Benghazi, 25 décembre 1941, p. 66
- Prise de Sollum, 11 janvier 1942, p. 68
- Recul en Cyrénaïque, février 1942, p. 68
- Désastre évité en Libye grâce aux FFL, 16 juin 1942, p. 71
- Perte de Tobrouk, 22 juin 1942, p. 72
- Perte de Mersa Matruh, 29 juin 1942, p. 73
- Déroute en Afrique du Nord, 3 juillet 1942, p. 73
- Défense sur le front égyptien d'El-Alamein, 4 juillet 1942, p. 76
- Echec de l'offensive allemande sur El-Alamein, 31 août 1942, p. 76
- Offensive de Montgomery à El-Alamein, 23 octobre 1942, p. 77
- Opération *Torch* en Afrique du Nord, 8 novembre 1942, p. 80
- Engagement en Tunisie, 19 novembre 1942, p. 81
- Prise de Tripoli, 23 janvier 1943, p. 84
- Victoire à la bataille de Medenine, 6 mars 1943, p. 86
- La RAF bombarde Hambourg, 31 juillet 1943, p. 84

- Opération *Overlord* en Normandie, 6 juin 1944, p. 99
- Recul allemand sur tous les fronts en Europe, 18 juin 1944, p. 100

Graziani, maréchal Rodolfo
- Commande les troupes italiennes en Libye, juillet 1940, p. 57
- Tente d'envahir l'Egypte, 16 septembre 1940, p. 57

Grèce
- Invasion par la Wehrmacht, 27 avril 1941, p. 58
- Mission écourtée de Rommel, 25 juillet 1943, p. 88

Groener, général Wilhelm
- Ministre allemand de la Défense, janvier 1928, p. 30

Grynszpan, Herschel
- Assassine le nazi von Rath, novembre 1938, p. 39

Guderian, Heinz
- Ses divisions blindées arrivent à 90 km de Sedan, 16 mai 1940, p. 44
- Chef d'état-major de l'armée de terre allemande, fin août 1944, p. 106

Guillaume Ier, empereur d'Allemagne
- Sacré empereur des Allemands à Versailles, 18 janvier 1871, p. 8
- Décès, mars 1888

Guillaume II, empereur d'Allemagne
- Proclamé empereur à 29 ans, 15 juin 1888, p. 9
- Désaccord avec Bismarck sur le règlement d'une grève, mai 1889, p. 8
- Force Bismarck à démissionner, 15 mars 1890, p. 9
- Nomme Caprivi chancelier, 19 mars 1890, p. 9
- Contraint de remplacer Caprivi, 26 octobre 1894, p. 10
- Envoie des troupes contre les Boxers chinois, 17 juin 1900, p. 12
- Nomme von Bulow chancelier du Reich, octobre 1900
- Soutient l'indépendance du Maroc, mars 1905, p. 12
- En visite officielle à Londres, 10 novembre 1907, p. 12
- Rencontre son cousin Edouard VII d'Angleterre, 11 août 1908, p. 12
- Avive les tensions au Maroc, septembre 1908, p. 12
- Evoque les sentiments anglophobes des Allemands, 31 octobre 1908, p. 12
- Reconnaît à la France a des intérêts politiques au Maroc, février 1909, p. 12
- Tente de sceller un accord de paix avec la Russie, 5 novembre 1910, p. 12
- Reconnaît le protectorat français du Maroc, 4 novembre 1911, p. 14
- Décide la construction de quinze nouveaux cuirassés, 8 février 1912, p. 14
- Déclare que la guerre est une bonne chose, 5 novembre 1913, p. 15
- Indigné par une résolution de paix du Reichstag, 20 juillet 1917, p. 21
- Abdique et se réfugie aux Pays-Bas, 9 novembre 1918, p. 23
- Les Pays-Bas refusent de le livrer aux Alliés, 23 janvier 1920, p. 26

Guise (bataille de)
- Victoire de l'armée Lanzerac sur les Allemands, 29 août 1914, p. 16

H

Hahn, inspecteur (police de Stuttgart)
- Félicite Rommel pour son efficacité, juillet 1919, p. 24

Halder, général Franz
- Hésite à lancer une offensive contre la France, 23 novembre 1939, p. 43

Hanke, lieutenant
- Remet au général Rommel la croix de Chevalier, 26 mai 1940, p. 52

Harteck, Paul
- Conseille au Reich l'étude de l'uranium, avril 1939, p. 40

Hasse, Ernst
- Prône la mise en place d'un Etat pangermanique, 1890, p. 9
- Fonde la ligue pangermanique, avril 1891, p. 10

Hasse, Hugo
- A la tête des sociaux-démocrates allemands, 12 octobre 1913, p. 14

Himmler, Heinrich
- Dirige la répression contre les SA, 30 juin 1934, p. 34
- Nommé responsable des camps de concentration, 17 juillet 34
- Accepte la requête de Rommel, qui refuse de défiler derrière les SS, 30 juillet 1935, p. 35
- Inaugure le camp de Buchenwald, 1er août 1937, p. 36
- Préconise une race "pure", novembre 1937, p. 37
- Adresse ses condoléances à Lucie Rommel, 17 octobre 1944, p. 107

Hindenburg, maréchal Paul von
- Défait les Russes à Tannenberg, 31 août 1914, p. 16
- Veut régler rapidement le sort de la France, janvier 1918, p. 22
- Les Alliés demandent son extradition, février 1920, p. 26
- Elu président du Reich, 26 avril 1925, p. 28
- Déclare que l'Allemagne n'a pas provoqué la guerre, 16 septembre 1927, p. 30
- Réélu président, 10 avril 1932, p. 30
- Demande à Schleicher de démissionner, 28 janvier 1933, p. 32
- Nomme Hitler chancelier, 30 janvier 1933, p. 32
- Signe un décret mettant fin aux libertés civiques, 28 février 1933, p. 32
- Interdit le drapeau de la République de Weimar, 12 mars 1933, p. 320
- Demande à Hitler de se débarrasser des SA, juin 1934, p. 34
- Décès, 2 août 1934, p. 34

Hitler, Adolf
- Naissance à Braunau-sur-Inn (Autriche), 20 avril 1889, p. 8
- Affecté au service de presse de l'armée, 12 juin 1919, p. 24
- Discours virulent lors d'une réunion du Parti ouvrier allemand, 12 septembre 1919, p. 25
- Devient un membre influent du NSDAP, 24 février 1920, p. 26
- Satisfait de la mort du ministre Rathenau, 24 juin 1922, p. 27
- Fête la victoire des Prussiens à Sedan (1870), 2 septembre 1923, p. 28
- Echec de sa tentative de putsch à Munich, 9 novembre 1923, p. 28
- Emprisonné à Landsberg, 13 novembre 1923, p. 28
- Ecrit *Mein Kampf* en prison, juillet 1924, p. 28
- Adopte le salut des fascistes italiens, 4 juillet 1926, p. 29
- Lecteur du manuel d'infanterie de Rommel, 1932, p. 31
- Projet de gouvernement avec Papen, 4 janvier 1933, p. 32
- Nommé chancelier du Reich, 30 janvier 1933, p. 32
- Convainc Hindenburg de supprimer les libertés civiques, 28 février 1933, p. 32
- Obtient les pleins pouvoirs, 23 mars 1933, p. 32
- Supprime la liberté de la presse, 4 octobre 1933, p. 32
- Nomme Rommel à la tête du bataillon alpin de Goslar, 10 octobre 1933, p. 33
- Retire l'Allemagne de la SDN, 14 octobre 1933, p. 33
- Hindenburg lui demande de se débarrasser des SA, juin 1934, p. 34
- Echec de sa rencontre avec Mussolini, 14 juin 1934, p. 34
- Passe commande de sous-marins à l'étranger, 18 juin 1934, p. 34
- Ordonne la mise à mort des chefs SA, 30 juin 1934, p. 34
- Tente un coup d'Etat en Autriche, 25 juillet 1934, p. 34
- Echoue en Autriche, 28 juillet 1934, p. 34
- Plébiscite à la tête du Reich, 20 août 1934, p. 34
- Devient le *Führer* et chancelier du Reich à vie, 16 octobre 1934, p. 34
- Passe en revue le bataillon de Rommel, 30 juillet 1935, p. 35
- Ordonne la réoccupation de la Rhénanie, 7 mars 1936, p. 36
- Charge Goering de préparer l'Allemagne à la guerre, 4 septembre 1936, p. 36
- Envoie la Légion Condor en Espagne, 26 avril 1937, p. 37
- Rencontre Mussolini à Munich, 29 septembre 1937, p. 36
- Promet de ne pas envahir la Belgique, 13 octobre 1937, p. 36
- Dévoile en secret ses plans de guerre, 5 novembre 1937, p. 37
- Attaché à l'éducation nazie des enfants, 29 novembre 1937, p. 37
- S'autoproclame chef des armées, 4 février 1938, p. 38
- Ordonne l'invasion de l'Autriche, 12 mars 1938, p. 38
- Fait son entrée dans Vienne, 14 mars 1938, p. 38
- Prépare l'invasion de la Tchécoslovaquie, 28 mai 1938, p. 38
- Inspecte la ligne Siegfried, 29 août 1938, p. 38
- Charge Rommel de sa sécurité, octobre 1938, p. 38
- Envahit les Sudètes, 5 octobre 1938, p. 38
- Assiste au lancement du cuirassé *Bismarck*, 14 janvier 1939, p. 39
- Suit les conseils de Rommel pour entrer dans Prague, 15 mars 1939, p. 40
- Conclut le pacte d'Acier avec Mussolini, 22 mai 1939, p. 41
- Prépare l'invasion de la Pologne, 22 août 1939, p. 40
- Nomme Rommel à son quartier général, 23 août 1939, p. 41
- Conclut un pacte de non-agression avec Staline, 23 août 1939, p. 41
- Ordonne l'invasion de la Pologne, 31 août 1939, p. 40
- Rejette l'ultimatum franco-britannique, 3 septembre 1939, p. 41
- Tient à faire un cadeau à Rommel, 15 octobre 1939, p. 43
- Echappe à un attentat, 8 novembre 1939, p. 43
- En colère contre son état-major, 23 novembre 1939, p. 43
- Offre à Rommel le commandement de la 7e Panzer, 15 février 1940, p. 44
- Adopte le plan *Faucille* contre la France, 6 mars 1940, p. 46
- Surnomme la 7e Panzer la "division fantôme", juin 1940, p. 54
- Complimente Rommel à Arras, 2 juin 1940, p. 52
- Visite Paris en vainqueur, 22 juin 1940, p. 56
- Convoque Rommel à son QG, 6 février 1941, p. 58
- Limoge von Brauchitsch, 19 décembre 1941, p. 58
- Limoge 35 généraux, 17 janvier 1942, p. 68
- Retarde l'invasion de Malte, 21 mai 1942, p. 70
- Impressionné par la résistance française à Bir-Hakeim, 15 juin 1942, p. 71
- Récompense Rommel en le nommant maréchal, 22 juin 1942, p. 72
- Refuse d'évacuer l'Afrique, 29 novembre 1942, p. 81
- Prélève 300 000 ouvriers pour la Wehrmacht, 15 décembre 1942, p. 68
- Prépare la mobilisation totale du Reich, 13 janvier 1943, p. 84
- Ne veut pas abandonner la Tunisie, 10 mars 1943, p. 87
- Inquiet sur l'issue de la situation en Tunisie, 10 mai 1943, p. 88
- Charge Rommel d'une mission en Grèce, 23 juillet 1943, p. 88
- Apprend la chute de Mussolini, 25 juillet 1943, p. 89

- Rappelle Rommel d'urgence en Allemagne,
  25 juillet 1943, p. 88
- Charge Rommel de désarmer l'armée italienne,
  8 septembre 1943, p. 89
- Préfère Kesserling à Rommel en Italie,
  21 novembre 1943, p. 89
- Confie à Rommel la défense des côtes de l'Europe
  occidentale, décembre 1943, p. 90
- Tranche dans le litige qui oppose Rommel à
  von Rundstedt, 19 janvier 1944, p. 94
- Furieux des succès de l'Armée rouge, 30 mars 1944,
  p. 92
- Félicite Rommel pour son action à l'Ouest,
  17 mai 1944, p. 96
- Assiste à une réunion de son état-major en France,
  17 juin 1944, p. 100
- Rencontre Rommel à Berchtesgaden, 28 juin 1944,
  p. 101
- Charge von Kluge de surveiller Rommel, 29 juin 1944,
  p. 101
- Limoge le maréchal von Rundstedt, 6 juillet 1944,
  p. 102
- Rommel le met en garde sur la situation militaire en
  Normandie, 17 juillet 1944, p. 102
- Echappe de justesse à un attentat, 20 juillet 1944,
  p. 103
- Apprend que Rommel faisait partie du complot,
  21 juillet 1944, p. 103
- Décide de ne pas épargner son "maréchal préféré",
  8 septembre 1944, p. 106
- Convoque à Berlin Rommel, qui refuse,
  7 octobre 1944, p. 106
- Laisse à Rommel le choix entre le suicide
  ou la condamnation à mort par un tribunal,
  14 octobre 1944, p. 107
- Adresse ses condoléances à Lucie Rommel,
  17 octobre 1944, p. 107

Hitler, Aloïs
- Naissance de son fils Adolf, 20 avril 1889, p. 8

Hitler, Klara
- Donne naissance à Adolf, 20 avril 1889, p. 8

Hoepner, général Erich
- Défait par les Français en Belgique, 15 mai 1940,
  p. 48

Hohenberg (Sophie Chotek, duchesse de)
- Voir Sophie, archiduchesse d'Autriche

Hohenlohe-Schillingsfürst, Chlodwig von
- Succède au chancelier Caprivi, 26 octobre 1894,
  p. 10
- Remplacé par von Bulow au poste de chancelier,
  octobre 1900

Horster, professeur (médecin de Rommel)
- Décèle des signes de fatigue chez son patient,
  août 1942, p. 76
- Soigne Rommel du mieux qu'il peut, 28 janvier 1943,
  p. 84

Hoth, général Hermann
- Commande le XVe corps blindé dans les Ardennes,
  9 mai 1940, p. 48
- Assiste au défilé de la 7e Panzer à Bordeaux,
  30 juin 1940, p. 57

Hugenberg, Alfred
- Dirige la droite politique allemande, janvier 1925, p. 28
- Accepte l'idée d'un gouvernement Hitler-Papen,
  janvier 1933, p. 32
- Nommé ministre de l'Economie par Hitler,
  30 janvier 1933, p. 32

Huntziger, général Charles
- Signe la capitulation française à Rethondes,
  22 juin 1940, p. 56

Hussein, Sayed Amin el- (grand mufti de Jérusalem)
- Désire rencontrer Rommel, qui s'intéresse aux
  Musulmans, 31 décembre 1942, p. 82

I

Italie
- Signature de la Triple Alliance, 20 mai 1882, p. 9
- Décès à Venise du compositeur Richard Wagner,
  13 février 1883, p. 8
- Reconduction de la Triple Alliance, 5 décembre 1912,
  p. 14
- Neutralité dans le conflit en Europe, 5 août 1914,
  p. 16
- Bataille contre les Autrichiens sur le front de l'Isonzo,
  mai 1915, p. 21
- Les Italiens récupèrent Gorizia, août 1916, p. 21
- Lourdes pertes italiennes et autrichiennes,
  30 août 1917, p. 20
- Envoi de renforts allemands aux Autrichiens,
  2 septembre 1917, p. 21
- Offensive allemande à Caporetto, 24 octobre 1917,
  p. 21
- Rommel enlève le mont Matajur, 25 octobre 1917,
  p. 21
- Résistance italienne sur la Piave, 2 novembre 1917,
  p. 21
- Rommel prend le village de Longarone,
  9 novembre 1917, p. 21
- Bilan du premier conflit mondial, 31 décembre 1919,
  p. 25
- Traité germano-soviétique à Rapallo, 16 avril 1922,
  p. 26
- Le couple Rommel visite le pays, 30 juillet 1927, p. 30
- Rencontre Hitler-Mussolini, 14 juin 1934, p. 34
- Conférence de Stresa, du 11 au 14 avril 1935, p. 34
- Pie XI condamne les excès du nazisme, 24 mai 1935,
  p. 34
- Encyclique du pape contre le nazisme, 21 mars 1937,
  p. 36
- Mussolini rencontre Hitler à Munich,
  29 septembre 1937, p. 36
- Adhésion au pacte anti-Komintern, 6 novembre 1937,
  p. 36
- Invasion de l'Albanie, 8 avril 1939, p. 40
- Signature du pacte d'Acier avec l'Allemagne,
  22 mai 1939, p. 41
- Début de l'invasion de l'Egypte, 16 septembre 1940,
  p. 57
- Déroute de Graziani en Egypte, 31 décembre 1940,
  p. 57
- Défaite face aux Britanniques à Tobrouk,
  22 janvier 1941, p. 58
- Déroute en Cyrénaïque, 7 février 1941, p. 58
- L'Afrikakorps arrive en renfort en Libye,
  14 février 1941, p. 58
- Un enclos italien résiste en Cyrénaïque,
  23 février 1941, p. 58
- Des hommes-torpilles coulent deux cuirassés
  britanniques en Egypte, 18 décembre 1941, p. 58
- Désaccord avec Rommel sur la stratégie en Tunisie,
  20 janvier 1943, p. 84
- Manifestations ouvrières, 12 mars 1943, p. 87
- Débarquement des forces alliées en Sicile,
  10 juillet 1943, p. 84
- Arrestation de Benito Mussolini, 25 juillet 1943, p. 84
- Débarquement allié en Calabre, 3 septembre 1943,
  p. 84
- Le pays capitule, 8 septembre 1943, p. 84
- Signature d'un armistice avec les Alliés,
  8 septembre 1943, p. 89
- Désarmement de l'armée par le Reich,
  11 septembre 1943, p. 89
- Un commando allemand libère Mussolini,
  12 septembre 1943, p. 89
- Les Alliés entrent dans Naples, 1er octobre 1943, p. 84
- Exécution du comte Ciano, 11 janvier 1944, p. 92
- Les Alliés établissent une tête de pont à Anzio,
  22 janvier 1944, p. 92
- Victoires du général Juin sur le Garigliano,
  13 mai 1944, p. 92
- Les Alliés sont dans Rome, 4 juin 1944, p. 92
- Retrait allemand le long de l'Adriatique, 8 juin 1944,
  p. 100

J

Japon
- Pacte anticommuniste avec l'Allemagne,
  25 novembre 1936, p. 36

Jodl, général Alfred
- Demeure très réservé sur la situation en Afrique du
  Nord, 28 novembre 1942, p. 81
- Rommel lui expose sa vision de l'utilisation des chars,
  23 avril 1944, p. 95
- Parle de Rommel comme d'un défaitiste,
  4 septembre 1944, p. 106
- Influence Hitler pour que Rommel soit condamné à
  mort, 8 septembre 1944, p. 106

Joffre, Joseph
- Lance avec Pétain une offensive en Artois,
  9 mai 1915, p. 18

Jousse, colonel
- Organise l'occupation des centres vitaux d'Alger,
  8 novembre 1942, p. 80

Juin, général Alphonse
- Repousse les Allemands en Belgique, 15 mai 1940,
  p. 48
- Chef des forces françaises en Afrique du Nord,
  8 novembre 1942, p. 80
- S'illustre sur le front italien, 13 mai 1944, p. 92

Jünger, Ernst
- Présente à Rommel un mémorandum sur la paix,
  2 mai 1944, p. 96

K

Kapp, Wolfgang
- Echec de sa tentative de putsch à Berlin,
  17 mars 1920, p. 26

Kasserine
- Voir aussi Tunisie (campagne de)
- Offensive de Rommel face à Patton, 14 février 1943,
  p. 84
- Revers américain au col de Kasserine,
  20 février 1943, p. 85

Keitel, August
- Partage la passion de Rommel pour l'aviation,
  juillet 1905, p. 12

Keitel, maréchal Wilhelm
- Signe pour le Reich l'armistice de Rethondes,
  22 juin 1940, p. 56
- Est nommé maréchal par Hitler, 19 juillet 1940
- Informe Rommel de la disparition du général Stumme,
  24 octobre 1942, p. 77
- Réservé sur la situation en Afrique du Nord,
  28 novembre 1942, p. 81
- Parle de Rommel comme d'un défaitiste,
  4 septembre 1944, p. 106
- Influence Hitler pour que Rommel soit condamné à
  mort, 8 septembre 1944, p. 106
- Convoque Rommel à Berlin et ce dernier refuse,
  7 octobre 1944, p. 106

Kellermann, Bernhard
- Rommel apprécie son livre le Tunnel, 27 juillet 1944,
  p. 104

Kesserling, maréchal Albert
- Apprécié par Rommel sur le front italien, 21 novembre 1943, p. 89

Keyes, lieutenant-colonel Geoffrey
- Chef du commando britannique qui tente de capturer Rommel, 18 novembre 1941, p. 63

Kleist, général Paul Ewald von
- Commande un corps d'armée de la Wehrmacht, 21 mai 1935, p. 35
- Limogé par Hitler, 30 mars 1944, p. 92

Klopper, général
- Défend Tobrouk face à l'Afrikakorps, 20 juin 1942, p. 72
- Est forcé de se rendre, 22 juin 1942, p. 72

Kluck, général Alexander von
- Admire l'héroïsme des Français sur la Marne, 15 septembre 1914, p. 16

Kluge, général Hans Günther von
- Commande un corps d'armée de la Wehrmacht, 21 mai 1935, p. 35
- Chargé par Hitler de surveiller Rommel, 29 juin 1944, p. 101
- Rencontre Rommel en France, 6 juillet 1944, p. 102
- Se rallie aux opinions de Rommel, 10 juillet 1944, p. 102

Knochenhauer, général von
- Commande un corps d'armée de la Wehrmacht, 21 mai 1935, p. 35

Koch, Lutz
- Raconte les combats de Bir-Hakeim à Hitler, 15 juin 1942, p. 71

Koch, Robert
- Décès du bactériologiste, 28 mai 1910, p. 12

Kœnig, général Marie Pierre
- Commande une brigade FFL dans le secteur de Bir-Hakeim, 26 mai 1942, p. 70
- Ses FFL font l'admiration de Rommel, 11 juin 1942, p. 71

Kronprinz
- Nom donné à Frédéric-Guillaume, fils de Guillaume II

Krupp (aciéries)
- Essor de l'industrie lourde en Allemagne, 1880, p. 8
- Fabrication d'obusiers de 105 et 155 mm pour l'armée, juin 1899, p. 10
- Décès de Friedrich Krupp, 22 novembre 1902, p. 12
- Construction d'un obusier de 420 mm, janvier 1906, p. 12
- Fabrication d'obusiers de 210 mm pour l'armée, janvier 1911, p. 14

Krupp, Friedrich
- Grand patron de l'industrie lourde allemande, 1880, p. 8
- Décès, 22 novembre 1902, p. 12

L

Lang, capitaine Helmut
- Rapporte l'attaque aérienne de la voiture de Rommel, 17 juillet 1944, p. 103

Lanzerac, Charles
- Défait les Allemands à Guise, 29 août 1914, p. 16

Lattre de Tassigny, général Jean-Marie Gabriel de
- Débarque avec son armée en Provence, 15 août 1944, p. 105

Le Bigot, amiral
- Capturé par Rommel lors de la chute de Cherbourg, 19 juin 1940, p. 55

Leclerc (Philippe de Hauteclocque, dit)
- Libère Paris à la tête de la 2e DB, 25 avril 1944, p. 92

Leeb, général Wilhelm von
- Haut commandant de la Wehrmacht à Kassel, 21 mai 1935, p. 35

Le Roux, commandant
- Pilote le *Typhon* de la RAF qui attaque la voiture de Rommel, 17 juillet 1944, p. 103

Libye (campagne de)
- Italo Balbo est abattu par sa propre DCA, 26 juin 1940, p. 57
- Graziani prend la tête des forces italiennes, juillet 1940, p. 57
- Reddition de la garnison italienne de Tobrouk, 22 janvier 1941, p. 58
- Les Italiens sont chassés de Cyrénaïque, 7 février 1941, p. 58
- Arrivée de Rommel à Tripoli, 12 février 1941, p. 59
- Débarquement de l'avant-garde de l'Afrikakorps, 14 février 1941, p. 59
- Résistance d'un enclos italien, 23 février 1941, p. 58
- Embuscade allemande à El-Agheila, 24 février 1941, p. 59
- Tempête de sable à Syrte, 13 mars 1941, p. 60
- Repli des Britanniques sur Tobrouk, 4 avril 1941, p. 60
- Terrible méprise des soldats italiens, 8 avril 1941, p. 60
- Siège de Tobrouk par l'Afrikakorps, 11 avril 1941, p. 61
- Echec d'un débarquement britannique, 19 avril 1941, p. 61
- Echec des assauts allemands, 20 avril 1941, p. 61
- Attaque allemande sur le col d'Halfaya, 25 avril 1941, p. 61
- Lourdes pertes britanniques, 27 avril 1941, p. 61
- Les Allemands pénètrent dans les lignes anglaises, 30 avril 1941, p. 61
- Echec de l'opération britannique *Brevity*, 27 mai 1941, p. 62
- Opération britannique *Battleaxe*, 15 juin 1941, p. 62
- Echec des Britanniques au col d'Halfaya, 18 juin 1941, p. 62
- Echec de la mission d'un commando britannique pour capturer Rommel, 18 novembre 1941, p. 63
- Violents affrontements autour de Tobrouk, novembre 41 et décembre 1941, p. 64 et 65
- Echec de l'opération britannique *Crusader*, 20 novembre 1941, p. 64
- Retraite tactique de l'Afrikakorps, 16 décembre 1941, p. 66
- Les Britanniques prennent Benghazi, 25 décembre 1941, p. 66
- Combats de chars autour d'Agedabia, 27 décembre 1941, p. 67
- Capitulation italo-allemande à Bardia, 2 janvier 1942, p. 68
- Les Britanniques prennent Solloum, 11 janvier 1942, p. 68
- Les Allemands prennent Agedabia, 22 janvier 1942, p. 68
- L'Afrikakorps s'empare de Msous, 25 janvier 1942, p. 68
- L'Axe prend Benghazi, 29 janvier 1942, p. 68
- L'Axe s'empare de Derna, 4 février 1942, p. 68
- Offensive allemande au sud de Bir-Hakeim, 26 mai 1942, p. 70
- Rommel se heurte aux FFL du général Kœnig, 27 mai 1942, p. 70
- Bir-Hakeim résiste toujours, 11 juin 1942, p. 70
- Reddition de Tobrouk, 21 juin 1942, p. 72
- Les Allemands prennent Mersa Matruh, 29 juin 1942, p. 73
- L'Afrikakorps pénètre en Egypte, 30 juin 1942, p. 73
- Déroute des troupes alliées, 3 juillet 1942, p. 73
- Rommel est à 150 km d'Alexandrie, 3 juillet 1942, p. 73
- Les Britanniques s'établissent à El-Alamein, 4 juillet 1942, p. 76
- Offensive britannique à El-Alamein, 10 juillet 1942, p. 76
- Nouvelle offensive allemande, 13 juillet 1942, p. 76
- Résistance des forces de l'Axe, 22 juillet 1942, p. 76
- Les blindés de Rommel sont stoppés à El-Alamein, 30 août 1942, p. 76
- Offensive de Montgomery, 23 octobre 1942, p. 77
- Défaite de l'Axe à El-Alamein, 4 novembre 1942, p. 79
- Rommel abandonne la Libye, 7 novembre 1942, p. 80
- L'Axe évacue Tobrouk, 12 novembre 1942, p. 80
- L'Afrikakorps retarde les Alliés en Tunisie, 19 novembre 1942, p. 81
- Résistance italienne à l'est d'El-Agheila, 15 décembre 1942, p. 81
- Les Britanniques prennent Tripoli, 23 janvier 1943, p. 84

Liebknecht, Karl
- Fusillé par les Allemands, 15 janvier 1919, p. 24

Lilienthal, Otto
- Se tue dans un accident de planeur, 10 août 1896, p. 10

List, général Wilhelm von
- Commande un corps d'armée de la Wehrmacht, 21 mai 1935, p. 35

Lloyd George, David
- Convainc la France d'adoucir les réparations allemandes, février 1922, p. 27

Ludendorff, général Erich von
- Veut régler rapidement le sort de la France, janvier 1918, p. 22
- Lance une offensive à Saint-Quentin, 21 mars 1918, p. 22
- Son offensive s'essouffle, 31 mars 1918, p. 22
- Est contraint de démissionner, 26 octobre 1918, p. 22
- Les Alliés demandent son extradition, février 1920, p. 26
- Est acquitté (procès pour violation des lois de la guerre), 24 avril 1921, p. 26
- Arrêté pour sa participation au putsch d'Hitler, 9 novembre 1923, p. 28
- Battu par Hindenburg à l'élection présidentielle, 26 avril 1925, p. 28
- Funérailles nationales, 22 décembre 1937, p. 37

Lüttwitz, général Walther von
- Soutient le putsch de Wolfgang Kapp, mars 1920, p. 26
- Echec du putsch, 17 mars 1920, p. 26

Luxemburg, Rosa
- Lance un appel à la révolution à Berlin, 19 avril 1899, p. 10
- Est exécutée, 15 janvier 1919, p. 24

Luz, Karl von
- Marie sa fille Helena au professeur Rommel, 1886, p. 10

M

Mackensen, général August von
- Prend Brest-Litovsk aux Russes, 26 août 1915, p. 18

Mainstein, général Erich von
- Propose le plan *Faucille* pour envahir la France, 6 mars 1940, p. 46

Maisel, général
- Vient arrêter Rommel à Herrlingen, 14 octobre 1944, p. 107
- Assiste au suicide du maréchal Rommel, 14 octobre 1944, p. 107

Maletti, général Pietro
- Tué par les Britanniques en Egypte, décembre 1940, p. 57

Malte (île de)
- Bombardements par l'Axe, mai 1942, p. 70

Malthus, Thomas
- Ses théories inspirent les pangermanistes, août 1891, p. 10

Mann, Heinrich
- Proteste contre les nazis, 16 février 1933, p. 32

Manstein, maréchal Erich von
- Limogé par Hitler, 30 mars 1944, p. 92

Maroc
- Le kaiser soutient l'indépendance du pays, mars 1905, p. 12
- Vives tensions franco-allemandes, septembre 1908, p. 12
- Coopération économique franco-allemande, février 1909, p. 12
- Les Français occupent Fez, 19 mai 1911, p. 14
- Arrivée de la canonnière *Panther* à Agadir, 1er juillet 1911, p. 14
- Reste sous protectorat français, 4 novembre 1911, p. 14
- Accord franco-allemand, 20 décembre 1911, p. 14
- Débarquement allié, 8 novembre 1942, p. 68

Marquet, Adrien
- Maire de Bordeaux, 30 juin 1940, p. 57

Marx, Wilhelm
- Battu par Hindenburg à la présidentielle, 26 avril 1925, p. 28

Mast, général Charles
- Organise l'occupation des centres vitaux d'Alger, 8 novembre 1942, p. 80

Mata-Hari (Margareta Gertruida Zelle, dite)
- Fusillée pour espionnage, 15 octobre 1917, p. 20

Mellier, général
- Repousse les Allemands en Belgique, 15 mai 1940, p. 48

Messe, général Giovani
- Remplace Rommel en Afrique du Nord, 9 mars 1943, p. 86

Mollin, Lucie Maria
- Naissance, 6 juin 1894
- Etudie les langues étrangères à Danzig, 1911, p. 14
- Tombe amoureuse d'Erwin Rommel, avril 1911, p. 14
- Epouse Erwin Rommel à Danzig, 27 novembre 1916, p. 19
- Voir maintenant Rommel, Lucie Maria

Molotov, Viatcheslav
- Signe le pacte de non-agression avec l'Allemagne, 23 août 1939, p. 41

Moltke, comte Helmuth Johannes von
- Commet une erreur stratégique sur le front ouest, 26 août 1914, p. 16

Monsabert, général Jean Goislard de
- Neutralise la base aérienne de Blida, 8 novembre 1942, p. 80

Montgomery, général Bernard Law
- Lance une offensive contre l'Axe à El-Alamein, 23 octobre 1942, p. 77
- Contraint l'Axe à se retirer, 4 novembre 1942, p. 79
- Tente sans succès de déborder l'Axe en retraite, 15 novembre 1942, p. 80
- Réussit à prendre Tripoli, 23 janvier 1943, p. 84
- Inflige un revers à Rommel à Medenine, 6 mars 1943, p. 86
- S'empare de la ligne Mareth, 31 mars 1943, p. 87

Mussolini, Benito (dit le *Duce*)
- Craint un retour du pangermanisme, 1926, p. 29
- Juge sévèrement Hitler, 14 juin 1934, p. 34
- Aide l'Autriche menacée par les nazis, 25 juillet 1934, p. 34
- Met en échec Hitler en Autriche, 28 juillet 1934, p. 34
- Signe une alliance contre le pangermanisme, 11 avril 1935, p. 34
- Rencontre Hitler à Munich, 29 septembre 1937, p. 36
- Adhère au pacte anti-Komintern, 6 novembre 1937, p. 36
- Conclut le pacte d'Acier avec Hitler, 22 mai 1939, p. 41
- Ne peut empêcher l'invasion de la Pologne, 31 août 1939, p. 40
- S'envole pour la Libye, 29 juin 1942, p. 73
- S'entretient avec Rommel, 24 septembre 1942, p. 77
- En désaccord avec la stratégie de Rommel, 20 janvier 1943, p. 84
- Rencontre Rommel de retour d'Afrique, 9 mars 1943, p. 86
- Déprimé par les revers de son pays, 12 mars 1943, p. 87
- Arrêté à Rome, 25 juillet 1943, p. 84
- Libéré par un commando allemand, 12 septembre 1943, p. 94

N

Napoléon III (Charles Louis Napoléon Bonaparte)
- Défait par les Prussiens à Sedan, 2 septembre 1870, p. 8

Neurath, baron Konstantin von
- Informe Rommel des intentions de l'Italie, 4 août 1943, p. 89
- Membre d'une conjuration contre Hitler, 27 mai 1944, p. 96

Nicolas II, tsar de Russie
- Tente de sceller un accord de paix avec l'Allemagne, 5 novembre 1912, p. 12
- Défend la Serbie, 28 juillet 1914, p. 16
- Engage la Russie contre l'Allemagne, août 1914, p. 16
- Abdique, 16 mars 1917
- Est assassiné avec sa famille, 16 juillet 1918

Nietzsche, Friedrich
- Lance la théorie du surhomme, août 1891, p. 10
- Décède à 56 ans, 25 août 1900, p. 12

Nivelle, général Robert Georges
- Lance l'offensive du Chemin des Dames, 16 avril 1917, p. 20
- Echec de la bataille du Chemin des Dames, 18 avril 1917, p. 20

Noguès, général Charles Auguste Paul
- Ordonne la fin des combats au Maroc et en Oranie, 11 novembre 1942, p. 81

Norvège
- Début de l'occupation allemande, 9 avril 1940, p. 44

NSDAP (Parti national-socialiste allemand du travail)
- Nouveau nom du Parti ouvrier allemand, 24 février 1920, p. 26

OPQ

Papen, Franz von
- Projet de gouvernement avec Hitler, 4 janvier 1933, p. 32
- Nommé vice-chancelier par Hitler, 30 janvier 1933, p. 32

Paris
- La danseuse Mata-Hari est fusillée pour espionnage, 15 octobre 1917, p. 20
- La ville est bombardée par la "Grosse Bertha", 26 juin 1918, p. 22
- Signature du pacte Briand-Kellogg, 27 août 1928, p. 30
- Assassinat du nazi von Rath, novembre 1938, p. 39
- Entrée des Allemands dans la capitale, 14 juin 1940, p. 44
- Hitler visite la capitale en vainqueur, 22 juin 1940, p. 56

Patton, général George
- Se heurte aux Français à Casablanca, 9 novembre 1942, p. 81
- Humilié par sa défaite à Kasserine, 14 février 1943, p. 84

Pauphilet, Bernard
- Isole le général Juin à Alger, 8 novembre 1942, p. 80

Pays-Bas
- Refusent de livrer le kaiser aux Alliés, 23 janvier 1920, p. 26
- Adoption du plan Young pour l'Allemagne, août 1929, p. 30
- Le Reich passe commande de sous-marins, 18 juin 1934, p. 34
- Défaite alliée à Arnhem, 27 septembre 1944, p. 92

Pétain, maréchal Philippe
- Lance une offensive en Artois, 9 mai 1915, p. 18
- Perce les lignes allemandes, 16 juin 15
- Surpris par l'opération *Torch* en Afrique du Nord, 8 novembre 1942, p. 81
- Les soldats de Vichy tentent de s'opposer au débarquement allié en Afrique du Nord, 9 novembre 1942, p. 81

Pie XI (Achille Ratti)
- Condamne les excès du nazisme, 24 mai 1935, p. 34
- Son encyclique dénonce le nazisme, 21 mars 1937, p. 36

Pologne
- Défaite face aux Allemands en Haute-Silésie, 21 mai 1921, p. 26
- Partage de la Haute-Silésie avec l'Allemagne, 1er septembre 1921, p. 26
- Traité de non-agression avec l'Allemagne, 26 janvier 1934, p. 34
- Traité d'amitié avec l'Allemagne, 5 novembre 1937, p. 36
- Rejet des exigences allemandes sur Danzig, 26 mars 1939, p. 40
- Invasion par l'armée allemande, 1er septembre 1939, p. 41
- Entrée des troupes soviétiques, 17 septembre 1939, p. 42
- Défaite face aux Allemands à Bzura, 18 septembre 1939, p. 42
- Capitulation de Varsovie, 27 septembre 1939, p. 42
- L'armée polonaise dépose les armes, 28 septembre 1939, p. 42
- Déportation de Juifs à Nisko, 12 octobre 1939, p. 40
- Chute du ghetto de Varsovie, 19 avril 1943, p. 84
- Entrée des troupes soviétiques, 6 janvier 1944, p. 92

Princip, Gavrilo
- Assassine l'archiduc d'Autriche à Sarajevo, 28 juin 1914, p. 16

Prioux, général René
- Repousse les Allemands en Belgique, 15 mai 1940, p. 48

Prusse
- Victoire sur les Autrichiens à Sadowa, 3 juillet 1866, p. 8
- L'armée défait Napoléon III à Sedan, 2 septembre 1870, p. 8
- Hindenburg bat les Russes à Tannenberg, 31 août 1914, p. 16
- Défaite russe aux lacs Mazures, 9 septembre 1914, p. 16
- Reflux des corps francs allemands, 30 novembre 1919, p. 24

R

Raeder, amiral Erich
- Passe commande de sous-marins pour le Reich à l'étranger, 18 juin 1934, p. 34
- Commande la marine du Reich, 21 mai 1935, p. 35

Rath, Ernst von
- Son assassinat provoque la nuit de Cristal, 10 novembre 1938, p. 39

Rathenau, Walther
- Obtient un adoucissement des réparations allemandes, février 1922, p. 27
- Assassiné par des nationalistes, 24 juin 1922, p. 27

Reboul, colonel de
- Défait par Rommel à Saint-Valéry, 12 juin 1940, p. 54

Reichenau, général Walther von
- Commande un corps d'armée de la Wehrmacht, 21 mai 1935, p. 35

Rhénanie
- Démilitarisation (traité de Versailles), 28 juin 1919, p. 24
- Réoccupation de la région par les soldats allemands, 7 mars 1936, p. 36

Ribbentrop, Joachim von
- Naissance à Wesel, 30 avril 1893, p. 10
- Signe le pacte d'Acier avec l'Italie, 22 mai 1939, p. 41
- Signe le pacte de non-agression avec l'URSS, 23 août 1939, p. 41
- Adresse ses condoléances à Lucie Rommel, 17 octobre 1944, p. 107

Richthofen, baron Manfred von (dit "le Baron rouge")
- Son avion est abattu au-dessus de la Somme, 22 avril 1918, p. 22

Ritchie, général Neil
- Succède à Cunningham en Libye, décembre 1941, p. 65
- Reprend Benghazi aux Allemands, 25 décembre 1941, p. 66
- Attend Rommel sur la ligne Gazala - Bir-Hakeim, 26 mai 1942, p. 70

Rodolphe de Habsbourg
- Se suicide avec sa maîtresse à Mayerling, 30 janvier 1889, p. 8

Röhm, Ernst
- Le chef des SA est abattu par les SS, 30 juin 1934, p. 34

Rommel, Erwin
• **Jeunesse**
- Naissance près d'Ulm (Erwin Johannes Eugen Rommel), 15 novembre 1891, p. 10
- N'hésite pas à faire preuve de hardiesse, mai 1892, p. 11
- Apparaît comme un enfant docile, novembre 1894, p. 11
- Préfère les jeux à l'école, mai 1898, p. 11
- Ne se plaît pas à l'école d'Aalen, novembre 1898, p. 11
- Devient la tête de Turc de sa classe, décembre 1899, p. 11
- Éveil intellectuel, 1904, p. 12
- Se passionne pour l'aviation, juillet 1905, p. 12

• **Premières armes**
- S'engage dans l'armée de terre, décembre 1909, p. 13
- Élève-officier au 124e RI de Weingarten, juillet 1910, p. 13
- Est promu caporal, octobre 1910, p. 13
- Est nommé sergent, décembre 1910, p. 13
- Élève militaire à Danzig, mars 1911, p. 14
- Tombe amoureux de Lucie Maria Mollin, avril 1911, p. 14
- Reçoit son brevet de sous-lieutenant, 30 janvier 1912, p. 14
- Instruit les recrues du 124e RI, février 1912, p. 15
- Détaché auprès d'un RI de campagne à Ulm, 5 mars 1914, p. 16

• **Première Guerre mondiale**
- Reçoit l'ordre de rejoindre le 124e RI, 31 juillet 1914, p. 16
- Annonce l'ordre de mobilisation à son régiment, 1er août 1914, p. 17
- Se met en route pour le front français, 2 août 1914, p. 17
- Reçoit le baptême du feu, 10 août 1914, p. 17

- Prend le village de Bleid aux Français, 22 août 1914, p. 17
- Admire le courage des Français, août 1914, p. 17
- Blessé à la cuisse, 24 septembre 1914, p. 17
- Reçoit la Croix de fer de 2e classe, 30 septembre 1914, p. 17
- Rejoint son bataillon sur le front de l'Argonne, janvier 1915, p. 18
- Reçoit la Croix de fer de 1re classe, 29 janvier 1915, p. 18
- Promu lieutenant, octobre 1915, p. 18
- Rejoint le bataillon de montagne du Wurtemberg, octobre 1915, p. 18
- Reçoit l'ordre de se rendre sur le front des Vosges, janvier 1916, p. 18
- S'engage sur le front de Roumanie, octobre 1916, p. 19
- Enlève le mont Lescului, 11 novembre 1916, p. 19
- Son unité débouche dans la plaine de Valachie, 12 novembre 1916, p. 19
- Subit la contre-attaque des Roumains, 13 novembre 1916, p. 19
- Entre avec son bataillon à Largu Jiu, 14 novembre 1916, p. 19
- Profite d'une permission pour épouser Lucie Mollin, 27 novembre 1916, p. 19
- Met au point une méthode d'attaque en Roumanie, décembre 1916, p. 19
- Capture 400 soldats roumains, 30 janvier 1917, p. 20
- S'empare du mont Cosna, 30 août 1917, p. 20
- Prend le mont Matajur aux Italiens, 25 octobre 1917, p. 21
- Promu capitaine, 26 octobre 1917, p. 21
- Avance sur la Piave, 2 novembre 1917, p. 21
- Prend le village de Longarone, 9 novembre 1917, p. 21
- Reçoit la médaille "Pour le Mérite", 10 novembre 1917, p. 21
- Affecté à l'état-major de l'armée sur le front français, 30 janvier 1918, p. 22
- Déprimé par la défaite de son pays, novembre 1918

• **L'après-guerre**
- Reversé au 124e RI de Weingarten, 21 décembre 1918, p. 23
- Installe Lucie chez sa mère, 30 décembre 1918, p. 23
- Chargé d'une compagnie de sécurité intérieure, juillet 1919, p. 24
- Commande une compagnie du 13e RI de Stuttgart, 30 janvier 1921, p. 26
- Visite l'Italie avec Lucie, 30 juillet 1927, p. 30
- Consacre plus de temps à sa vie privée, août 1927, p. 30
- Crée une association des anciens combattants du Wurtemberg, septembre 1927, p. 30
- Naissance de son fils Manfred, 24 décembre 1928, p. 31
- Nommé instructeur à l'école d'infanterie de Dresde, 1er octobre 1929, p. 31
- Rédige *Combats d'infanterie*, octobre 1929, p. 31
- Mène une vie tranquille en famille, décembre 1932, p. 31
- Hitler est un idéaliste dont il condamne le racisme, 28 février 1933, p. 32
- Promu commandant, octobre 1933, p. 33
- Commande le 3e bataillon d'infanterie alpine de Goslar, 10 octobre 1933, p. 33
- Démontre qu'il est un très bon skieur, 12 octobre 1933, p. 33
- Indifférent après le massacre des chefs SA, 1er juillet 1934, p. 34
- Rencontre Hitler pour la première fois, 30 juillet 1935, p. 35
- Promu lieutenant-colonel, octobre 1935, p. 35
- Instructeur à l'Académie de guerre de Potsdam, 15 octobre 1935, p. 35
- Préconise l'utilisation du tandem char-avion, 22 septembre 1936, p. 36
- Chargé de former les Jeunesses hitlériennes, avril 1937, p. 37

- Touché par le décès de Ludendorff, 22 décembre 1937, p. 37
- Chargé de la sécurité d'Hitler, octobre 1938, p. 38
- Promu au grade de colonel, octobre 1938, p. 38
- Participe à l'invasion des Sudètes, 5 octobre 1938, p. 38
- Donne sa vision du caractère d'Hitler, 30 octobre 1938, p. 38
- Directeur de l'Académie de guerre de Wiener Neustadt, novembre 1938, p. 39
- Se passionne pour la photographie, 30 décembre 1938, p. 39
- Entre avec Hitler dans Prague, 15 mars 1939, p. 40
- Nommé général, août 1939, p. 41
- Affecté au quartier général d'Hitler, 23 août 1939, p. 41
- Assiste à la guerre éclair en Pologne, septembre 1939, p. 42
- Demande à Hitler le commandement d'une division blindée, 15 octobre 1939, p. 43
- Reçoit le commandement de la 7e Panzer, 15 février 1940, p. 44

• **La bataille de France**
- Engage la 7e Panzer dans les Ardennes belges, 9 mai 1940, p. 48
- Premier choc avec les Français, 10 mai 1940, p. 48
- Contraint les Français à la retraite, 11 mai 1940, p. 48
- Sa 7e Panzer atteint la Meuse, 12 mai 1940, p. 48
- Réussit à traverser la Meuse, 13 mai 1940, p. 48
- Blessé à la joue, 14 mai 1940, p. 48
- Combat les Français à Flavion, 15 mai 1940, p. 49
- Prend Avesnes et Landrecie, 16 mai 1940, p. 49
- Atteint la Sambre, 19 mai 1940, p. 49
- Prend position au sud d'Arras, 20 mai 1940, p. 49
- Photographie la progression de sa division, mai 1940, juin 40 p. 50
- Subit la contre-attaque française, 21 mai 1940, p. 51
- Décoré de la croix de Chevalier, 26 mai 1940, p. 52
- Participe à l'encerclement de Lille, 28 mai 1940, p. 52
- En repos mouvementé près d'Arras, 29 mai 1940, p. 52
- Fait le compte des pertes de sa division, 30 mai 1940, p. 52
- Sa 7e Panzer est surnommée la "division fantôme", juin 1940, p. 54
- Stationne à Bordeaux avec sa division, juin 1940, p. 57
- Reçoit les compliments d'Hitler, 2 juin 1940, p. 52
- Enlève la position du Quesnoy, 5 juin 1940, p. 53
- Atteint le plateau du Quesnoy, 6 juin 1940, p. 53
- Sa division est près d'Argueil, 7 juin 1940, p. 53
- Atteint la Seine, 8 juin 1940, p. 53
- Encercle Fécamp, 10 juin 1940, p. 54
- Pilonne le port de Saint-Valéry, 11 juin 1940, p. 54
- S'empare de Saint-Valéry, 12 juin 1940, p. 54
- Prend Cherbourg, 19 juin 1940, p. 55
- Rejoint sa famille en Allemagne, 24 décembre 1940, p. 57
- Doit regagner son poste en Gironde, 30 décembre 1940, p. 57
- Écrit à Lucie depuis Bordeaux, 6 janvier 1941, p. 58
- Rentre de nouveau à Herrlingen, 4 février 1941, p. 58
- Chargé d'une mission en Libye, 6 février 1941, p. 58

• **La campagne de Libye**
- Prend la tête de l'Afrikakorps (le "renard du désert"), 12 février 1941, p. 59
- Inspecte les unités italiennes à Syrte, 13 février 1941, p. 59
- Trompe les Anglais sur ses forces réelles, 17 février 1941, p. 59
- Tend une embuscade à El-Agheila, 24 février 1941, p. 59
- Fait son apprentissage du désert, 13 mars 1941, p. 60
- Prend El-Agheila, 24 mars 1941, p. 60
- Chasse les Britanniques de Mersa el Brega, 31 mars 1941, p. 60
- Prend Agedabia, 2 avril 1941, p. 60
- Prend Benghazi, 4 avril 1941, p. 60
- Est pris pour cible par des Italiens, 8 avril 1941, p. 60

- Assiège Tobrouk, 11 avril 1941, p. 61
- Tous ses assauts sont repoussés, 17 avril 1941, p. 61
- Met en échec un débarquement britannique, 19 avril 1941, p. 61
- S'attaque aux failles de Tobrouk, 20 avril 1941, p. 61
- A l'assaut du col d'Halfaya, 25 avril 1941, p. 61
- Repousse les Britanniques, 27 avril 1941, p. 61
- Pénètre dans les défenses anglaises, 30 avril 1941, p. 61
- Reprend la passe d'Halfaya, 27 mai 1941, p. 62
- Repousse les Anglais au col d'Halfaya, 18 juin 1941, p. 62
- Ecrit à Lucie depuis la Cyrénaïque, 30 août 1941, p. 63
- Ecrit à son fils Manfred, 28 octobre 1941, p. 63
- Echappe à l'action d'un commando britannique, 18 novembre 1941, p. 63
- Sauvé de l'encerclement à Bir-el-Gobi, 20 novembre 1941, p. 64
- Visite par mégarde un hôpital tenu par les Anglais, 25 novembre 1941, p. 65
- Réassiège Tobrouk, 28 novembre 1941, p. 65
- S'entretient avec Bastico sur une éventuelle retraite, 9 décembre 1941, p. 65
- Fait évacuer le secteur de Tobrouk, 16 décembre 1941, p. 66
- Reçoit le colis de sa famille pour Noël, 24 décembre 1941, p. 66
- Se replie jusqu'à Agedabia, 25 décembre 1941, p. 66
- Termine l'année sur un bilan positif, 31 décembre 1941, p. 67
- Reprend Agedabia, 22 janvier 1942, p. 68
- Prend Msous, 25 janvier 1942, p. 68
- Prend Benghazi, 29 janvier 1942, p. 68
- Cavallero lui reproche d'agir seul, 30 janvier 1942, p. 68
- Prend Derna, 4 février 1942, p. 68
- Stationne dans le secteur de Gazala, 7 février 1942, p. 70
- Expose les points forts de la tactique dans le désert, 23 février 1942, p. 69
- Echappe de peu à la mort, avril 1942, p. 70
- Prépare la suite des opérations en Libye, 10 avril 1942, p. 70
- Attaque par surprise au sud de Bir-Hakeim, 26 mai 1942, p. 70
- Bute sur les FFL du général Kœnig à Bir-Hakeim, 27 mai 1942, p. 70
- S'oppose à un mauvais traitement des prisonniers, 31 mai 1942, p. 70
- Livre un combat acharné contre les FFL, 11 juin 1942, p. 70
- Admire le courage des FFL, 11 juin 1942, p. 71
- La résistance des FFL a retardé ses plans, 16 juin 1942, p. 71
- Repart à l'assaut de Tobrouk, 20 juin 1942, p. 72
- Demande à ses troupes "le grand effort final", 21 juin 1942, p. 72
- Prend Tobrouk, 21 juin 1942, p. 72
- Raconte la chute de Tobrouk, 22 juin 1942, p. 72
- Hitler lui annonce qu'il est fait maréchal, fin juin 1942, p. 72
- Prend Mersa Matruh, 29 juin 1942, p. 73
- Entre en Egypte, 30 juin 1942, p. 73
- Portrait du grand soldat, juillet 1942, p. 74 et 75
- Réussit à mettre les Alliés en déroute, 3 juillet 1942, p. 73
- Attaque le front égyptien d'El-Alamein, 13 juillet 1942, p. 76
- Défait Auchinleck devant El-Alamein, 22 juillet 1942, p. 76
- Subit de lourdes pertes, 30 août 1942, p. 76
- Montre des signes de fatigue, 25 décembre 1942, p. 76
- Ses divisions sont stoppées à El-Alamein, 31 août 1942, p. 76
- Remplacé par Stumme pour raisons de santé, 22 septembre 1942, p. 77
- Se rend à Rome, 23 septembre 1942, p. 77
- Rencontre Mussolini, 24 septembre 1942, p. 77

- En convalescence à Wiener-Neustadt, 25 septembre 1942, p. 77
- Acclamé à Berlin, 3 octobre 1942, p. 77
- Est informé de la disparition de Stumme, 24 octobre 1942, p. 77
- Retourne d'urgence à El-Alamein, 25 octobre 1942, p. 77
- Subit l'effet du rouleau compresseur britannique, 3 novembre 1942, p. 79
- Défait à El-Alamein, 4 novembre 1942, p. 79
- Abandonne la Libye, 7 novembre 1942, p. 80
- Evacue Tobrouk, 12 novembre 1942, p. 80
- Evite la capture de son armée, 15 novembre 1942, p. 80
- Retarde les Alliés en Libye (l'Axe occupe la Tunisie), 19 novembre 1942, p. 81
• **La campagne de Tunisie**
- Est favorable à l'évacuation de l'Afrique, 28 novembre 1942, p. 81
- Subit la colère d'Hitler, 29 novembre 1942, p. 81
- Retrouve un peu d'espoir en Tunisie, décembre 1942, p. 81
- Etablit des contacts avec les musulmans, 31 décembre 1942, p. 82
- N'approuve pas la stratégie des Italiens, 20 janvier 1943, p. 84
- Donne de ses nouvelles à Lucie, 28 janvier 1943, p. 84
- Attaque Kasserine et Tebessa, 14 février 1943, p. 84
- Remporte la bataille de Kasserine, 20 février 1943, p. 85
- Reçoit le commandement de tout le groupe *Afrika*, 23 février 1943, p. 85
- Confie ses craintes à Lucie, 26 février 1943, p. 86
- Bat en retraite à Medenine, 6 mars 1943, p. 86
- Rencontre Mussolini avant de rejoindre l'Allemagne, 9 mars 1943, p. 86
• **L'Europe occidentale**
- Tente de convaincre Hitler d'abandonner la Tunisie, 10 mars 1943, p. 87
- Ne supporte pas l'optimisme de Goering, 11 mars 1943, p. 87
- Hospitalisé à Semmering, 17 mars 1943, p. 87
- S'informe des combats en Tunisie, fin mars 1943, p. 87
- Rencontre un Hitler très inquiet, 10 mai 1943, p. 88
- Apprend que l'Axe a capitulé en Tunisie, 13 mai 1943, p. 88
- Chargé d'une mission en Grèce, 23 juillet 1943, p. 88
- A peine arrivé, doit revenir d'urgence en Allemagne, 25 juillet 1943, p. 88
- Informé de la chute de Mussolini, 26 juillet 1943, p. 89
- Apprend que l'Italie veut cesser les combats, 4 août 1943, p. 89
- Déclenche le plan Asche en Italie, 8 septembre 1943, p. 89
- Supervise le désarmement de l'armée italienne, 11 septembre 1943, p. 89
- Opéré d'urgence de l'appendicite, septembre 1943, p. 89
- Persuadé que la guerre est perdue pour l'Allemagne, 7 novembre 1943, p. 89
- Quitte l'Italie, 21 novembre 1943, p. 89
- S'oppose à l'entrée de son fils dans les SS, décembre 1943, p. 89
- Chargé de défendre les côtes de l'Europe occidentale, 1er décembre 1943, p. 90
- Effectue ses premières inspections au Danemark, du 2 au 10 décembre 1943, p. 90
- Ne croit pas à une menace de débarquement allié, 11 décembre 1943, p. 90
- Apprend avec plaisir que Manfred s'engage dans la Luftwaffe, 25 décembre 1943, p. 91
- Multiplie les inspections sur la côte occidentale, 30 décembre 1943, p. 91
- Note les failles du système de défense des côtes, 31 décembre 1943, p. 91
- Commande le groupe d'armées B à l'Ouest, 15 janvier 1944, p. 92

- S'oppose à von Rundstedt sur l'emploi des chars, 18 janvier 1944, p. 93
- Entreprend d'importants travaux de défense, 19 janvier 1944, p. 94
- Reçoit en cadeau deux chiots, 26 janvier 1944, p. 95
- Ecrit à Manfred pour le féliciter, 29 janvier 1944, p. 95
- Inspecte toute la côte du Sud-Ouest de la France, 11 février 1944, p. 95
- S'installe au château de La Roche-Guyon, 15 mars 1944, p. 95
- Expose à Jodl sa vision de l'utilisation des chars, 23 avril 1944, p. 95
- Rencontre l'écrivain Ernst Jünger, 2 mai 1944, p. 96
- Contacte une conjuration de hauts officiers, 15 mai 1944, p. 96
- Cherche à connaître les intentions d'Hitler, 17 mai 1944, p. 96
- Est prêt à s'engager dans la conjuration, 27 mai 1944, p. 96
- Rentre en Allemagne pour l'anniversaire de Lucie, 5 juin 1944, p. 97
- Rejoint la France d'urgence après le débarquement des Alliés en Normandie, 6 juin 1944, p. 98
- Pense que la bataille est déjà perdue, 10 juin 1944, p. 100
- Partisan de l'arrestation d'Hitler, 17 juin 1944, p. 100
- Fait preuve d'une étrange passivité, 19 juin 1944, p. 101
- Livre combat dans le bocage normand, 20 juin 1944, p. 101
- Est averti d'un attentat contre Hitler, 26 juin 1944, p. 101
- Tient à s'entretenir avec le *Führer*, 28 juin 1944, p. 101
- Rencontre von Kluge à La Roche-Guyon, 6 juillet 1944, p. 102
- Rallie von Kluge à ses opinions, 10 juillet 1944, p. 102
- Prépare le renversement d'Hitler, 11 juillet 1944, p. 102
- Envisage un armistice avec les Alliés, 12 juillet 1944, p. 102
- Met en garde Hitler sur la situation dramatique en Normandie, 17 juillet 1944, p. 103
- Est gravement blessé quand sa voiture est mitraillée par un chasseur de la RAF, 17 juillet 1944, p. 103
- Transporté inconscient à l'hôpital de Bernay, 17 juillet 1944, p. 103
- Fait partie de la conspiration contre Hitler, 20 juillet 1944, p. 103
- Hitler apprend qu'il est impliqué dans le complot, 21 juillet 1944, p. 103
- Transféré et soigné à l'hôpital du Vésinet, 23 juillet 1944, p. 104
- Ecrit à Lucie, 24 juillet 1944, p. 104
- Se confie à Speidel et Ruge au sujet d'Hitler, 25 juillet 1944, p. 104
- Parle déjà de l'après-guerre, 27 juillet 1944, p. 104
- Rentre en convalescence à Herrlingen, 8 août 1944, p. 105
- Se confie à son fils Manfred, 15 août 1944, p. 105
- Sa propriété est surveillée par la Gestapo, 4 septembre 1944, p. 106
- Devine que sa fin est proche, 7 septembre 1944, p. 106
- Charge Manfred de le protéger, 2 octobre 1944, p. 106
- Décline une convocation d'Hitler à Berlin, 7 octobre 1944, p. 106
- Informé de l'arrivée de généraux SS, 13 octobre 1944, p. 107
- Choisit de sauver l'honneur de sa famille en se suicidant, 14 octobre 1944, p. 107
- Funérailles nationales, 18 octobre 1944, p. 108

Rommel, Erwin (père)
- Epouse Helena von Luz, 1886, p. 10
- Naissance de sa fille Helene, 19 mars 1887
- Naissance de son fils Erwin, 15 novembre 1891, p. 10
- Naissance de son fils Karl, 25 décembre 1897
- Inquiet quant aux études d'Erwin, 1898, p. 11

Rommel, Gerhard — Speidel, général

- Nommé directeur de l'école d'Aalen, novembre 1898, p. 11
- Naissance de son fils Gerhard, 5 février 1903
- Ne partage pas l'intérêt d'Erwin pour l'aviation, juillet 1905, p. 12
- Refuse qu'Erwin devienne aviateur, 1909, p. 13
- Décès, décembre 1913

Rommel, Gerhard
- Naissance du frère d'Erwin Rommel, 5 février 1903
- Décès, 1970

Rommel, Helena (née von Luz)
- Epouse Erwin Rommel (père), 1886, p. 10
- Donne naissance à Helene, 19 mars 1887
- Donne naissance à Erwin Johannes Eugen, 15 novembre 1891, p. 10
- Donne naissance à Karl, 25 décembre 1897
- Inquiète quant aux études d'Erwin, 1898, p. 11
- Donne naissance à Gerhard, 5 février 1903
- Décès, juin 1927

Rommel, Helene
- Naissance de la sœur de Rommel, 19 mars 1887
- Surnomme Erwin "l'ours blanc", 1894, p. 11
- Décès, 29 août 73

Rommel, Juliusz
- Défend Varsovie face aux Allemands, 27 septembre 1939, p. 42

Rommel, Karl
- Naissance du frère d'Erwin Rommel, 25 décembre 1897
- Décès, 1968

Rommel, Lucie Maria (née Mollin)
- Voir auparavant Mollin, Lucie Maria
- S'installe chez sa belle-mère, 30 décembre 1918, p. 23
- Visite l'Italie avec Erwin, 30 juillet 1927, p. 30
- Voit son mari plus souvent, août 1927, p. 30
- Donne naissance à Manfred, 24 décembre 1928, p. 31
- Erwin lui écrit du front Ouest, mai 40 et juin 1940, p. 52 et 55
- Retrouve Erwin le temps d'une courte permission, 24 décembre 1940, p. 57
- Erwin lui raconte la vie à Bordeaux, 6 janvier 1941, p. 58
- Heureuse de retrouver son mari, 4 février 1941, p. 58
- Erwin lui écrit de Libye, 30 août 1941, p. 63
- Envoie des cadeaux de Noël à son mari, 24 décembre 1941, p. 66
- Erwin rentre en convalescence en Allemagne, 25 septembre 1942, p. 77
- Erwin doit repartir au front, 25 octobre 1942, p. 77
- Reçoit des nouvelles d'Erwin en Afrique du Nord, 28 janvier 1943, p. 84
- Erwin lui confie ses craintes en Afrique, 26 février 1943, p. 86
- Erwin rentre en convalescence en Allemagne, 9 mars 1943, p. 86
- Son mari est hospitalisé, 17 mars 1943, p. 88
- Retour de son mari, 5 juin 1944, p. 97
- Son mari repart en Normandie le jour de ses 50 ans, 6 juin 1944, p. 98
- Reçoit des nouvelles d'Erwin, hospitalisé en France, 24 juillet 1944, p. 104
- Erwin rentre se reposer à Herrlingen, 8 août 1944, p. 105
- Sa maison est surveillée par la Gestapo, 4 septembre 1944, p. 106
- Erwin a choisi de se suicider pour lui épargner la honte, 14 octobre 1944, p. 107
- Ecœurée par le flot de condoléances convenues, 17 octobre 1944, p. 107
- Doit faire face à la mascarade des funérailles, 18 octobre 1944, p. 108
- Décès, 26 septembre 1971

Rommel, Manfred
- Naissance, 24 décembre 1928, p. 31
- Fait la fierté de ses parents, décembre 1932, p. 31
- Enrôlé dans les Jeunesses hitlériennes, mars 1939, p. 41

- Intéressé par la description des actions de son père en France, 4 février 1941, p. 58
- Reçoit une lettre de son père de Cyrénaïque, 2 octobre 1941, p. 63
- Envoie des cadeaux de Noël à son père en Libye, 24 décembre 1941, p. 66
- Son père rentre en Allemagne pour être hospitalisé, 17 mars 1943, p. 88
- Son père est horrifié de le savoir toujours en vacances, 24 septembre 1943, p. 89
- Comprend les raisons pour lesquelles son père ne veut pas qu'il entre dans les SS, décembre 1943, p. 89
- Décide de s'engager dans la Luftwaffe, 25 décembre 1943, p. 91
- Incorpore une unité de DCA de la Luftwaffe, 29 janvier 1944, p. 95
- Tient compagnie à son père blessé, 15 août 1944, p. 105
- Est chargé par son père d'assurer sa sécurité, 2 octobre 1944, p. 106
- Suicide de son père, 14 octobre 1944, p. 107
- Supporte mal la mascarade des funérailles, 18 octobre 1944, p. 108

Röntgen, Wilhelm
- Reçoit le prix Nobel de physique (rayons X), 10 décembre 1901, p. 12

Roumanie
- Rommel prend position dans les Carpates, octobre 1916, p. 19
- Les Allemands enlèvent le mont Lescului, 11 novembre 1916, p. 19
- La compagnie de Rommel débouche dans la plaine de Valachie, 12 novembre 1916, p. 19
- Contre-attaque roumaine, 13 novembre 1916, p. 19
- Largu Jiu tombe aux mains des Allemands, 14 novembre 1916, p. 19
- Rommel expérimente une nouvelle méthode d'attaque, décembre 1916, p. 19
- Les Allemands prennent le village de Gagesti, 30 janvier 1917, p. 20
- Victoire allemande sur le mont Cosna, 30 août 1917, p. 20

Ruge, vice-amiral Friedrich
- Accompagne Rommel en Europe, 21 novembre 1943, p. 89
- Rend visite à Rommel, hospitalisé, 25 juillet 1944, p. 104

Rundstedt, maréchal Gerd von
- Haut commandant de la Wehrmacht à Berlin, 21 mai 1935, p. 35
- Est nommé maréchal par Hitler, 19 juillet 1940
- Commandant en chef des forces allemandes à l'Ouest, 15 janvier 1944, p. 92
- S'oppose à Rommel sur l'emploi des chars, 18 janvier 1944, p. 93
- Hitler décide de l'écarter, 29 juin 1944, p. 101
- Démis de ses fonctions, 6 juillet 1944, p. 92
- Limogé par Hitler, 6 juillet 1944, p. 102
- Prononce l'oraison funèbre de Rommel, 18 octobre 1944, p. 108

Russie
- Traité des "Trois empereurs" contre la France, 18 juin 1881, p. 9
- Tentative d'accord de paix avec l'Allemagne, 5 novembre 1910, p. 12
- L'archiduc d'Autriche est assassiné à Sarajevo, 28 juin 1914, p. 16
- Le pays défend la Serbie, 28 juillet 1914, p. 16
- L'Allemagne déclare la guerre, 1er août 1914, p. 16
- Défaite face aux Allemands à Tannenberg, 31 août 1914, p. 16
- L'armée allemande prend Brest-Litovsk, 26 août 1915, p. 18
- Les Allemands prennent Riga, 2 septembre 1917, p. 20
- Les bolcheviks au pouvoir, 7 novembre 1917, p. 20
- Négociations de paix à Brest-Litovsk, 22 décembre 1917, p. 20

- Bilan du premier conflit mondial, 31 décembre 1919, p. 25
- Traité de Rapallo avec l'Allemagne, 16 avril 1922, p. 26
- Voir maintenant URSS, 30 décembre 22

S

Sadowa (bataille de)
- L'armée prussienne écrase les Autrichiens, 3 juillet 1866, p. 8

Samsonov, général Alexandre
- Vaincu par Hindenburg à Tannenberg, 31 août 1914, p. 16

Sarre (territoire de la)
- Détaché du Reich pour 15 ans, 28 juin 1919, p. 24
- Vote son rattachement au Reich, 13 janvier 1935, p. 34

Scheidemann, Philipp
- Forme le premier gouvernement de la République allemande, 11 février 1919, p. 24
- Démissionne (opposé au traité de Versailles), 20 juin 1919, p. 24

Schenning, docteur (groupe d'armées B)
- S'oppose à ce que Rommel quitte l'hôpital, 8 août 1944, p. 105

Scheubner-Richter, Max von
- Tué lors du putsch manqué d'Hitler, 9 novembre 1923, p. 28

Schirach, Baldur von
- Mésentente avec Rommel, avril 1937, p. 37

Schlageter, Leo
- Exécuté par les troupes françaises dans la Ruhr, 26 mai 1923, p. 28

Schleicher, général Kurt von
- Prépare le réarmement clandestin du Reich, décembre 1930, p. 31
- Hindenburg lui demande de démissionner, 28 janvier 1933, p. 32
- Abattu par les SS, 30 juin 1934, p. 34

Schlieffen, Alfred von
- Nommé commandant en chef de l'armée allemande, 1891, p. 10
- Prépare l'invasion de la France, août 1892, p. 10

Schweppenburg, général Geyr von
- Rommel l'empêche de contre-attaquer sur la côte normande, juillet 1944, p. 102

SDN (Société des nations)
- Entrée de l'Allemagne, 8 septembre 1926, p. 29
- Retrait du Reich, 14 octobre 1933, p. 33

Seeckt, général Hans von
- Préconise la fabrication de prototypes militaires, décembre 1930, p. 31

Serbie
- Le Serbe Princip assassine l'archiduc d'Autriche à Sarajevo, 28 juin 1914, p. 16
- Déclaration de guerre de l'Autriche, 28 juillet 1914, p. 16

Skorzeny, Otto
- Libère Mussolini au Gran Sasso, 12 septembre 1943, p. 94

Sophie, archiduchesse d'Autriche
- Est assassinée à Sarajevo, 28 juin 1914, p. 16

Speer, Albert
- Accompagne Hitler dans Paris, 22 juin 1940, p. 56

Speidel, général Hans
- Nouveau chef d'état-major de Rommel, février 1944, p. 95
- Connaît les chefs de la conjuration contre Hitler, 15 mai 1944, p. 96
- Rencontre deux membres de la conjuration, 27 mai 1944, p. 96

- Rend visite à Rommel hospitalisé, 25 juillet 1944, p. 104
- Rend visite à Rommel à Herrlingen, 4 septembre 1944, p. 106
- Arrêté par la Gestapo, septembre 1944, p. 106

Sprösser, commandant
- Supérieur de Rommel sur le front italien, 26 octobre 1917, p. 21

Staline (Joseph Vissarionovitch Djougachvili, dit)
- Conclut un pacte de non-agression avec Hitler, 23 août 1939, p. 41
- Ses troupes sont repoussées en Finlande, 30 décembre 1939, p. 43

Stauffenberg, colonel Claus von
- A déposé la bombe qui doit tuer Hitler, 20 juillet 1944, p. 103
- Exécuté, 21 juillet 1944, p. 103

Strasser, Gregor
- Abattu par les SS, 30 juin 1934, p. 34

Stresemann, Gustav
- Remplace le chancelier Cuno, 12 août 1923, p. 28
- Reprend le versement des réparations de guerre, 24 septembre 1923, p. 28
- Signe le traité de Locarno, 16 octobre 1925, p. 29
- Signe un accord secret avec Moscou, 24 avril 1926, p. 29
- Apprend l'admission de l'Allemagne à la SDN, 8 septembre 1926, p. 29
- Reçoit avec Briand le Nobel de la paix, 10 décembre 1926, p. 29
- Signe le pacte Briand-Kellogg, 27 août 1928, p. 30
- Décès, 3 octobre 1929, p. 30

Strölin, docteur
- Membre d'une conjuration contre Hitler, 15 mai 1944, p. 96

Stülpnagel, général Karl-Heinrich
- Chef de la conjuration contre Hitler, 15 mai 1944, p. 96
- Torturé par la Gestapo, 21 juillet 1944, p. 103

Stumme, général Georg
- Quitte le commandement de la 7e Panzer, 15 février 1940, p. 44
- Remplace Rommel à la tête de l'Afrikakorps, 22 septembre 1942, p. 77
- Surpris par l'attaque de Montgomery, 23 octobre 1942, p. 77
- Meurt d'une crise cardiaque et est porté disparu, 24 octobre 1942, p. 77

Suisse
- Décès du social-démocrate allemand Auguste Bebel, 13 août 1913, p. 14

TUV

Tchécoslovaquie
- Les Allemands envahissent les Sudètes, 5 octobre 1938, p. 38
- Hitler entre dans Prague, 15 mars 1939, p. 40
- Déportation de Juifs vers la Pologne, 12 octobre 1939, p. 40
- Les SS fusillent 120 étudiants, 24 novembre 1939, p. 40

Tirpitz, amiral Alfred von
- Les Alliés demandent son extradition, février 1920, p. 26

Tobrouk
- Voir aussi Libye (campagne de)
- Les Italiens se rendent aux Britanniques, 22 janvier 1941, p. 58
- Déroute italienne en Cyrénaïque, 7 février 1941, p. 58
- Arrivée de l'Afrikakorps en renfort en Libye, 12 février 1941, p. 59
- Repli des Britanniques dans la forteresse, 4 avril 1941, p. 60
- Siège par l'Afrikakorps, 11 avril 1941, p. 61
- Les forces britanniques sont isolées, 17 avril 1941, p. 61
- Echec d'un débarquement britannique à Bardia, 19 avril 1941, p. 61
- L'Afrikakorps attaque les failles de la place forte, 20 avril 1941, p. 61
- Attaque allemande au col d'Halfaya, 25 avril 1941, p. 61
- Tentative pour briser l'encerclement, 27 avril 1941, p. 61
- Percée allemande dans les défenses anglaises, 30 avril 1941, p. 41
- Echec de l'opération britannique *Brevity*, 27 mai 1941, p. 62
- Echec de l'opération *Battleaxe* pour dégager la forteresse, 18 juin 1941, p. 62
- Opération *Crusader* de Cunningham, 19 novembre 1941, p. 64
- Les assauts britanniques sont arrêtés par les Italiens, 20 novembre 64, p. 64
- Les assiégés tentent en vain de sortir, 28 novembre 1941, p. 65
- Retraite tactique de l'Afrikakorps, 16 décembre 1941, p. 66
- Assaut germano-italien, 20 juin 1942, p. 72
- Rommel entre dans la ville, 21 juin 1942, p. 72
- Reddition des soldats britanniques, 22 juin 1942, p. 72
- Evacuation des Allemands suite au revers subi à El-Alamein, 12 novembre 1942, p. 80

Todt, Fritz
- Ingénieur qui a réalisé la ligne Siegfried, 29 août 1938, p. 38

Traité des "Trois empereurs"
- L'Allemagne, l'Autriche et la Russie unis contre la France, 18 juin 1881, p. 9

Triple Alliance
- Alliance entre l'Allemagne, l'Italie et l'Autriche, 20 mai 1882, p. 9
- Reconduction de l'alliance, 5 décembre 1912, p. 14

Tunisie (campagne de)
- Occupation par l'Axe, 19 novembre 1942, p. 81
- Revers britanniques autour de Tebourba, décembre 1942, p. 81
- Des volontaires maghrébins renforcent les rangs de l'Afrikakorps, 31 décembre 1942, p. 82
- Offensive de Rommel sur Kasserine et Tebessa, 14 février 1943, p. 84
- Victoire de l'Afrikakorps à Kasserine, 20 février 1943, p. 85
- Supériorité numérique des Alliés, 31 mars 1943, p. 87
- Reddition des troupes allemandes et italiennes, 12 mai 1943, p. 88

URSS
- Voir auparavant Russie
- Rapprochement avec Berlin, 24 avril 1926, p. 29
- L'armée allemande s'y entraîne secrètement, août 1928, p. 30
- Les Allemands annexent le port de Memel, 23 mars 1939, p. 40
- Pacte de non-agression avec l'Allemagne, 23 août 1939, p. 41
- L'Armée rouge entre en Pologne, 17 septembre 1939, p. 42
- Défaite en Finlande, 30 décembre 1939, p. 43

- Invasion par les divisions allemandes, 22 juin 1941, p. 58
- Le froid arrête les Allemands aux portes de Moscou, 2 décembre 1941, p. 58
- Revers allemands, 10 janvier 1942, p. 68
- Offensive allemande en Ukraine, 28 juin 1942, p. 68
- Les Allemands sont bloqués dans le Caucase, 31 octobre 1942, p. 68
- Encerclement des Allemands à Stalingrad, 26 novembre 1942, p. 68
- Reconquête de villes clés dans le Caucase, 5 janvier 1943, p. 84
- Reddition des Allemands à Stalingrad, 31 janvier 1943, p. 84
- Revers allemand à Koursk, 14 juillet 1943, p. 84
- Défaite allemande à Kiev, 6 novembre 1943, p. 84
- Les troupes soviétiques entrent en Pologne, 6 janvier 1944, p. 92
- L'Armée rouge menace les Allemands à Minsk, 18 juin 1944, p. 100

Vetsera, Marie
- Se suicide avec l'archiduc Rodolphe à Mayerling, 30 janvier 1889, p. 8

WXYZ

Wagner, général
- Membre d'une conjuration contre Hitler, 15 mai 1944, p. 96

Wagner, Richard
- Décès du compositeur allemand à Venise, 13 février 1883, p. 8

Wavell, général Archibald
- Chasse les Italiens de Cyrénaïque, 7 février 1941, p. 58
- Lance l'opération *Brevity* en Cyrénaïque, 27 mai 1941, p. 62
- Lance l'opération *Battleaxe*, 15 juin 1941, p. 62
- Echoue au col d'Halfaya, 18 juin 1941, p. 62

Weygand, général Maxime
- En infériorité numérique sur la Somme, 5 juin 1940, p. 53

Wilson, Thomas Woodrow
- Déclare la guerre à l'Allemagne, 6 avril 1917, p. 20

Wirth, Josef
- Condamne l'assassinat du ministre Rathenau, 24 juin 1922, p. 27

Witzleben, général Erwin von
- Commande un corps d'armée de la Wehrmacht, 21 mai 1935, p. 35
- Pendu pour avoir conspiré contre Hitler, 8 août 1944, p. 105

Wright, Orville et Wilbur
- Premier vol contrôlé sur leur *Flyer I*, 17 décembre 1903, p. 12

Yougoslavie
- Invasion par des troupes de l'Axe, 6 avril 1941, p. 58

Young (plan)
- Réduction et échelonnement des réparations allemandes, août 1929, p. 30

Young, général Desmond
- Donne sa propre vision du soldat Rommel, juillet 1942, p. 75

Zeppelin, comte Ferdinand von
- Premier vol de son dirigeable *Zeppelin n° 1*, 2 juillet 1900, p. 12

Crédits photographiques

Malgré toute l'attention qui a été apportée à cet index, des erreurs ont pu se glisser. Dans ce cas, nous demandons aux agences de bien vouloir nous en excuser et de nous notifier la correction aux fins de rectifications. La position des images est indiquée par des lettres : h = haut, b = bas, g = gauche, d = droite, m = milieu, pp = pleine page.

1ᵉ de couverture – DR/Coll. Dominique Lormier
4ᵉ de couverture

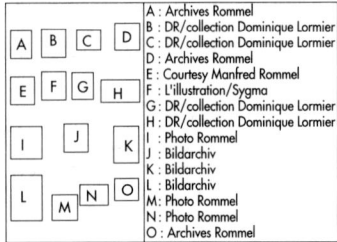

A : Archives Rommel
B : DR/collection Dominique Lormier
C : DR/collection Dominique Lormier
D : Archives Rommel
E : Courtesy Manfred Rommel
F : L'illustration/Sygma
G : DR/collection Dominique Lormier
H : DR/collection Dominique Lormier
I : Photo Rommel
J : Bildarchiv
K : Bildarchiv
L : Bildarchiv
M : Photo Rommel
N : Photo Rommel
O : Archives Rommel

5 – pp : Bildarchiv
6 – pp : Bildarchiv
8 – h : Editions Chronique – b : DR/Coll. Dominique Lormier
9 – h : Hulton Getty/Fotogram-Stone Images (T)
10 – h : Archives Rommel – b : Editions Chronique
11 – h : Archives Rommel
12 – h : L'Illustration/Sygma
13 – h et b : Archives Rommel
14 – h : Archives Rommel – b : DR/Coll. Dominique Lormier
15 – b : L'Illustration/Sygma – h : DR/Coll. Dominique Lormier
16 – h : DR/Coll. Dominique Lormier – b : Editions Chronique
17 – h : Archives Rommel
18 – h, bg et bd : DR/Coll. Dominique Lormier
19 – h : DR/Coll.Dominique Lormier – b : Archives Rommel
20 – h et b : DR/Coll. Dominique Lormier
21 – h et b : DR/Coll. Dominique Lormier
22 – h : Archives Rommel – b : DR
23 – hg : DITE/USIS – hd : Bildarchiv – b : DR
24 – h : DR
25 – h : DR – bg : Bildarchiv (T) – bd : Editions Chronique
26 – h : Hulton Getty/Fotogram-Stone Images (T) – b : Archives Rommel
27 – h et bg : L'Illustration/Sygma – bd : Bildarchiv (T)
28 – h : Hulton Getty/Fotogram-Stone Images (T) – b : L'Illustration/Sygma
29 – h : DR – b : Bildarchiv
30 – h et b : DR/Coll. Dominique Lormier
31 – h : Editions Chronique – bg et bd : Courtesy Manfred Rommel

32 – h : Hulton Getty/Fotogram-Stone Images (T)
33 – h : L'Illustration/Sygma – b : DR
34 – hg : Bildarchiv (T) – hd : Hulton Getty/Fotogram-Stone Images (T) – b : Editions Chronique
35 – h : Editions Chronique – b : Archives Rommel
36 – h : L'Illustration/Sygma – b : Bildarchiv
37 – h : Bildarchiv
38 – h : DR/Coll. Dominique Lormier – b : Hulton Getty/Fotogram-Stone Images (T)
39 – h et b : DR/Coll. Dominique Lormier
40 – h : DR/Coll. Dominique Lormier – b : Bildarchiv
41 – h : DR/Coll. Dominique Lormier – b : Editions Chronique
42 – h : DR – b : Bildarchiv
43 – bg et bd : L'Illustration/Sygma – h : DR/Coll. Dominique Lormier
44 – h : Bildarchiv – b : DR/Coll. Dominique Lormier
45 – pp : DR/Editions Chronique
46 – h et b : Editions Chronique
47 – h et b : Editions Chronique
48 – m : Archives Rommel – b : DR/Coll. Dominique Lormier
49 – md et bg : Archives Rommel – hg : DR/Coll. Dominique Lormier
50 – hd, md et bd : Photo Rommel – bg : Bildarchiv – b : Archives Rommel
51 – hd : Editions Chronique – bg : Bildarchiv – bd : Archives Rommel
52 – hg : Archives Rommel – hd : Keystone (I) – b : DR/Coll. Dominique Lormier
53 – h, bg et bd : Photo Rommel
54 – h : Photo Rommel – bg et bd : Archives Rommel
55 – h : Photo Rommel – b : Editions Chronique
56 – hg : Photo Rommel – hd : Hulton Getty/Fotogram-Stone Images (T) – bg et bd : Editions Chronique
57 – h : DR/Coll. Dominique Lormier – b : Editions Chronique
58 – h : Courtesy Manfred Rommel – b : DR/Coll. Dominique Lormier
59 – hg, hd et b : Bildarchiv
60 – hg : Keystone – hd et bg : Bildarchiv
61 – hg : DR/Coll. Dominique Lormier – hd : Archives Rommel – b : Bildarchiv
62 – h : L'Illustration/Sygma – b : Archives Rommel
63 – hd : Photo Rommel – mg et bd : Bildarchiv – md : Imperial War Museum (T)
64 – hg : DR/Coll. Dominique Lormier – bg : Imperial War Museum – bd : Bildarchiv
65 – b : L'Illustration/Sygma – hg et hd : Archives Rommel
66 – hg : L'Illustration/Sygma – hd : Archives Rommel – b : Editions Chronique

67 – pp : Archives Rommel
68 – h : Archives Rommel – b : L'Illustration/Sygma
69 – h : L'Illustration/Sygma – bg : Archives Rommel – bd : Bildarchiv
70 – h : Imperial War Museum – b : Bildarchiv
71 – h : L'Illustration/Sygma – b : Bildarchiv
72 – hg : Bildarchiv – hd : Archives Rommel – b : L'Illustration/Sygma
73 – h : L'Illustration/Sygma
74 – pp : Bildarchiv
75 – h : Bildarchiv
76 – hg, mg et bd : Archives Rommel – hd : DR/Coll. Dominique Lormier
77 – hg et bm : Bildarchiv
78 – pp : Editions Chronique
79 – h : Archives Rommel – bg : Editions Chronique – bd : Bildarchiv
80 – h : L'Illustration/Sygma – b : Bildarchiv
81 – h et b : L'Illustration/Sygma
82 – h et b : Photo Rommel
83 – pp : Photo Rommel
84 – h : Keystone – bd : L'Illustration/Sygma
85 – hd : Bildarchiv – bm : L'Illustration/Sygma
86 – h : Bildarchiv
87 – h : Bildarchiv – b : Archives Rommel
88 – h : Courtesy Manfred Rommel – b : DR/Coll. Dominique Lormier
89 – h : Bildarchiv
90 – h : Photo Rommel – b : Archives Rommel
91 – hg : Keystone – hd : Bildarchiv – b : Archives Rommel
92 – h : Keystone – b : Editions Chronique
93 – h : Bildarchiv – bg et bd : Archives Rommel
94 – h : Keystone – bg et bd : Archives Rommel
95 – h : Keystone – b : Archives Rommel
96 – h : Bildarchiv – b : Keystone
97 – h : Archives Rommel – bg : Keystone
98 – h : Archives Rommel – b : Editions Chronique
99 – h, bg et bd : Archives Rommel
100 – mh : Photo Rommel
101 – h et bd : Archives Rommel – bg : Photo Rommel
102 – h et b : Archives Rommel
103 – h : DITE/USIS (T) – b : Hulton Getty/Fotogram-Stone Images (T)
104 – h : Archives Rommel
105 – h : Photo Rommel – b : Archive Photos
106 – h : Hulton Getty/Fotogram-Stone Images (T)
107 – h et b : Archives Rommel
108 – h, bg et bd : Archives Rommel
109 – pp : Archives Rommel
110 – pp : Archives Rommel